Michael Meyen · Maria Löblich · Senta Pfaff-Rüdiger
Claudia Riesmeyer

Qualitative Forschung in der Kommunikationswissenschaft

Studienbücher
zur Kommunikations- und Medienwissenschaft

Herausgegeben von Günter Bentele, Hans-Bernd Brosius, Otfried Jarren

Herausgeber und Verlag streben mit der Reihe „Studienbücher zur Kommunikations- und Medienwissenschaft" an, das Fachgebiet Kommunikationswissenschaft als Ganzes wie die relevanten Teil- und Forschungsgebiete darzustellen. Die vielfältigen Forschungsergebnisse der noch jungen Disziplin Kommunikationswissenschaft werden systematisch präsentiert, in Lehrbüchern von kompetenten Autorinnen und Autoren vorgestellt sowie kritisch reflektiert. Das vorhandene Basiswissen der Disziplin soll damit einer größeren fachinteressierten Öffentlichkeit zugänglich gemacht werden.

Herausgeber und Verlag wollen mit der Reihe dreierlei erreichen:
- Zum ersten soll zur weiteren Entwicklung, Etablierung und Profilierung des Faches Kommunikationswissenschaft beigetragen werden.
  Kommunikationswissenschaft wird als sozialwissenschaftliche Disziplin verstanden, die sich – mit interdisziplinären Bezügen – vor allem mit Phänomenen der öffentlichen Kommunkation in der Gesellschaft befasst.
- Zum zweiten soll den Studierenden und allen am Fach Interessierten ein solider, zuverlässiger, kompakter und aktueller Überblick über die Teilgebiete des Faches geboten werden. Dies beinhaltet die Darstellung der zentralen Theorien, Ansätze, Methoden sowie der Kernbefunde aus der Forschung. Die Bände konzentrieren sich also auf das notwendige Kernwissen. Die Studienbücher sollen sowohl dem studienbegleitenden Lernen an Universitäten, Fachhochschulen und einschlägigen Akademien wie auch dem Selbststudium dienlich sein. Auf die didaktische Aufbereitung des Stoffes wird deshalb großer Wert gelegt.
- Zum dritten soll die Reihe zur nötigen Fachverständigung und zur Kanonisierung des Wissens innerhalb der Disziplin einen Beitrag leisten. Die vergleichsweise junge Disziplin Kommunikationswissenschaft soll mit der Reihe ein Forum zur innerfachlichen Debatte erhalten. Entsprechend offen für Themen und Autorinnen bzw. Autoren ist die Reihe konzipiert. Die Herausgeber erhoffen sich davon einen nachhaltigen Einfluss sowohl auf die Entwicklung der Kommunikationswissenschaft im deutschen Sprachraum als auch einen Beitrag zur Aussendarstellung des Faches im deutschen Sprachraum.

Die Reihe „Studienbücher zur Kommunikationswissenschaft" wird ergänzt um ein „Handbuch der Öffentlichen Kommunikation" sowie ein „Lexikon der Kommunikationswissenschaft", das von den gleichen Herausgebern betreut wird. Das Handbuch bietet einen kompakten, systematischen Überblick über das Fach, die Fachgeschichte, Theorien und Ansätze sowie über die kommunikationswissenschaftlichen Teildisziplinen und deren wesentliche Erkenntnisse. Das Lexikon der Kommunikationswissenschaft ist als Nachschlagewerk für das gesamte Lehr- und Forschungsgebiet der Kommunikationswissenschaft konzipiert.

Michael Meyen · Maria Löblich
Senta Pfaff-Rüdiger
Claudia Riesmeyer

Qualitative Forschung in der Kommunikationswissenschaft

Eine praxisorientierte Einführung

VS VERLAG

Bibliografische Information der Deutschen Nationalbibliothek
Die Deutsche Nationalbibliothek verzeichnet diese Publikation in der
Deutschen Nationalbibliografie; detaillierte bibliografische Daten sind im Internet über
<http://dnb.d-nb.de> abrufbar.

1. Auflage 2011

Alle Rechte vorbehalten
© VS Verlag für Sozialwissenschaften | Springer Fachmedien Wiesbaden GmbH 2011

Lektorat: Barbara Emig-Roller

VS Verlag für Sozialwissenschaften ist eine Marke von Springer Fachmedien.
Springer Fachmedien ist Teil der Fachverlagsgruppe Springer Science+Business Media.
www.vs-verlag.de

Umschlaggestaltung: KünkelLopka Medienentwicklung, Heidelberg
Druck und buchbinderische Verarbeitung: Ten Brink, Meppel
Gedruckt auf säurefreiem und chlorfrei gebleichtem Papier
Printed in the Netherlands

ISBN 978-3-531-17380-1

Inhalt

Vorwort

Dieses Buch ist in der akademischen Lehre entstanden – am Institut für Kommunikationswissenschaft und Medienforschung der Universität München, das so homogen ist wie kaum eine zweite größere Einrichtung des Fachs im deutschsprachigen Raum. Das hier herrschende Wissenschaftsverständnis lässt sich auf zwei Schlagworte verdichten: kritischer Rationalismus, mit einer starken Betonung der empirischen Orientierung. Dass die meisten Kolleginnen und Kollegen den Begriff Empirie mit quantitativer Sozialforschung gleichsetzen, spiegelt sich im Curriculum. Im Münchener Bachelor-Studiengang Kommunikationswissenschaft gibt es neben einem Modul zu den „quantifizierenden Methoden" (zwei Stunden Vorlesung plus drei Stunden Übung) gleich vier Stunden Statistik (Vorlesung und Übung) sowie zwei Stunden „Computergestützte Datenanalyse".

In einem solchen Umfeld haben es qualitative Methoden schwer und leicht zugleich. Schwer, weil die Dominanz des anderen Lagers ständig zur Legitimation herausfordert und bei den Studierenden sehr früh den Eindruck hinterlässt, dass Kommunikationsforschung ohne Zählen, Rechnen und Tabellen keine „richtige" Wissenschaft ist, und leicht, weil die gleichen Studierenden wissen, dass man aus der Bibliothek hinaus „ins Feld" muss, wenn man etwas erfahren möchte über Medienpolitik und Medieninhalte, Journalisten und PR-Leute, Mediennutzer und Medienwirkungen. Wer in München eine Kommunikationswissenschaft jenseits von Datenanalyse und Theorien mittlerer Reichweite sucht, ist schnell in einem unserer Seminare – und damit bei qualitativen Methoden.

Diesen Studierenden gilt unser erster Dank: sowohl für die Motivation, die mit studentischem Interesse verknüpft ist, als auch für den Fundus von über 200 Abschlussarbeiten (Magister und Diplom, Bachelor und Master), aus dem wir hier schöpfen können. Was in der Methodenliteratur breit diskutiert und theoretisch abgewogen wird, haben die Absolventen einfach ausprobiert. Dieses Lehrbuch will ihre Erfahrungen weitergeben und so zugleich neue Forschung anregen. Neben solchem Rezeptwissen wird hier eine Idee von qualitativer Forschung entwickelt, die sich (wie am Münchener Institut nicht anders zu erwarten) an den Gütekriterien des quantitativen Mainstreams orientiert und deshalb keineswegs nur für Kommunikationswissenschaftler interessant sein dürfte, sondern auch für Soziologen und Psychologen, Politikwissenschaftler und Pädagogen, die sich von den Fesseln ideologischer Methodendiskussionen befreien und die Stärken qualitativer Verfahren nutzen wollen.

Der zweite Dank geht an die drei Herausgeber dieser Lehrbuch-Reihe (Günter Bentele, Hans-Bernd Brosius und Otfried Jarren) sowie an den VS Verlag für Sozialwissenschaften, die das Gefäß zur Verfügung stellen, in dem wir diese Idee verbreiten können. Dafür werden die didaktischen Mittel genutzt, die sich in diesem Format bewährt haben:

Merksätze, Empfehlungen, Faustregeln, Rezepte

 Fallbeispiele: aktuelle Untersuchungen, mit Blick auf Methodenfragen

 Zusammenfassungen (am Kapitelende): Was sollte ich mitgenommen haben?

 Kommentierte Literaturhinweise: Wo kann man weiterlesen?

Auf keinen Fall vergessen werden dürfen an dieser Stelle die Menschen, die uns bei der Umsetzung geholfen haben. Der dritte und letzte Dank geht deshalb an Andreas Oberländer (Layoutentwurf), Manuel Wendelin, Thomas Wiedemann und Jörg Riesmeyer (Abbildungen), Kristin Vogel (Vorlesungsprotokolle) sowie an die Münchener Bachelorstudenten, die im Sommersemester 2010 die erste Auflage des Moduls „Methodenlehre III" besucht und durch ihre Fragen gezeigt haben, was alles erklärt werden muss.

1 Qualitative Methoden in der Kommunikationswissenschaft

In diesem Kapitel werden Ziele, Aufbau und Besonderheiten des Lehrbuchs erklärt. Die Grundidee ist dabei einfach: Da der Methodenstreit Geschichte ist und jahrelang mit qualitativen Methoden gearbeitet wurde, wird es Zeit für einen Praxisratgeber, der die Erfahrungen aus der Forschung weitergibt. Um diese Idee einordnen zu können, werden hier der Lehrbuchmarkt, die Geschichte und die Position qualitativer Methoden im Fach, die Vorurteile des anderen Lagers sowie die Geschichte des Methodenstreits in den Sozialwissenschaften diskutiert. Dieses Hintergrundwissen ist nötig, um die Entscheidung für qualitative Forschung vor sich selbst legitimieren und dann auch verteidigen zu können.

Der Untertitel auf dem Cover ist Programm: In diesem Buch wird gezeigt, wie man in der Kommunikationswissenschaft mit qualitativen Methoden arbeiten kann. Damit sind zwei Entscheidungen verbunden. Erstens geht es um Gegenstände aus dem Bereich der öffentlichen Kommunikation und zweitens um praktische Probleme, die während der Forschung entstehen: Wie formuliere ich die Fragen für einen Interviewleitfaden? Wie lang muss dieser Leitfaden sein? Was mache ich, wenn das Gespräch schon nach 20 Minuten zu Ende geht, obwohl die Methodenlehre von mir verlangt, möglichst viele Informationen zu sammeln? Wie finde ich überhaupt Interviewpartner? Darf man das Gespräch auch online führen, und was passiert, wenn ein Teilnehmer in einer Kneipe getroffen werden will, ein zweiter in seiner Wohnung und ein dritter nur im Internet? Wann ist eine Gruppendiskussion besser als ein Leitfadeninterview oder eine Tagebuchstudie, wie lassen sich die unterschiedlichen Befragungsformen zum Beispiel mit einer Beobachtung verbinden und wie wird aus dem Material am Ende ein Forschungsbericht, der über eine Dokumentation einiger Einzelfälle hinausgeht?

Die Antworten werden hier weder aus einer Theorie geschöpft noch aus einer Ideologie (die es auch in der Wissenschaft gibt), sondern aus den Erfahrungen, die wir in den vergangenen zehn Jahren in Projekten und bei der Betreuung von unzähligen Studierenden gesammelt haben. Der Wert dieser Quelle ist gar nicht zu überschätzen. Hat man zum Beispiel erst einmal Gruppendiskussionen online geführt (vielleicht sogar schriftlich über *Skype*), dann stellen sich viele der Fragen nicht mehr, die in der Literatur aufgeregt diskutiert werden (vgl. zum Beispiel Kazmer & Xie 2008, Mann & Stewart

2000). Man kann das Material mit Offline-Gesprächen vergleichen und weiß, dass die Teilnehmer auch im Netz nicht einfach so (per Klick) verschwinden, dass die Auswertung leichter ist (weil nicht so viele Luftblasen produziert werden) und dass vor allem zu intimen Themen sogar mehr erzählt wird, als wenn der Interviewer vor einem sitzt (vgl. Fischer & Pfaff-Rüdiger 2010).

Warum so und nicht anders?

Das gerade skizzierte Programm ist in doppelter Hinsicht einzigartig. Punkt eins: In den sozialwissenschaftlichen Nachbardisziplinen sind zwar zahlreiche Einführungen zu qualitativen Methoden entstanden, die in der Regel auch Beispiele aus der Forschungspraxis diskutieren (vgl. zum Beispiel Lamnek 2010, Flick 2007, Mayring 2002), keines dieser Bücher hat hier aber seinen Schwerpunkt. Zugespitzt lässt sich behaupten, dass die Literatur zum Thema von der Abgrenzung und vom Legitimationswunsch lebt und nicht zu verstehen ist ohne das Gefühl, den Vergleich mit der quantitativen Forschung suchen zu müssen, ohne ihn je gewinnen zu können. Die Rechtfertigungsstrategien beginnen damit, gewissermaßen als „Gegengift gegen gedankenlosen Empirismus, theorieloses Forschen und Messinstrumentengläubigkeit" um jede Methode ein erkenntnistheoretisches Fundament zu bauen und sich so allein schon durch Reflexion vom anderen Lager abzuheben, und enden nicht mit dem Anspruch, die „besseren Methoden" zu besitzen (Reichertz 2005: 572, 575) und damit eigentlich auch bessere Menschen zu sein – Wissenschaftler, die nicht mit „administrativer Forschung" helfen, Produkte zu verbessern oder wenigstens zu erklären (Lazarsfeld 1941), sondern Forscher, die die Unterprivilegierten zu Wort kommen lassen, so die Gesellschaft verändern und folglich auch gar nicht auf Verallgemeinerungen aus sein müssen.

Dass diese Zuspitzung die Vielfalt qualitativer Sozialforschung nur bedingt treffen kann, ändert nichts an dem Problem: Liest ein Anfänger ein Methodenlehrbuch, wird er zunächst von der Wucht theoretischer Begründungen erschlagen, ohne vorher vielleicht überhaupt gewusst zu haben, dass es Unterschiede im Wissenschaftsverständnis geben kann, und das keineswegs nur im anderen Lager, sondern auch auf dieser Seite des Grabens, bei den „eigenen" Leuten, die scheinbar gleiche Dinge mit anderen Begriffen benennen und damit offenbar tatsächlich etwas anderes meinen. In diesem Buch wird darauf verzichtet, erkenntnistheoretische Grundlagen zu diskutieren und Kapitel über Phänomenologie (Schütz & Luckmann 2003), Ethnomethodologie (Garfinkel 1967), Konstruktivismus (Glasersfeld 1996), symbolischen Interaktionismus (Mead 1978, Blumler 1973), Cultural Studies (Hall 2010), Grounded Theory (Glaser & Strauss 2008, Krotz 2005), Gender Studies oder die objektive Hermeneutik (Oevermann 1989) aufzunehmen (um nur die wichtigsten Theorien und Schulen qualitativer Sozialforschung zu nennen, vgl. Flick et al. 2008). Diese Entscheidung wird auch von der Geschichte der Methodenlehrbücher und von der Konkurrenz diktiert: Erstens werden Reflexion und theoretische Fundierung an anderer Stelle zu Genüge geboten, zweitens führt keine der genannten Metatheorien zwingend zu dem Schluss, ausschließlich mit qualitativen Methoden arbeiten zu können, und drittens gibt es nach rund 40 Jahren qualitativer Sozialforschung so viele Erfahrungen, dass es Zeit für einen Praxis-Ratgeber wird – auch weil diese Art der Forschung in der Regel lediglich „auf der Ebene selbst finanzierter Qualifikationsarbeiten innerhalb der Hochschulen" läuft (Reichertz 2005: 576), Studierende in der Literatur aber nur wenig Anleitung finden und so die Gefahr besteht, die Reputation dieser Methoden in einer Art Abwärtsspirale zu verschlechtern.

Dazu kommt ein zweites Alleinstellungsmerkmal: Dies ist das erste Lehrbuch, das sich mit qualitativer Forschung in der Kommunikationswissenschaft beschäftigt. Wer den Markt kennt, wird diesen Anspruch für vermessen halten und sofort auf die Einführungen von Hans Wagner (2008) sowie von Lothar Mikos und Claudia Wegener (2005) hinweisen. Beide Bücher sind allerdings am Rand des Fachs entstanden – Wagners *Qualitative Methoden in der Kommunikationswissenschaft* in der „Münchener Schule der Zeitungswissenschaft", die in der deutschsprachigen Fachgemeinschaft im Moment nur von Philomen Schönhagen in Fribourg im französischen Teil der Schweiz vertreten wird (vgl. Meyen & Wendelin 2008, Eichhorn 2004), und das Handbuch *Qualitative Medienforschung* von Mikos und Wegener in einem eher medienwissenschaftlichen Umfeld und mit Autoren, die größtenteils in den Nachbardisziplinen rekrutiert wurden (Pädagogik, Soziologie, Psychologie). Dies erklärt, warum diese beiden Arbeiten am Kern der Kommunikationswissenschaft vorbeigegangen sind.

Wenn Studenten hier qualitative Methoden nutzen, zitieren sie heute selbst in Masterarbeiten häufig aus Standardeinführungen (Schnell et al. 2005) oder aus fachbezogenen Adaptionen, die zwar die einzelnen Methoden behandeln (vgl. Möhring & Schlütz 2010, Scholl 2009, Früh 2007, Rössler 2005, Gehrau 2002) oder den Kanon ganz allgemein (Brosius et al. 2009, Scheufele & Engelmann 2009), aber nie speziell auf die Bedürfnisse qualitativer empirischer Sozialforschung zugeschnitten sind. So segensreich zum Beispiel der Bestseller *Methoden der empirischen Kommunikationsforschung* von Hans-Bernd Brosius, Friederike Koschel und Alexander Haas sein mag, wenn man eine quantitative Inhaltsanalyse oder eine repräsentative Befragung plant, so wenig hilft dieses Buch bei der Vorbereitung von Gruppendiskussionen oder Experteninterviews. Im Gegenteil: Mit der Behauptung, qualitative Verfahren würden „sehr detaillierte Aussagen über (nur) wenige Menschen" zulassen, während quantitive Ansätze „über eine große Population" informieren könnten, werden Anfänger dort genauso auf das Glatteis geführt wie mit dem Hinweis, qualitative Methoden seien besonders geeignet, „wenn ein Gegenstandsbereich bislang relativ wenig erforscht ist" (Brosius et al. 2009: 20), oder mit der (impliziten) Gleichsetzung von „empirischer Kommunikationsforschung" und quantitativen Verfahren. Qualitative Forschung wird so in die Ghettos „Vorstudie" und „Tiefe" eingesperrt (wenige Fälle, diese aber dafür in ihrer ganzen Komplexität), und Studierende fühlen sich genötigt, in ihren (oft aufwendigen) Abschlussarbeiten gleich mehrmals zu betonen, dass die Befunde auch wirklich nur für die zwölf untersuchten

Fälle gelten – ganz im Sinne von Armin Scholl (2008), der in der *International Encyclopedia of Communication* unter der Überschrift „Qualitative Methodology" schreibt, dass es hier weder für Forscher noch Untersuchungspersonen strenge Regeln gebe, die Ergebnisse folglich beliebig sein könnten und auf keinen Fall generalisiert werden dürften.

Ziel I: Reflexion, Handwerk, Qualitätskriterien

Dieses Buch möchte solchen Selbstkasteiungen ein Ende machen. Auch bei Gruppendiskussionen, Leitfadeninterviews und Co. geht es um Aussagen, die über das konkrete Untersuchungsobjekt hinausweisen und deshalb verallgemeinerbar sind. Was bringt es, 20 Menschen im Detail zu fragen, wie sie sich über Parteiprogramme und Kandidaten für die Bundestagswahl informiert haben, und diese 20 Männer und Frauen vielleicht auch noch beim Fernsehen, in der Familie und im Freundeskreis zu beobachten, wenn man den Zusammenhang zwischen Mediennutzung und Wahlentscheidung am Schluss nur für genau diese 20 Personen auflösen kann? Wie jeder Wissenschaftler wollen auch qualitative Sozialforscher ihre Gegenstände beschreiben, erklären und verstehen (Benedikter 2001: 137), und wie überall in der akademischen Welt entscheiden die Kollegen, ob dies gelungen ist oder nicht. Vor diesem Hintergrund kann man Methoden als Wege zur Erkenntnis definieren – als Wege, die andere Wissenschaftler für akzeptabel halten. Dazu ist es nötig, sich auf Regeln zu einigen und auf Kriterien für „gute Forschung". Für den Anfänger bedeutet dies zunächst Arbeit: Er muss die Regeln verinnerlichen und die Anwendung trainieren – nicht anders als bei quantitativen Methoden.

> *Merksatz*: Eine Methode ist ein Verfahren zur Lösung wissenschaftlicher Probleme (und damit ein Weg zur Erkenntnis) und folgt Regeln, die andere Wissenschaftler für akzeptabel halten.

Die Worte Arbeit und Training sind dabei mit Bedacht gewählt. Ganz abgesehen von der Aufregung, die Begegnungen mit Fremden auslösen und um die einen eigentlich jeder beneiden müsste, der seinen Fragebogen ins Internet stellt und die Daten am Ende durch Statistikprogramme laufen lässt: Falls jemand die Idee hat, qualitative Methoden seien eine Art Autobahn zu Forschungsbericht oder Abschlussarbeit, da man ja schließlich jeden Tag mit Menschen redet oder sie beobachtet und sich hinterher so seine Gedanken macht, kommen spätestens bei der Auswertung des Materials Schlaglöcher und Anstiege. Dieses Buch will nicht nur helfen, den Gipfel zu erreichen, sondern zugleich den Blick für die Qualität wissenschaftlicher Arbeiten schärfen. Wer mit drei Kommilitonen über das Fernsehen spricht oder zwei Tage in seiner Heimatstadt nach Graffitis sucht und denkt, dies sei schon Wissenschaft, schadet dem Ansehen qualitativer Methoden und ermuntert normalerweise eher quantitativ arbeitende Kollegen, ihre Untersuchungen einfach mit dem Etikett „qualitativ" zu versehen, wenn sie keine repräsentative Stichprobe ziehen konnten, und dann zu glauben, alle Schwierigkeiten seien aus der Welt. Jo Reichertz hat beklagt, dass inzwischen nahezu jeder Wirklichkeitsbereich „von (manchmal auch dilettantischen) qualitativen Untersuchungen überzogen" werde und dass es zu viele „schlechte" Arbeiten gebe: „Heute ist nicht ein zu wenig qualitativer Sozialforschung zu verzeichnen, sondern eher ein zu viel (des Unreflektierten)" (Reichertz 2005: 575f.). Damit sind die wichtigsten Themen und Ziele dieses Lehrbuchs umrissen:

- *Reflexion*: Welche Möglichkeiten bietet qualitative Sozialforschung und welche Grenzen gibt es?
- *Handwerkszeug*: Was kann man aus der Forschungspraxis für eigene Studien lernen (etwa: für Projekte, Bachelor- oder Masterarbeiten)?
- *Qualitätskriterien*: Welche Regeln muss ich beachten und woran erkenne ich „gute Forschung"?

Ziel II: Akzeptanzgewinn. Oder: qualitative Methoden in der Kommunikationswissenschaft

Der Wunsch, das Ansehen qualitativer Forschung zu stärken, ist keineswegs aus der Luft gegriffen. Man frage einfach den „Mann auf der Straße" oder (besser) die Kollegen aus dem quantitativen Lager, um sich die Vorurteile bestätigen zu lassen, die bereits angedeutet wurden (vgl. Lamnek 2010: 3):

- *Stichprobengröße*: Qualitative Forschung beschränkt sich auf wenige Untersuchungseinheiten (Personen, Texte, Arbeitstage) und kann so nicht mit den großen (repräsentativen) Datenmengen der quantitativen Forschung mithalten.
- *Auswahl*: Qualitative Forschung zieht keine „echten" Stichproben. Zufallsverfahren scheiden aus, da die Teilnahme an Befragungen und Beobachtungen hier sowohl eine hohe Motivation als auch bestimmte Fähigkeiten (etwa: Artikulationsvermögen) voraussetzt (zwei Eigenschaften, die in der Bevölkerung nicht gleich verteilt sind) und Inhaltsanalysen oft ganz spezielle Texte untersuchen (Leitartikel zum Beispiel) und kaum komplette Zeitungsausgaben oder größere Artikelmengen.
- *Maße*: Leitfadeninterviews, Gruppendiskussionen oder Dokumentenanalysen liefern keine quantitativen (metrischen) Variablen.
- *Auswertung*: Deshalb erlauben qualitative Methoden auch keine statistischen Verfahren und liefern folglich keine „Beweise".
- *Forscher*: Ohne solche Beweise fehlt die Objektivität. Dazu kommt der subjektive Einfluss des Forschers bei der Auswahl, bei der Materialsammlung und bei der Interpretation.
- *Forschungsprozess*: Auch der Untersuchungsablauf selbst ist wenig standardisiert, er-

laubt so kaum Kontrolle (von außen), erschwert die intersubjektive Nachvollziehbarkeit und erleichtert so den Vorwurf der Beliebigkeit.

Zusammengefasst: Qualitative Forschung gilt als „unwissenschaftlich" – je mehr, desto
stärker sich die jeweilige akademische Disziplin am naturwissenschaftlichen Ideal orientiert, das Isolation verlangt (nicht Detailreichtum und Komplexität, sondern die analytische Zergliederung von Problemen), Mathematisierung sowie Reproduzierbarkeit
durch Wiederholung (Hartmann 1970: 20).
    Die Außenseiterposition qualitativer Methoden in der Kommunikationswissenschaft
ist dabei auf den ersten Blick nicht so leicht zu erkennen. Die letzte Mitgliederbefra-
gung innerhalb der Deutschen Gesellschaft für Publizistik- und Kommunikationswissenschaft (DGPuK) ergab ein „ungefähres Gleichgewicht von quantitativ-empirischen
und qualitativ-empirischen Orientierungen" (Peiser et al. 2003: 326, vgl. Abbildung
1) und zeigte außerdem, dass sich nicht wenige Fachvertreter aus dem Arsenal beider
Seiten bedienen (anders sind die Daten nicht zu erklären). Dieses Bild einer friedlichen Koexistenz wird durch eine Tagung der DGPuK-Methodenfachgruppe von 2003
gestützt, wo der Tagungsleiter „faire" Diskussionen „auf Augenhöhe" beobachtete und
„eine neue Offenheit" im „früher sehr dogmatisch geführten Methodenstreit" (Meyen
& Friedrich 2011: 20). Der Sammelband mit den Tagungsbeiträgen kündet ebenfalls
von einem fruchtbaren Mit- und einem problemlosen Nebeneinander (Fahr 2011).

Abbildung 1: Methodenorientierung I – Gleichgewicht?

DGPuK-Mitglieder 2003	
Quantitative Methoden	71,8
Qualitative Methoden	66,2

Frage: Es ist sicher schwierig, den wissenschaftlichen Zugang zum Gegenstand eines Faches
auf wenige Dimensionen zu reduzieren. Aber wenn Sie an Ihren eigenen wissenschaftlichen
Standpunkt und an die Ausrichtung Ihrer Forschung und Ihrer Publikationen denken: Wie
würden Sie diese auf den folgenden Eigenschaftsdimensionen jeweils einordnen: Wie
stark ist Ihr Standpunkt bzw. Ihre Forschung dadurch jeweils gekennzeichnet? Fünferskala
(„überhaupt nicht" bis „sehr stark"), Top-Boxes (4+5), n=330. Angaben in Prozent.

Quelle: Peiser et al. 2003: 326

Über die tatsächlichen Machtverhältnisse sagt das alles wenig. Folgt man der Soziologie Pierre Bourdieus, dann hängt der Spielraum des Einzelnen im wissenschaftlichen
Feld von den „objektiven Beziehungen zwischen den Akteuren" ab und damit vom wissenschaftlichen Kapital – eine besondere Form des symbolischen Kapitals, mit der die
Anerkennung durch die „Gesamtheit der gleich gesinnten Wettbewerber" gemeint ist.

Wie viel Reputation ein Wissenschaftler hat, wird letztlich von der scientific community und damit von den Kolleginnen und Kollegen entschieden. „Im Wissenschaftsbetrieb (legen) die herrschenden Forscher oder Forschungen zu jedem Augenblick eine Gesamtheit der bedeutenden Gegenstände fest, der Fragen, die für alle anderen Wissenschaftler Bedeutung haben, denen sie ihre Aufmerksamkeit widmen und deren Verfolgung sich schließlich bezahlt macht" (Bourdieu 1998: 17-22) – in Form von Positionen (etwa: Professuren oder Leitungsposten), Mitarbeiterstellen und Drittmittelprojekten. Zentraler Ort für die Reputationszuweisung sind die Fachzeitschriften mit Peer-Review-Verfahren (anonyme Begutachtung durch Kolleginnen und Kollegen, die für das jeweilige Thema ausgewiesen sind). In akademisierten und professionalisierten Disziplinen dürften dort keine Beiträge erscheinen, die sich auf Beziehungen stützen (Autor kennt den Redakteur oder einen der Herausgeber und hat einen Gefallen gut) oder auf Aufforderung geschrieben wurden (Redaktion bittet Autorin und druckt dann einfach das, was geliefert wird).

Abbildung 2: Methodenorientierung II – Quantitativer Mainstream

	Methodische Beiträge (*Publizistik*, n, 1956-2003)	Methoden national (*Publizistik*, %, 1956-2003)	Methoden international (USA, %, 1980-1999)
quantitativ	42	79,2	75,0
Kombination (quantitativ + qualitativ)	5	10,8	2,5
qualitativ	9	9,2	15,0

US-Zeitschriften: *Communication Monographs, Communication Quarterly, Communication Research, Critical Studies in Mass Communication, Human Communication Research, Journal of Broadcasting & Electronic Media, Journal of Communication, Journalism & (Mass) Communication Monographs, Journalism & Mass Communication Quarterly, Public Opinion Quarterly.* An 100 fehlende Werte in den beiden rechten Spalten: so ohne Erklärung im Original.

Quelle: Lauf 2006: 182, 187, 189

Abbildung 2 zeigt, dass der Mainstream in der Kommunikationswissenschaft sowohl national als auch international mit quantitativen Methoden arbeitet, auch wenn die Daten von Edmund Lauf nicht ganz aktuell sind und nur eine der beiden relevanten deutschsprachigen Zeitschriften berücksichtigen (es fehlt *Medien & Kommunikationswissenschaft*). Der Trend zeigt dabei sogar etwas nach unten: 1966 bis 1985 war der Anteil von empirischen Beiträgen, die sich auf qualitative Verfahren stützen, in der Zeitschrift *Publizistik* deutlich höher als in den beiden folgenden Jahrzehnten (Lauf 2006: 187).

Abbildung 3: Methodenorientierung III – Standardmodell für die Lehre

Grundlagen der empirischen Kommunikationsforschung
Statistik I
Datenanalyse I
Konzeption und Anwendung von Befragungen
Konzeption und Anwendung von Inhaltsanalysen
Konzeption und Anwendung qualitativer Verfahren
Quasi-experimentelle Forschungsdesigns
Statistik II / Datenanalyse II
Spezielle und fortgeschrittene Verfahren (quantitativ oder qualitativ)
Projekt- oder Werkstattseminare

Quelle: DGPuK 2004

Diese Machtverhältnisse wirken sich auch auf die Methodenausbildung im Fach aus und damit letztlich auf die Zukunft qualitativer Forschung. Auch durch die Initiative von Vertretern der quantitativen Richtung (allen voran: Werner Wirth) hat dieses Thema die DGPuK in den vergangenen Jahren stärker beschäftigt als jede andere Frage der akademischen Lehre – angefangen von Befragungen zu den Angeboten an den unterschiedlichen Standorten über eine Evaluation durch Experten bis zu einer Broschüre mit dem etwas eigenwilligen Titel „Empirische Methodenlehre in der Kommunikationswissenschaft" (2004), in der die Fachgesellschaft mehr oder weniger verbindlich die Veranstaltungen aufzählt, die ihrer Meinung nach nötig sind, und dabei zwischen einem Basismodell (Mindestanforderungen für kleine Institute), einem Standard- und einem Profilierungsmodell unterscheidet. Die Linie in Abbildung 3 steht dabei für den Übergang von Pflicht- zu Wahlpflichtveranstaltungen im Hauptstudium, von denen „zumindest zwei" empfohlen werden (DGPuK 2004: 5).

Auch wenn in der Broschüre extra darauf hingewiesen wird, dass die Vorschläge mit einer „starken Betonung von qualitativen Methoden" kompatibel seien (ebd.), zeigen alle drei Modelle, dass mit „empirischer Kommunikationsforschung" genau wie im Lehrbuch von Brosius, Koschel und Haas (2009) quantitative Verfahren gemeint sind. Die Dominanz dieser Methoden spiegelt sich auch auf dem Buchmarkt: auf der einen Seite die beiden erwähnten Außenseiterwerke und auf der anderen nicht nur allgemeine Überblicksarbeiten, sondern Konkurrenz bei jeder einzelnen Methode. Wer sich zum Beispiel für quantitative Inhaltsanalysen interessiert, kann gleich zwischen drei hervorragenden Einführungen wählen (Früh 2007, Rössler 2005, Merten 1995).

An dieser Stelle soll überhaupt nicht bezweifelt werden, dass es für einen Kommunikationswissenschaftler unerlässlich ist, die wichtigsten quantitativen Methoden der Datenerhebung und der Datenauswertung zu beherrschen. Obwohl nur wenige Absolventen ihr Glück in der (angewandten) Medienforschung finden und die meisten anderen in der Praxis (egal ob PR oder Werbung, Marketing oder Journalismus) kaum noch mit statistischen Verfahren in Berührung kommen (erst recht nicht auf dem Niveau, das im

Studium gefordert wird), ist die Methodenkompetenz auf dem Arbeitsmarkt ein wichtiges Distinktionsmerkmal, vor allem im Wettbewerb mit Geisteswissenschaftlern, die sich oft auf die gleichen Stellen bewerben. Erstens lässt sich der Wunsch, Studierenden Methodenkompetenz zu vermitteln, aber leicht auf qualitative Verfahren übertragen (mit denen man im Job genauso konfrontiert werden kann), und zweitens ist das Wissen um die Auseinandersetzung zwischen quantitativen und qualitativen Verfahren sowie um das Kräfteverhältnis für die eigene Forschung an mindestens zwei Punkten wichtig: bei der Entscheidung für eine der beiden Seiten (oder für eine Kombination) und beim Blick auf die Reaktionen der Fachkollegen.

Methoden und Paradigmen

Um dies zu verstehen, muss man wissen, welche Rolle Methoden in wissenschaftlichen Auseinandersetzungen spielen. Wieder zugespitzt formuliert: Da man soziale Triebfedern (Geld, Mitarbeiter, große Büros) nicht offen ansprechen kann, wird um das gekämpft, was für Außenstehende Wissenschaft ausmacht: um Theorien, Begriffe und Methoden und damit letztlich um Forschungsprogramme oder Paradigmen. Thomas Kuhns Begriff Paradigma steht für die Regeln und Normen, die von einer scientific community geteilt werden (etwa: das Ziel oder Ethik-Standards), sowie für „allgemein anerkannte wissenschaftliche Leistungen" (also zentrale Begriffe, Theorien und Methoden), die eine solche Gemeinschaft anerkennt (Kuhn 1981: 10).

Abbildung 4: Ebenen des Paradigmenbegriffs

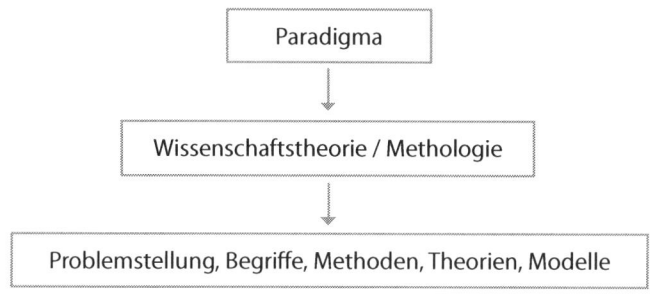

Quelle: Meyen & Friedrich 2011: 23

Ein Paradigma ist ein kollektiver Mechanismus zur Reduktion von Komplexität: Es bietet Verhaltenssicherheit, weil die Grundlagen nicht ständig legitimiert werden müssen. Da die abstrakte Ebene von Werten und Normen kaum greifbar ist, wird das Wissenschaftsverständnis vor allem über wissenschaftstheoretische und methodologische

Standards verhandelt. Methodologie hat dabei eine Zwitterfunktion: Als Teil der Wissenschaftstheorie liefert sie zwar die *rationale Begründung* wissenschaftlichen Vorgehens, die entsprechenden Argumente müssen aber von der scientific community akzeptiert werden. Ob, wo und wie eine Methode (Inhaltsanalyse, Befragung, Beobachtung) oder ein Untersuchungsdesign (Experiment) für angemessen gehalten wird, entscheidet letztlich die Wissenschaftlergemeinschaft selbst (vgl. Chalmers 1994: 95).

Wissenschaft funktioniert dabei nicht nach dem Prinzip kumulativen und harmonischen Wissenserwerbs, sondern ist wie jedes andere Feld sozial geprägt. Paradigmen und damit auch die Positionen von Forschergruppen in der Hierarchie des Feldes werden immer wieder hinterfragt, kritisiert und neu bestimmt. Treibende Kraft solcher akademischer Auseinandersetzungen, die im Extremfall in wissenschaftlichen Revolutionen gipfeln können (vgl. Kuhn 1981), sind soziale Faktoren (vgl. Weingart 2003, Heintz 1993, Abbildung 5):

- die Legitimationszwänge gegenüber Gesellschaft, Politik und Wirtschaft,
- Veränderungen des Gegenstandes, die disziplinäre Zuständigkeiten verwischen (etwa die Ausbreitung des Internet),
- die Abgrenzungsversuche zwischen Geistes-, Sozial- und Naturwissenschaften und durch neu aufkommende Disziplinen (vgl. Benedikter 2001),
- das Streben nach wissenschaftlichem Kapital, bezahlten Positionen, Forschungsgeldern und Institutionalisierung – sowohl innerhalb der Universität als auch innerhalb des Faches (vgl. Heintz 1993).

Akademische Auseinandersetzungen zielen nicht auf Verständigung, sondern auf Erfolg (vgl. Knorr-Cetina 1988). Da sich rivalisierende Schulen meist mit guten Argumenten und empirischen Beweisen absichern können, wird der Sieg der einen Seite in der Wissenschaftssoziologie als Hinweis dafür interpretiert, dass Kontroversen nur bedingt dem Ideal rationaler Verständigung folgen und dass die Schließung von Debatten vor allem von sozialen Faktoren abhängt (Reputation, Koalitionsbildung, Zugang zu Fachzeitschriften und Tagungen; vgl. Heintz 1993: 540).

Das Handeln in Kontroversen hängt von der Position der Akteure ab. Mitglieder der etablierten Tradition reagieren auf ein rivalisierendes Paradigma entweder mit Ignoranz, mit aggressiver Gegenkritik oder mit neuen meta-theoretischen Begründungen, um sich ihre kollektive Identität zu bestätigen und eventuell die eigene Position weiterentwickeln zu können, ohne die Veränderung als Reaktion auf berechtigte Kritik darstellen zu müssen (vgl. Kuhn 1981: 103). Herausforderer sind dagegen zunächst gezwungen, ihre Positionen zu legitimieren. Sie kritisieren deshalb das dominante Paradigma und präsentieren die eigene Denkrichtung als innovative Alternative. Deshalb werden wissenschaftliche Kontroversen vor allem von neu aufkommenden Paradigmen angeheizt (vgl. Benedikter 2001: 149). Nach innen herrscht in solchen Situationen ein verstärktes Identitäts- und Organisationsbedürfnis (vgl. Weingart 2003: 47). Der Konsens, der für eine kollektive Identität nötig ist, kann sich zwar auch auf intellektuelle Übereinstimmung gründen, wichtiger aber sind Kritik und Abgrenzung.

Abbildung 5: Ebenen akademischer Auseinandersetzungen

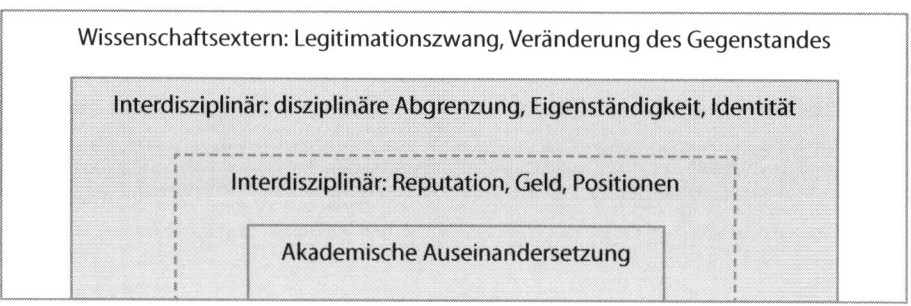

Quelle: Meyen & Friedrich 2011: 24

Der Methodenstreit in den Sozialwissenschaften

In allen Methodendiskussionen ging es letztlich um die Sinn-Frage: Ist es Ziel akademischer Forschung, Realität neutral erklären zu können? Oder darf, ja soll Wissenschaft eingreifen und die Gesellschaft verändern? Dieser Konflikt zieht sich wie ein roter Faden durch die Geschichte der Sozialwissenschaften – angefangen beim Werturteilsstreit (Hübinger 2002) bis zu den methodologischen Kontroversen der letzten Jahrzehnte (vgl. Bogumil & Immerfall 1985). Auf kognitiver Ebene entzündete sich dieser Zielkonflikt an zwei Brennpunkten: an der Methodologie sowie an der Position von Wissenschaftlern und Untersuchten im Forschungsprozess (Verhältnis von Subjekt und Objekt). Die Bezeichnung „Methodenstreit" ist deshalb eigentlich irreführend: Es ging stets weniger um das konkrete Vorgehen, sondern um die theoretische Begründung wissenschaftlichen Arbeitens. Auch die Gegenüberstellung von qualitativen und quantitativen Methoden ist kein originäres, im wissenschaftlichen Arbeitsprozess selbst angelegtes Problem, sondern einerseits Konsequenz der Kodifizierung konkreter Methoden und andererseits Ergebnis der aus Philosophie und Wissenschaftstheorie übernommenen Begründungsstrategien.

Besonders deutlich wird dies beim Positivismusstreit in der deutschen Soziologie. Die erste Auflage dieser Kontroverse gab es bereits in den 1930er Jahren, die Hauptakteure emigrierten aber in die USA und ließen den Streit zeitweilig ruhen (vgl. ausführlich Dahms 1994). In den 1960er Jahren warfen Vertreter der Kritischen Theorie dann der analytischen Wissenschaftstheorie (den „Positivisten") vor, der Verdinglichung, der Unfreiheit und der Ausbeutung des Menschen Vorschub zu leisten. Indem sie Realität als alleinige Prüfinstanz für wissenschaftliche Aussagen definiere, stabilisiere die analytisch-nomologische Methodologie Herrschaft (vgl. Adorno 1984). Die andere Seite reagierte mit harter Gegenwehr: Die Kritische Theorie wolle wissenschaftliche Aussagen mit emanzipatorischen Kriterien prüfen und arbeite deshalb mit normativen Vorgaben, die objektiv nicht zu begründen seien (vgl. Albert 1969). Der Frankfurter Schule wurde vorgeworfen, Sozialwissenschaft „fälschlicherweise als Sozialphilosophie drapiert" und so Wissenschaft ideologisiert zu haben (Lenk 1986: 7). Wissenschaftsexternes Pendant der hitzigen Debatte waren die Studentenunruhen der 1968er Generation, die sich auf die Kritische Theorie berief. Im Positivismusstreit ging es zwar um die Wertebasis von Wissenschaft, mitzudenken sind aber der Generationenkonflikt, die Reformpolitik der sozialliberalen Koalition ab 1969 und die Aufarbeitung von Nationalsozialismus und Faschismus (vgl. Esser et al. 1977: 177).

Die Ausbildung und Etablierung der qualitativen Sozialforschung ist die entpolitisierte Fortsetzung des Positivismusstreits in den einzelnen Fachdisziplinen. Die unter diesem Dach zusammengefassten Forschungstraditionen haben bei weitem nicht so harte Dispute ausgelöst wie die Kritische Theorie. Vor allem gesellschaftskritische Außenseiter und jüngere Wissenschaftler verwiesen (und verweisen) auf die qualitative Sozialforschung, wenn sie Defizite der Mainstream-Forschung benennen und ihre Fächer inhaltlich wie methodisch neu ausrichten bzw. erweitern wollen (vgl. Viehoff 2002). Die wichtigsten Schauplätze dieser Entwicklung sind die Philologien, die Germanistik, die Pädagogik und die Soziologie. Auf methodologischer Ebene gab es zwar nur wenige Berührungspunkte mit der Kritischen Theorie, die qualitative Sozialforschung kann aber trotzdem als versachlichte Antwort auf die sozialen Triebfedern des Positivismusstreits gesehen werden. Was in den 1970er Jahren noch als „gemeinsames Unbehagen" gegenüber der quantitativen Forschungslogik formuliert wurde, führte im folgenden Jahrzehnt als innovativer, „neuer Weg" der Sozialforschung zu einer Identität, deren wichtigstes Merkmal sachliche Kritik an der quantitativen Methodologie ist (vgl. Lamnek 1988: 87). Die im Positivismusstreit noch so unversöhnlichen Positionen wurden von methodologischem Pragmatismus und „harmonischem Nebeneinander" abgelöst (Bogumil & Immerfall 1985: 94). Dieser Trend hält bis heute an.

Kein Methodenstreit in der Kommunikationswissenschaft?

In der (deutschsprachigen) Kommunikationswissenschaft hat es keinen Methoden-„Streit" gegeben. Auf dem Höhepunkt des Positivismusstreites und während der anschließenden Auseinandersetzung zwischen Vertretern quantitativer und qualitativer Methoden war das Fach klein, wenig akademisiert und von dem Wunsch nach politischer Rehabilitation und institutionellem Ausbau abgelenkt (vgl. Meyen & Löblich 2006: 33-71). Legitimation versprach in dieser Situation die Orientierung an den Naturwissenschaften und an der empirisch-quantitativ arbeitenden Massenkommunikationsforschung in den USA. Wie bei jedem Paradigmenwechsel wurden hier in den frühen 1960er Jahren neben Gegenstand und Ziel zwar auch „die Methoden" diskutiert, in dieser Debatte ging es aber zunächst um die Frage, ob das Fach eine (normative) Geistes- oder eine Sozialwissenschaft ist und ob die „Hilfsmittel der empirischen Sozialforschung" (Prakke 1964: 352) überhaupt eingesetzt werden sollen (vgl. Löblich 2010a: 133, 217f.). Einen Methodenstreit konnte sich die Disziplin in dieser Situation nicht leisten. Michael Charlton und Rüdiger Mutz haben auf das „Risiko" für das Selbstverständnis hingewiesen, das ein Umschwenken zur qualitativen Methodologie bedeutet hätte. Schließlich sei erst in den 1970er Jahren ein Konsens über die Standards quantitativer Forschung erzielt worden – „unter größten Anstrengungen" (Charlton & Mutz 1992: 197). Wenn es denn „erbitterte Revierkämpfe" gab (Noelle-Neumann 1975: 745), ging es eher um die Abgrenzung zu anderen Disziplinen, um den Gegenstand und um den Theoriehorizont einer Kommunikationswissenschaft als um Methodenfragen (vgl. exemplarisch Rühl 1985, Saxer 1980).

Dass alle Fachinstitute in den späten 1960er und frühen 1970er Jahren von Studentenunruhen erfasst wurden, hatte weniger einen wissenschaftstheoretischen, als vielmehr einen politischen Hintergrund (vgl. exemplarisch Klein 2005, Wilke 2005, Behmer 2004). Die Professoren mussten sich wegen ihrer Vergangenheit im Dritten Reich verantworten oder wegen ihrer konservativen Gesinnung. In Münster wechselte der Habilitand Franz Dröge (1937 bis 2002) über Nacht vom positivistischen ins marxistische Lager. Hatte Dröge 1969 „Einzelfallstudien" noch „geringe Generalisierbarkeit" und deshalb eine „relativ niedrige theoretische Relevanz" attestiert (Dröge et al. 1969: 25), stützten er und seine Mitautorin und spätere Ehefrau Ilse Modelmog sich 1972 in einem Buch zum Thema „Medienanalyse" auf die Frankfurter Schule sowie auf Marx, Engels und Mao Tse-tung, kritisierten „den Naturwissenschaften nachgebildete Methoden" und forderten „Analysen des Einmaligen" (Dröge 1972: 22, 28). Dröge war 1971 zwar auf eine neue Professur in Bremen berufen worden, galt im Fach aber fortan als Aussätziger und wurde von den Kollegen ignoriert. Gerd G. Kopper schrieb in einem Nachruf, Dröge sei als „neo-marxistischer Dogmatiker" stereotypisiert worden. Er habe so in der internen Auseinandersetzung eine „wirkungsvolle Feindbild-Rolle" übernommen und damit letztlich zum „Zusammenhalt" des Faches beigetragen (Kopper 2002: 468f., vgl. Scheu 2011).

In Sachen Methoden blieb die Kommunikationswissenschaft eine „Abstauberdisziplin" (Luger 1984: 13): Sie übernahm das, was in anderen Fächern zuvor (oft unter Schmerzen) ausdiskutiert worden war. Wenn in den Publikationen ausdrücklich von einem „Methodenstreit in der Medienforschung" die Rede war oder der Gegensatz „quantitative versus qualitative Medien- und Kommunikationsforschung" aufgemacht worden ist (vgl. Theunert 1994, Charlton & Neumann 1988), dann kamen diese Versuche nicht aus dem Kern des Fachs, sondern von seinen Rändern (aus Nachbardisziplinen, in denen qualitative Forschung bereits etabliert war und wo man vielleicht auch hoffte, durch eine Umwidmung vom Drang der Studierenden in Medienberufe profitieren zu können) und blieben in den zentralen Foren der Kommunikationswissenschaft ohne Resonanz.

Dass man das Fehlen einer Auseinandersetzung wissenschaftssoziologisch begründen kann, scheint die größte Ausnahme zu bestätigen. Im Abschlussbericht der Deutschen Forschungsgemeinschaft (DFG) zum Stand der Medienwirkungsforschung in der Bundesrepublik von 1987 sind qualitative Methoden strikt abgelehnt worden. Die Senatskommission sprach von Untersuchungen „mit ungesicherter Beweiskraft" und mahnte Skepsis gegenüber „sogenannten Pilotstudien" an sowie die Konzentration auf „kausalanalytische Verfahren" (DFG 1987: 6, 8). Der Literaturwissenschaftler Erich Straßner konnte sich dieser Stellungnahme allerdings nicht anschließen. In einem „Sondervotum" griff er den „Methodenegoismus" an und stufte den Bericht der Kommissionsmehrheit als „dogmatische und wissenschaftstheoretisch naive" Klage ein (Straßner 1987: 144f.). Der DFG-Bericht wurzelte im Schwerpunktprogramm „Publizistische Medienwirkungen" – in einem Programm, dessen Umfang den Streit lohnte (vgl. Meyen & Friedrich 2011).

Obwohl die schärfsten Kritiker damals behaupteten, die „Medienwissenschaft schlechthin" sei mit dem „empirisch-analytischen Wissenschaftstyp" gleichzusetzen (Bachmair et al. 1985: 12), und Irene Neverla auf der DGPuK-Jahrestagung 1988 von einem „unsicheren Waffenstillstand" sowie von „braven Glaubensbekenntnissen zur friedlichen Koexistenz von qualitativen und quantitativen Verfahren" sprach und beklagte, dass niemand „Detailfragen" dieser Koexistenz diskutiere und dass der „Fetisch Repräsentativität" oft andere Aspekte der Methodenwahl überschatte (Neverla 1990: 204, 206): Es blieb friedlich im Fach – nicht nur durch den (neuen) Methoden-Pragmatismus in den Nachbardisziplinen, sondern auch weil es stets mehr Stellen als qualifizierte Bewerber gab. Wo Nicht-Habilitierte und Fachfremde berufen werden müssen, entfällt die Notwendigkeit eines Methoden-„Streits", bei dem es immer auch um bezahlte Positionen und Institutionalisierung geht.

Kein Gegenargument ist die „Debatte", die im September 2002 im DGPuK-Informationsdienst *Aviso* veröffentlicht wurde (Nr. 31). Die vier Beiträge unter der Überschrift „Paradigmenwechsel in der Kommunikationswissenschaft?" gingen auf einen autobiographischen Aufsatz zurück, in dem Gerhard Maletzke „ganzheitlich-qualitativen Ansätzen mehr Anerkennung und Geltung" gewünscht und geschrieben hatte, dass er „bisher vergebens" auf ein neues Paradigma gewartet habe (Maletzke 1997: 115). Obwohl sein Buch *Psychologie der Massenkommunikation* (Maletzke 1963) von weiten Teilen des Fachs schnell als Standardwerk akzeptiert worden ist und Maletzke anschließend mehrfach versuchte, sich mit programmatischen Schriften in der Kommunikationswissenschaft zu positionieren (vgl. Maletzke 1967, 1980), war er im Fach ein Außenseiter geblieben und erst sehr spät durch eine Honorarprofessur (1983 in Hohenheim) zu akademischen Ehren gekommen. Maletzke hatte bereits in seinen frühen empirischen Studien sowohl qualitative als auch quantitative Daten verwendet. In einer Untersuchung zum *Fernsehen im Leben der Jugend* wehrte er sich gegen jeden „Methodenstreit" und legte „das Schwergewicht auf die qualitativen Verfahren", weil man seiner Meinung nach „die psychischen Hintergründe und Motivationen bestimmter Verhaltens- und Reaktionsweisen" anders nicht ermitteln könne (Maletzke 1959: 84-87). Dass das Fach „szientistisch" denke, „quantifizierend" vorgehe und „viele Einzelstudien" mache, die „niemand mehr überblicken" könne, führte er in dem erwähnten autobiographischen Aufsatz vor allem auf die Berufungen zurück. Wenn sich in den 1960er Jahren einer der Professoren „mit Nachdruck für eine humanwissenschaftliche, ganzheitlich-qualitative Orientierung eingesetzt" hätte, „wären heute wohl die Gewichte etwas anders verteilt". Im Klartext: Wenn man damals ihn, Gerhard Maletzke, berufen hätte, dann wäre ein Paradigmenwechsel kein „Szenario" für „irgendwann", sondern längst Fachgeschichte (Maletzke 1997: 119).

Aufbau des Lehrbuchs

Dieser (lange) Exkurs in die Wissenschaftssoziologie und in die Fachgeschichte war nötig, um die Idee und den Aufbau dieses Lehrbuchs einordnen zu können. Hier wird davon ausgegangen, dass es keinen (unüberbrückbaren) Gegensatz zwischen quantitativen und qualitativen Verfahren gibt, weil letztlich alle Wissenschaftler das gleiche Ziel haben: Immer soll ein wissenschaftliches Problem auf einem Weg gelöst werden, den andere Wissenschaftler für akzeptabel halten, und immer zielt die Untersuchung über das konkrete Untersuchungsobjekt hinaus auf Verallgemeinerungen. Wenn eine 14-Jährige in Wien ihre Mutter ersticht, weil ihr das Surfen im Internet verboten worden ist, dann dürfte das Sozialforscher aus beiden Lagern interessieren – egal ob quantitativ orientiert oder qualitativ. Man wird wissen wollen, was das Internet heute für junge Leute bedeutet, man wird die Muster der Nutzung beschreiben und vielleicht erklären, warum sich Mädchen hier von Jungen unterscheiden, Österreicher von Südamerikanern und Hauptstädter von Landbewohnern, um am Ende zu verstehen, was passiert ist und was man aus dem Fall lernen kann. Auch qualitative Sozialforscher sind Menschen und denken im Ursache-Wirkungs-Schema, und auch quantitative Forscher kommen nicht ohne Interpretationen aus.

Wenn es beim Ziel keinen Unterschied gibt, dann kann man den ideologischen Ballast früherer Tage abwerfen und sich auf die Stärken und Schwächen der einzelnen Methoden und Techniken konzentrieren – auch weil keine Methode alles kann und die konkrete Entscheidung vom Erkenntnisinteresse abhängen sollte und nicht von der Schulenzugehörigkeit und damit von einer Art Parteibuch. Erleichtert wird dieser Ansatz durch die Erfahrungen, die seit der Etablierung der qualitativen Sozialforschung gesammelt worden sind. In den Kapiteln 3 bis 7 wird erklärt, welche Regeln man beachten muss, damit die Kolleginnen und Kollegen die Ergebnisse von qualitativen Untersuchungen ganz allgemein sowie von Befragungen, Beobachtungen und Inhaltsanalysen im speziellen akzeptieren, und wie diese Regeln in der Forschungspraxis umgesetzt werden können. Um die Entscheidung für eine bestimmte Methode oder für eine Methodenkombination zu erleichtern, werden vorher (in Kapitel 2) zunächst die Besonderheiten sowie die Stärken und Schwächen qualitativer Methoden diskutiert. Da diese Entscheidung auch von der Persönlichkeit der Forscherin oder des Forschers abhängt, werden dort nicht nur die Dimensionen qualitativer Forschung diskutiert, sondern auch Eigenschaften, die man mitbringen sollte. Wer zum Beispiel keine Lust auf Menschen und ihre Geschichten hat, sollte besser keine Leitfadeninterviews führen, und wer auf eine schnelle Karriere in der Wissenschaft aus ist, investiere seine Zeit lieber in einen Statistik-Kurs.

Zielgruppen des Lehrbuchs: Studierende der Kommunikationswissenschaft sowie alle, die theoriegeleitet qualitative Forschung betreiben wollen und dafür nach einem Praxisratgeber suchen.

Ziele: Reflexion, Handwerk, Qualitätskriterien.

Methode (Definition): ein Verfahren zur Lösung wissenschaftlicher Probleme (und damit ein Weg zur Erkenntnis); folgt Regeln, die von einer Wissenschaftlergemeinschaft akzeptiert werden.

Qualitative Sozialforschung: entpolitisierte Fortsetzung des Positivismusstreits; wichtigstes Identitätsmerkmal: (sachliche) Kritik an der quantitativen Methodologie („Positivismusstreit").

Mainstream in der Kommunikationswissenschaft: quantitative Methoden, Vorbild Naturwissenschaft.

Legitimationsdefizit qualitativer Methoden (zentraler Vorwurf: „unwissenschaftlich").

Selbstverständnis dieses Lehrbuchs: jenseits von Ideologien und quantitativ-qualitativem Lagerdenken Erfahrungen aus der Forschungspraxis nutzen und einen Kanon für die Anwendung qualitativer Verfahren entwickeln.

Siegfried Lamnek: Qualitative Sozialforschung. Lehrbuch. 5. Auflage. Weinheim, Basel: Beltz 2010.

Der Klassiker unter den Lehrbüchern zum Thema qualitative Forschung. Entsprechend dick (748 Seiten) und teuer (49,90 Euro). Zielgruppe: alle, die qualitative Forschung betreiben (wollen). Lamnek vertritt die Idee, dass „qualitative Forschung (in Grenzen) kanonisiert aufbereitet, dargestellt und erlernt werden kann" (S. XI). Inhalt des Buches: Grundlagen und Methodologie qualitativer Sozialforschung, Triangulation als Chance und Problem, die Methoden im Detail (Einzelfallstudie, qualitatives Interview, Gruppendiskussion, Inhaltsanalyse, teilnehmende Beobachtung, qualitatives Experiment sowie biografische Methode). Für Studierende gut geeignet, da mit Zwischenfazits, Exkursen, Abbildungen und Praxisbeispielen aufbereitet und leicht lesbar.

Uwe Flick, Ernst von Kardorff, Ines Steinke (Hrsg.): Qualitative Forschung. Ein Handbuch. 3. Auflage. Reinbek: Rowohlt 2008.

Inhaltlich sehr breit angelegter Sammelband mit Autoren aus unterschiedlichen sozialwissenschaftlichen Disziplinen (Psychologie, Soziologie und Pädagogik), der sich an Studierende und Lehrende richtet und gut geeignet ist, wenn man einen Einblick in die erkenntnistheoretischen Hintergründe qualitativer Forschung sucht (etwa in den Beiträgen von Ronald Hitzler und Thomas S. Eberle über die phänomenologische Lebensweltanalyse oder von Jörg R. Bergmann über Ethnomethodologie) oder wenn man etwas über Stärken und Schwächen der einzelnen Methoden erfahren möchte (jeweils gut zehn Seiten pro Methode). Besonders hilfreich für Kommunikationswissenschaftler sind die Kapitel zu Auswahlverfahren (Hans Merkens), zum Zusammenspiel von quantitativen und qualitativen Methoden sowie zur Triangulation (beide von Uwe Flick), zu Gütekriterien (Ines Steinke), zu Interviews (Christel Hopf) sowie zur Auswertung von Interviews (Christiane Schmidt) und zur Gruppendiskussion (Ralf Bohnsack, dort findet man auch einen interessanten Ansatz zur Typologisierung). Das Handbuch bietet in allen Kapiteln weiterführende Literaturtipps, ein praktischer Ratgeber sieht allerdings anders aus. Preis des Buchs: 20 Euro. Für das gleiche Geld gibt es von Uwe Flick (2007) auch eine Einführung in die qualitative Sozialforschung.

Lothar Mikos, Claudia Wegener (Hrsg.): Qualitative Medienforschung. Ein Handbuch. Konstanz: UVK 2005.

Der „Flick" für Medienwissenschaftler und Medienpädagogen – ebenfalls ein Mammutwerk (56 Beiträge auf 615 Seiten, Preis: 34,90 Euro) mit einem umfassenden Anspruch. In der Einleitung versprechen die beiden Herausgeber eine „fundierte Einführung", die „nicht nur theoretische Grundlagen bietet und einen Einblick in die zentralen Anwendungsfelder qualitativer Medienforschung gibt, sondern darüber hinaus als detaillierte Anleitung zum qualitativen Forschen verstanden werden kann" (S. 16). Ausgangspunkt war eine Initiative der Fachgruppe „Qualitative Medien- und Kommunikationsforschung" der Gesellschaft für Medienpädagogik und Kommunikationskultur. Autoren sind folgerichtig vor allem Psychologen, Soziologen oder Pädagogen, die oft für ihre eigenen Arbeiten werben und so einen wichtigen Vorzug des Buchs produzieren: zahlreiche Beispiele. Gliederung: theoretische Hintergründe der qualitativen Medienforschung, Konzeption, Planung und Forschungsdesign, Forschungsmethoden (verschiedene Interviewformen, aber auch Kinderzeichnungen und szenisches Spiel), Aufzeichnung qualitativ gewonnener Daten, Anhang (mit einer Bibliographie sowie einschlägigen Fachzeitschriften und Websites).

Hans Wagner unter Mitarbeit von Philomen Schönhagen, Ute Nawratil, Heinz Starkulla: Qualitative Methoden in der Kommunikationswissenschaft. München: R. Fischer 2008.

Neuauflage des erstmals 1999 erschienenen Lehrbuchs *Verstehende Methoden in der Kommunikationswissenschaft.* Hans Wagner und seine Mitstreiter wollen auf 446

Seiten eine „Einführung in die qualitativen Methoden für den Gegenstands- und Anwendungsbereich Kommunikationswissenschaft" (S. 13) liefern. Sie gliedern den Band in drei Teile: Wege der Wissenschaft („Sprache und Erkennen", „Deduktion und Induktion" sowie „Natur und Sozialwelt"), Basismethoden des Verstehens (Mittel der Erhebung und Faktensicherung: Phänomenologie, Hermeneutik und theoretische Typenkonstruktion), konkrete Forschungsmethoden (Konversationsanalyse, Gruppendiskussion, teilnehmende Beobachtung, qualitatives Interview, Inhaltsanalyse, biografische Methode). In diesem dritten Abschnitt wird mit Beispielen aus der Forschungspraxis gearbeitet – gut für Studierende, wenn sie bis dahin durchgehalten haben oder am besten gleich hier einsteigen, wie von einer Rezensentin empfohlen wurde (vgl. Prommer 2010). Preis: 29 Euro.

Ruth Ayaß, Jörg Bergmann (Hrsg.): Qualitative Methoden der Medienforschung. Reinbek: Rowohlt 2006.

Nicht als Handbuch konzipiert, sondern als Überblickswerk, das zeigen will, wie man zu empirischen Erkenntnissen über Medien kommen kann. Die Herausgeber ordnen die Methoden dafür zum Teil auch historisch ein. Aus ihrer Sicht kann es hier kein Rezeptwissen geben: Qualitative Methoden müssten vielmehr „überraschungsoffen konzipiert werden" (S. 10). Praktische Hinweise fehlen folgerichtig. Das Buch ordnet die qualitative Forschung zudem nicht wissenschaftstheoretisch ein, sondern erklärt in 20 Kapitel jeweils einzelne Methoden – von der Filmanalyse bis zur Objektiven Hermeneutik. Eigene Oberkapitel beschäftigten sich mit (möglichen) Themen für qualitative Forschung (visuelle Kultur, Gender Studies). Das Buch richtet sich an alle, die Medienforschung betreiben, und damit eher an Medienwissenschaftler oder Mediensoziologen (wie die beiden Herausgeber). Am hilfreichsten für kommunikationswissenschaftliche Fragestellungen sind die Kapitel zum Interview (Stefan Aufenanger) und zur Gruppendiskussion (Burkhard Schäffer, der dieses Thema auch bei Mikos und Wegener behandelt). Im Handel ist das Buch ein Schnäppchen: 16,90 Euro.

Andreas Fahr (Hrsg.): Zählen oder Verstehen? Diskussion um die Verwendung quantitativer und qualitativer Methoden in der empirischen Kommunikationswissenschaft. Köln: Herbert von Halem Verlag 2011.

Ergebnis einer Tagung der DGPuK-Fachgruppe Methoden, konzipiert als eine Art Streitgespräch: Wo und wie unterscheiden sich die Lager, wo gibt es Gemeinsamkeiten über die Grenzen hinweg und wo lohnt es sich, mit der anderen Seite zusammenzuarbeiten? Tagungsteilnehmer wie Autoren waren sich in zwei Punkten einig: Der Dogmatismus ist Geschichte, und die Entscheidung für eine bestimmte Methode sollte von der Fragestellung und vom Forschungsgegenstand abhängen und nicht von der Schulenzugehörigkeit oder persönlichen Vorlieben. Inhalt des Buchs: eine Bestandsaufnahme quantitativer und qualitativer Strömungen im Fach (unter anderem über eine Inhaltsanalyse der Fachzeitschriften), Vorschläge zur Methodenintegration und Fallbeispiele aus der Forschungspraxis.

Nikolaus Jackob, Thomas Zerback, Olaf Jandura, Marcus Maurer (Hrsg.): Das Internet als Forschungsinstrument und -gegenstand in der Kommunikationswissenschaft. Köln: Herbert von Halem Verlag 2010.

Olaf Jandura, Thorsten Quandt, Jens Vogelgesang (Hrsg.): Methoden der Journalismus- forschung. Wiesbaden: VS Verlag für Sozialwissenschaften 2011 (im Druck).

Wiebke Loosen, Armin Scholl (Hrsg.): Methodenkombinationen in der Kommunikations- wissenschaft. Methodologische Herausforderungen und empirische Praxis. Köln: Her- bert von Halem Verlag 2011 (im Druck).

Drei aktuelle Bücher aus den Methodenlaboren der Kommunikationswissenschaft, die entweder bestimmte Forschungsfelder behandeln (Internet, Journalismus) oder sich eher grundsätzlich den Herausforderungen widmen, die mit Mehr-Metho- dendesigns verbunden sind. Empfohlen werden alle drei Bücher hier, weil bei den (meisten) Beiträgen die Forschungspraxis im Zentrum steht (und nicht so sehr das Ergebnis). Motto für Studierende: Lernen am Beispiel. Da das Internet gerade in Abschlussarbeiten immer wichtiger wird (als Untersuchungsgegenstand und als Methodenplattform), steht das Buch zu diesem Thema oben. Hier findet man et- was über den Status quo, über Herausforderungen, die mit der Online-Forschung verbunden sind, sowie Fallstudien, die zum Teil auch mit Methodenkombinationen gearbeitet haben (online und offline).

2 Wie man das „richtige" Lager findet und Qualität sichert: Dimensionen und Gütekriterien qualitativer Forschung

Darf man in einem wissenschaftlichen Text „ich" sagen? Was können qualitative Methoden und was nicht? Worauf lasse ich mich ein, wenn ich qualitativ arbeite, und was muss ich dafür mitbringen? Die Antworten folgen einem Verständnis von qualitativer Sozialforschung, das vom erkenntnistheoretischen Postulat „Kein Wissen ohne Subjekt und ohne Theorie" ausgeht, deshalb für kategoriengeleitete Forschung und Selbstreflexion plädiert und außerdem verlangt, die Stärken qualitativer Methoden (Kontexte, Bedeutung und Sinn) genauso zu akzeptieren wie ihre Grenzen (niemals zählen, niemals rechnen).

Im ersten Kapitel dürfte deutlich geworden sein, dass dieses Lehrbuch nicht den Anspruch hat, alle Schulen der qualitativen Sozialforschung zu porträtieren und das komplette Spektrum der Verfahren abzudecken, die im Laufe der Zeit etabliert worden sind. Gemeinsamer Nenner dieses Lagers ist die Kritik an quantitativen Methoden, eine Kritik, die entweder zu bewusster, offensiver Abgrenzung führt („wir sind anders") oder zur Konstruktion eines theoretischen Überbaus, der teilweise wie eine Kunstlehre wirkt und religiöse Züge annehmen kann (etwa in der „Objektiven Hermeneutik", vgl. Oevermann 1989). Wenn in diesem Buch davon ausgegangen wird, dass Wissenschaft auf Verallgemeinerungen zielt und nicht die Aufgabe hat, die Gesellschaft zu kritisieren, sondern helfen soll, diese Gesellschaft beschreiben, erklären und verstehen zu können (vgl. Abbildung 8, S. 32), dann wird dies nicht bei jedem Anhänger qualitativer Methoden auf Gegenliebe stoßen. Deshalb sei hier noch einmal an den Ausgangspunkt erinnert: Es gibt zwar keinen prinzipiellen Gegensatz zwischen quantitativen und qualitativen Methoden, jede Methode hat aber Stärken und Schwächen, die man kennen muss, um sich für ein bestimmtes Untersuchungsdesign entscheiden zu können – ohne den ideologischen Ballast, der mit Positivismus- und Methodenstreit verbunden ist, und gestützt auf die Erfahrungen, die in der Forschungspraxis gesammelt worden sind. Damit ist zugleich der Inhalt dieses Kapitels umrissen: Es geht um das Verständnis qualitativer Sozialforschung, das in diesem Buch vertreten wird, um das, was qualitative Methoden leisten können und was nicht, um Qualitätsstandards sowie um

Eigenschaften, die Forscherinnen und Forscher mitbringen sollten, wenn sie qualitativ arbeiten möchten. Das „man" in der Überschrift ist also ganz konkret gemeint: Welche Methoden passen am besten zu mir – zu meinem Thema, zu meinem Erkenntnisinteresse und zu mir selbst.

Theorie-Ebenen der Sozialforschung

Es gibt in der Literatur mehrere Kataloge mit Merkmalen qualitativer Forschung (etwa die „13 Säulen des qualitativen Denkens" von Philipp Mayring oder die sechs Kennzeichen von Siegfried Lamnek, vgl. Abbildung 6), die zum Teil in Ablaufmodelle münden (Schritt für Schritt zum Ziel) und dann den Blick auf Gütekriterien lenken (vgl. Steinke 2008: 319-321). Diese Kataloge sind nur zu verstehen, wenn man um die übermächtige Konkurrenz durch die quantitative Forschungstradition weiß. Entweder wird versucht, die dort gültigen Standards für den eigenen Bedarf anzupassen (vgl. Steinke 2008: 319), oder man grenzt sich bewusst ab – bis zu Extrempositionen, die ganz ablehnen, irgendwelche Regeln und Kriterien zu formulieren (vgl. Steinke 1999: 50).

Abbildung 6: Merkmale qualitativer Forschung – Beispielkataloge

13 Säulen qualitativer Forschung
Deskription:
1. Einzelfallbezogenheit
2. Offenheit
3. Methodenkontrolle
Interpretation:
4. Vorverständnis
5. Introspektion
6. Forscher-Gegenstands-Interaktion
Subjekte:
7. Ganzheit
8. Historizität
9. Problemorientierung
Verallgemeinerungsprozess:
10. Argumentative Verallgemeinerung
11. Induktion
12. Regelbegriff
13. Quantifizierbarkeit

Quelle: Mayring 2002: 26

Prinzipien qualitativer Forschung
Offenheit
Forschung als Kommunikation
Prozesscharakter
Reflexivität von Gegenstand und Analyse
Explikation
Flexibilität

Quelle: Lamnek 2010: 19-25

Das Dimensions-Schema in Abbildung 8 ist anders entstanden. Es geht davon aus, dass Forschung nicht erst mit der Entscheidung für eine bestimmte Methode beginnt, sondern in erkenntnistheoretischen Grundannahmen sowie im Wissenschaftsverständnis wurzelt, und leitet dann aus den Eigenschaften qualitativer Methoden Techniken ab, die es erlauben, die Stärken zu nutzen und die Schwächen zu kontrollieren. Basis ist ein Ebenen-Modell der Sozialforschung (vgl. Abbildung 7), das Wissenschaftstheorie als Spezialfall der Erkenntnistheorie sieht.

Abbildung 7: Theorie-Ebenen der Sozialforschung

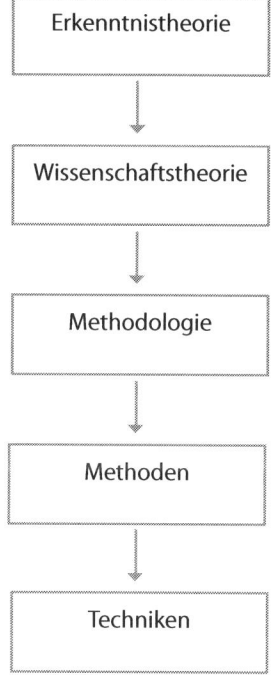

Quelle: Lamnek 2010: 44

Während auf Ebene eins gefragt wird, wie menschliche Erkenntnis überhaupt möglich ist, zielt Ebene zwei auf die Bedingungen wissenschaftlicher Erkenntnis und damit auch auf das Wissenschaftsverständnis (Kaesler 1984: 18). Methodologie meint die Lehre von den Methoden (wann wende ich welche Methode an) – die Lehre von den Verfahren zur Lösung wissenschaftlicher Probleme, die andere Wissenschaftler für akzeptabel halten. Der Begriff Techniken liegt eher parallel dazu, weil er sich sowohl auf einzelne Verfahrensschritte bezieht (auf die Auswertung zum Beispiel) als auch auf das Untersuchungsdesign insgesamt (etwa: Methoden- und Quellenkombination).

Abbildung 8: Dimensionen qualitativer Forschung

Erkenntnistheorie	Wissenschafts-verständnis	Methodologie: Theorie und Forschungsinteresse leiten die Methodenauswahl	Techniken: Regeln statt Standardisierung
	Selbstreflexion Teil des Forschungsprozesses		Forschungsprozess als Spirale
		Stärken / Schwächen	Triangulation
	Ziel: Verallgemeinerungen	Kontexte / Keine Größenord-nungen, keine Verteilungen	Quellenkombination
	Keine Gesellschaftskritik	Bedeu-tung und Sinn / keine Statistik, kein Wahrscheinlich-keitsbeweis	Interpretation in Gruppen
Kein Wissen ohne Theorie	Forschung immer theoriegeleitet	Erklärungen („Beweise") über die Theorie	Kategoriengeleitetes Vorgehen
Kein Wissen ohne Subjekt			
		Persönlichkeit des Forschers / Position im wissenschaftlichen Feld	

Quelle: eigene Darstellung

Darf man in Abschlussarbeiten „ich" sagen? Soziologie des Wissens

Kein Wissen ohne Subjekt und kein Wissen ohne Theorie: Dieses Postulat auf Ebene eins in Abbildung 8 zieht sich durch den gesamten Forschungsprozess und markiert im ersten Teil zugleich die Grenze zur quantitativen empirischen Sozialforschung, die nach objektiver Erkenntnis strebt und folglich subjektive Spuren aus den Forschungsberichten tilgt – bis in Literaturverzeichnisse ohne Vornamen. Wenn es um Gesetzmäßigkeiten des Agenda Setting geht, scheint es egal zu sein, ob der Autor „H. Brosius" Heinrich heißt, Hillary oder Hans-Bernd, ob er Psychologe oder Soziologe ist, ob er aus Frankreich oder Deutschland kommt und ob er den Zweiten Weltkrieg noch erlebt hat oder erst nach dem Mauerfall studierte.

Dieses Lehrbuch vertritt eine Gegenposition und stützt sich dabei auf die Basisannahmen der Wissenssoziologie. Karl Mannheim (1931) ging in seiner „Theorie von der Seinsverbundenheit des Wissens" davon aus, dass die Denkinhalte durch den sozialen Standort der Denkenden beeinflusst werden, durch den Beruf und die Religion, durch das Geschlecht und durch Generationserfahrungen. Wissen reflektiert deshalb nicht einfach den Gegenstand, auf den es bezogen ist, sondern konstruiert ihn erst (vgl. Heintz 1993: 530). Wer als Kleinkind aus Osteuropa vertrieben oder durch die deutsch-deutsche Grenze von seiner Geliebten getrennt wurde, wird den Journalismus in der DDR anders sehen als ein Wissenschaftler, der aus einem SED-Haushalt stammt und in seiner Jugend selbst davon träumte, Stars wie Katarina Witt oder Marita Koch mit dem Reportermikrofon zu begleiten.

Wenn Karl Mannheim Recht hat, dann lässt sich kein kontextfreies Wissen mehr denken und folglich auch kein übergreifender Evaluationsmaßstab (Relativismusproblem). Das gilt auch für empirische Überprüfungen, da es keine Methoden und Messinstrumente gibt, die unabhängig von theoretischen Vorannahmen existieren. Wie sich die Wirklichkeit präsentiert, hängt von der Theorie ab, an der man sich orientiert (vgl. Meyen & Löblich 2006: 26f., Heintz 1993: 534f.). Karl Popper hat Theorien mit Scheinwerfern verglichen, die den Gegenstand unseres Interesses anstrahlen und ihn je nach Farbe und Lichtstärke ganz unterschiedlich aussehen lassen (Popper 1975: 322). Theorien organisieren nicht nur die Wahrnehmung, sondern auch den Prozess wissenschaftlicher Forschung: Theorien helfen, aus der unendlichen Fülle von Faktoren genau die herauszufiltern, die am Ende untersucht werden, und Theorien entscheiden, welche Daten zu sammeln sind und wie man diese Daten dann zu interpretieren hat. Dies beginnt schon bei der Fragestellung: Wenn ein Marxist, der materielle Faktoren für zentral hält, die Fernsehnutzung untersucht, wird er wissen wollen, wie das Bedürfnis nach Filmen, Shows und Sport mit den Produktionsbedingungen und mit dem Besitz an Produktionsmitteln zusammenhängt (mit abhängiger Beschäftigung und Entfremdung, mit Arbeitsteilung und Spezialisierung). Eine Psychologin dagegen dürfte eher untersuchen, was genau passiert, wenn Menschen fernsehen, sich dabei auf individuelle Prozesse konzentrieren, eventuell sogar den Blutdruck, die Hirnströme und den Hautleitwiderstand messen (vgl. exemplarisch Fahr 2010) und das gesellschaftliche Umfeld ausblenden.

> *Merksatz*: Theorien helfen, aus der unendlichen Fülle von Faktoren genau die her-auszufiltern, die untersucht werden sollen. Theorien entscheiden, welche Daten zu sammeln sind und wie diese Daten interpretiert werden sollen.

Dieses Beispiel zeigt, dass auch die Theorieentscheidung von der Forscherin oder vom Forscher abhängt: von der Herkunft und vom Elternhaus, (vielleicht noch stärker) von der akademischen Sozialisation (welches Fach habe ich studiert, welche Professo-ren haben mich geprägt), von der Position im wissenschaftlichen Feld (gehöre ich zum Machtpol oder will ich ein dominantes Paradigma in Frage stellen) und möglicherweise auch von Persönlichkeitsmerkmalen. Wer ohnehin glaubt, ein Spielball höherer Mächte zu sein und wenig Einfluss auf das zu haben, was um ihn herum passiert, dürfte sich weniger von Handlungstheorien angesprochen fühlen als von Luhmanns Systemtheorie, die die Verarbeitung von Umwelt-Reizen als „kontingent" beschreibt und folglich auch keine moralischen Urteile zulässt (alles kann so sein, aber auch anders, vgl. Meyen & Löblich 2006: 277-295).

Ganz unabhängig von solchen Spekulationen: Subjekt ja oder nein – das ist der Knackpunkt, an dem sich die Geister scheiden. In der quantitativen empirischen Sozial-forschung blendet man die überragende Bedeutung des Wissenschaftlers aus und ver-sucht, sich dem Objektivitätsideal durch die Standardisierung von Messinstrumenten zu nähern, die mathematisch-statistische (und damit „objektive") Analyseverfahren er-lauben und intersubjektive Überprüfbarkeit garantieren (Fragebögen und Codebücher, die von jedem Forscher genutzt werden können, oder (noch besser) getestete Skalen, die immer wieder eingesetzt werden, um zum Beispiel das Selbstverständnis von Jour-nalisten zu ermitteln oder die Motive für das Fernsehen). Qualitative empirische Sozial-forschung (zumindest in der hier vertretenen Variante) thematisiert die „Seinsverbun-denheit des Wissens" dagegen – ohne dabei das Ziel Verallgemeinerung aufzugeben. Karl Mannheim hat zur Lösung des Relativismusproblems ein Konzept von Objektivität entwickelt, das nicht verlangt, nach einem letzten Richter zu suchen. Mannheim ging es um die „Übersetzbarkeit" verschiedener Sichtweisen, um eine „Formel der Umrechen-barkeit", die hilft, die „Strukturdifferenz" zu verstehen (Mannheim 1931: 258). Warum stellt der eine den Gegenstand so dar und der andere anders (vgl. Heintz 1993: 532)? Dieses Nachfragen ist in Abbildung 8 mit „Selbstreflexion" als „Teil des Forschungs-prozesses" gemeint, ein Anspruch, der nicht schon erfüllt ist, wenn einem selbst klar geworden ist, warum man sich beispielsweise für die Wirkung der Westmedien in der DDR interessiert oder für die Fernsehnutzung türkischer Frauen in Kreuzberg, sondern erst, wenn dies auch für den Leser des Forschungsberichts offensichtlich wird. Dazu gehört, das Verhältnis zur DDR oder zum Thema Migration offen zu legen. Darf man in Abschlussarbeiten „ich" schreiben, fragen Studierende immer wieder. Die Antwort dürfte klar geworden sein: nein, wenn man der quantitativen Logik folgt, und ja (mit Ausrufezeichen) bei qualitativen Methoden.

Werden bei diesem Satz eher Anhänger des quantitativen Paradigmas den Kopf schütteln, gilt dies beim Theorie-Postulat für einige Vertreter der qualitativen Sozialforschung. Geht es hier nicht auch darum, neue Zusammenhänge zu entdecken und Theorien überhaupt erst zu generieren? Liegt der tiefere Sinn von Interviewprojekten nicht darin, den Unterdrückten eine Stimme zu geben, sie am Forschungsprozess zu beteiligen und ihre ganz persönlichen Probleme und Ansichten zu dokumentieren? Auch hier lautet die Antwort ja und nein. Natürlich ist es eine Stärke von qualitativen Methoden, Menschen, die befragt oder beobachtet werden, genau wie Texte im Kontext zu sehen und nach den Bedeutungen zu suchen, die mit bestimmten Handlungen verbunden sind (etwa mit dem Zeitungslesen) oder die in Presseartikeln angelegt wurden. Überraschungen sind dabei gewissermaßen eingebaut, vor allem in Milieus, die man nur aus Büchern oder Filmen kennt. Während allerdings bei einer extremen Auslegung der Grounded Theory von den Forschern verlangt wird, ohne Vorannahmen „ins Feld" zu gehen und ihre Theorien dann in der Auseinandersetzung mit der sozialen Praxis zu entwickeln (wozu sowohl quantitative als auch qualitative Daten beitragen können, vgl. Glaser & Strauss 2008, Krotz 2005), wird in diesem Lehrbuch davon ausgegangen, dass es keine voraussetzungslose Wahrnehmung gibt (vgl. Meinefeld 2008: 271). Thema, Erkenntnisinteresse, Methodenwahl und Ergebnisse hängen nicht nur von der Person des Wissenschaftlers ab, sondern auch von der theoretischen Perspektive. Damit ist zunächst noch gar kein konkretes Gedankengebäude mit ausgearbeiteten Begriffen gemeint (etwa die Feldtheorie von Bourdieu oder die Systemtheorie). Zur theoretischen Perspektive gehören auch die Normen und Werte, denen man sich verpflichtet fühlt, das Wissenschaftsverständnis, das Menschen- und Gesellschaftsbild und (nicht zuletzt) das Wissen, das es zu einem bestimmten Untersuchungsgegenstand bereits gibt.

 Merksatz: Die Wahl des Themas, das konkrete Erkenntnisinteresse, die Entscheidung für eine Methode und die Ergebnisse hängen von der theoretischen Perspektive und von der Person des Wissenschaftlers ab.

Forschen mit Kategorien

Um diese erkenntnistheoretischen Voraussetzungen im Forschungsprozess selbst und dann im Ergebnisbericht sichtbar zu machen, wird hier für ein kategoriengeleitetes Vorgehen plädiert (vgl. Löblich 2008). Kategoriensysteme helfen dem Wissenschaftler, sich seine Perspektive und sein Vorwissen bewusst zu machen, und erlauben dem Leser, die Studie nachzuvollziehen und die Befunde einzuordnen: Was wurde untersucht und was nicht? Kategoriensysteme grenzen einen komplexen Gegenstand ein und gliedern ihn in einzelne (analysierbare) Teilaspekte, sie leiten die Konstruktion der Instrumente (Interviewleitfäden, Beobachtungs- und Codebögen), die Auswahl von Befragten sowie die Suche nach Quellen oder Texten und sie liefern den Rahmen für die Interpretation des Materials.

> *Merksatz*: Eine Kategorie ist ein analytischer Begriff und bezeichnet ein zu unter-suchendes Merkmal. Kategoriensysteme helfen dem Wissenschaftler, sich seine Perspektive und sein Vorwissen bewusst zu machen, und erlauben dem Leser, die Studie nachzuvollziehen und die Befunde einzuordnen. Das Kategoriensystem leitet den gesamten Forschungsprozess.

Am besten lässt sich diese Grundidee an einem Beispiel nachvollziehen. In einer Studie zur Internetnutzung wurde gefragt, wie sich die Unterschiede beim Umgang mit dem Netz erklären lassen und von welchen Faktoren die Bedeutung abhängt, die die verschie-denen Anwendungen für den Einzelnen haben (vgl. Meyen et al. 2009). Hintergrund war das Wissen um die zunehmende Ausbreitung des Internet: Werden die „digitalen Klüfte" zwischen Jungen und Alten, Männern und Frauen, Gebildeten und weniger Gebildeten verschwinden, wenn erst einmal alle Bevölkerungsgruppen gleichermaßen Zugang zum Netz haben? Die Studie stützte sich auf die Uses-and-Gratifications-For-schung und auf die Habitus-Kapital-Theorie von Bourdieu (1987). Damit waren meh-rere Implikationen verbunden:

- Der *Uses-and-Gratifications-Ansatz* geht erstens davon aus, dass Medienangebote mit anderen Formen der Kommunikation konkurrieren und funktional äquivalent sein können, und nimmt zweitens an, dass die Nutzung sowohl von den Bedürfnissen ab-hängt, die sich aus der sozialen und psychologischen Situation ergeben, als auch aus den Erfordernissen und Strukturen des Alltags (vgl. Schweiger 2007, Rubin 2002, Blumler & Katz 1974). Außerdem war aus der Forschung bekannt, dass jede Zu-wendung zu Medienangeboten Emotionen auslöst, die den Rezeptionsprozess mit-bestimmen (vgl. Schramm & Wirth 2006).
- *Bourdieus Theorie* wiederum bot eine Erklärung, warum Menschen so handeln, wie sie handeln, und was genau „soziale und psychologische Situation" meint. Bei Bourdieu streben alle Menschen nach Kapital, um ihre Position zu verbessern. Daraus ergeben sich zwei Motive für die Internetnutzung: Kapitalmanagement (Akkumulation von kulturellem, sozialem und vielleicht auch von ökonomischem Kapital) sowie Iden-titätsmanagement (andere Menschen beobachten, um den Wert des eigenen Kapitals zu taxieren und das Meinungsklima zu erkunden). Um konkrete Praxisformen wie die Internetnutzung beschreiben und untersuchen zu können, hat Bourdieu seinen Schlüsselbegriff Habitus analytisch geteilt: in einen Modus operandi (wie und warum man handelt), der durch das Opus operatum definiert wird, durch die persönliche

Lebensgeschichte, die sich an Dispositionen festmachen lässt (Alter, Geschlecht, Aussehen), an der Sozialisation (Herkunft, Ausbildung, Berufsstationen) und an der aktuellen Lebenssituation (Familie, Kinder, Kapitalausstattung, Aktivitäten außerhalb des Berufs, Zukunftsperspektiven).

Diese theoretischen Ausgangspunkte sollten sich in den Kategorien spiegeln – in den Merkmalen, die untersucht werden müssen. Mit Pierre Bourdieu ist die Internetnutzung nicht ohne den Habitus und ohne die soziale Position der Befragten zu verstehen und mit dem Uses-and-Gratifications-Ansatz nicht ohne die Alltagsstrukturen und ohne die anderen Medienangebote, die es im Haushalt gibt. Beide Theorien lieferten außerdem Anhaltspunkte für Unterkategorien. Der Habitus als Opus operatum lässt sich zum Beispiel erfassen, wenn man über das Leben früher und heute spricht, und bei der Internet- und Mediennutzung waren Motive aus vier Bereichen zu erwarten (Identitätsmanagement, Kapitalmanagement, Alltagsmanagement, Emotionsmanagement). Das Kategoriensystem, das sich aus diesen Überlegungen ergab, ist nur eine von mehreren Möglichkeiten:

- *Lebenslauf und aktuelle Lebenssituation*: Herkunft und Sozialisation, Alltagsstrukturen (Arbeit, Freizeit), Wohnung, Familie, Einkommen und Bildung, Bewertung des eigenen Lebens (Habitus als Opus operatum, Position im sozialen Raum);
- *Mediennutzung* (Presse, Funk): Zugang, Ausstattung, Nutzungsmuster, Motive, Bewertung (Uses-and-Gratifications-Ansatz: funktionale Alternativen zur Internetnutzung, Habitus als Modus operandi);
- *Internet im Alltag*: technische Ausstattung; Nutzungsmuster, Motive, Bewertung (Habitus als Modus operandi).

Auch wenn sich über Details streiten lässt (denkbar wäre zum Beispiel auch gewesen, die beiden Habitusformen als Hauptkategorien zu wählen): Wichtig ist hier, wie ein solches Kategoriensystem die gesamte Untersuchung leitet, angefangen bei der Entscheidung, Leitfadeninterviews daheim zu führen und die Befragten bei der Internetnutzung auch zu beobachten. Ohne einen Menschen und seine Wohnung gesehen zu haben, lässt sich wenig über den Habitus sagen. Kategorie eins diktierte dann den Quotenplan für die Auswahl, wo neben leicht ermittelbaren Merkmalen von Habitus und sozialer Position (Lebensphase/Alter, Geschlecht, Bildung, Größe des Wohnorts) auch Personengruppen genannt wurden, bei denen eine besondere Beziehung zum Internet zu erwarten war (Informatiker, Onlinespieler, Internetsüchtige, Wissenschaftler). Der Interviewleitfaden enthielt Fragen zu den drei Themenkomplexen, die von den Kategorien umrissen werden, und bei der Auswertung wurden die Aussagen der Befragten jeweils zu einem Porträt verdichtet, in dem erstens die Persönlichkeit, zweitens die Mediennutzung und drittens der Umgang mit dem Internet vor dem skizzierten theoretischen Hintergrund interpretiert wurden.

Dieser Hinweis auf die Theorie ist nicht banal, weil man mit anderen Ansätzen zu anderen Methoden, zu anderen Teilaspekten und damit auch zu anderen Ergebnissen kommen würde. Ein Psychologe, der wissen will, wie intellektuelle Voraussetzungen, Internetfähigkeiten und Nutzungsmuster zusammenhängen (vgl. van Dijk 2005), arbeitet zwar zum gleichen Forschungsproblem (auch hier wird versucht, den Umgang mit dem Netz zu erklären), er würde aber trotzdem ein anderes Untersuchungsdesign wählen (vielleicht Experimente) und in einem Interview auf jeden Fall andere Fragen stellen (weil dann zum Beispiel die Herkunft, die Lebenszufriedenheit oder das Zeitungslesen egal wären). Das Kategoriensystem ist folglich Hirn und Herz einer qualitativen Studie. Von hier wird jeder Schritt gesteuert, und hier können Kritiker und Gegner ansetzen, wenn sie an den Ergebnissen zweifeln. Ein Kategoriensystem enthält die Merkmale, die untersucht werden, und funktioniert damit ganz ähnlich wie ein Codebuch bei quantitativen Inhaltsanalysen (vgl. Früh 2007). Wenn dort zum Beispiel nur die Hauptkategorien Thema und Akteur stehen, dann werden die Codierer Themen und Akteure zählen, aber sicher nichts über Schreibstile und kreativen Journalismus sagen können.

Anders als bei einer solchen Inhaltsanalyse, wo jede Veränderung des Codebuchs de facto Abbruch und Neuanfang bedeutet, kann der qualitative Sozialforscher sein Kategoriensystem anpassen und neue Erkenntnisse aufnehmen – natürlich nur bis zu einem gewissen Punkt, weil sich die „Spirale" des Forschungsprozesses sonst unendlich weiterdrehen würde (vgl. Kapitel 3). Wenn man aber nach fünf oder sechs Interviews merkt, dass sich die Internetnutzung nicht ohne die anderen Medienangebote im Haushalt verstehen lässt, dann kann man den Leitfaden noch anpassen und von den ersten Gesprächspartnern die fehlenden Informationen besorgen. Generell gilt außerdem: Es gibt keine „fertigen" Kategoriensysteme, die man einfach für seine Studie übernehmen könnte. Die Kategorien sind vielmehr jedes Mal aufs Neue zu entwickeln: für das konkrete Forschungsproblem und den jeweiligen theoretischen Hintergrund. Die Beispiele auf den folgenden Seiten zeigen dies für Untersuchungen, auf die in den anderen Kapiteln noch näher eingegangen wird.

> *Merksatz*: Kategoriensysteme können nicht einfach aus anderen Studien übernommen werden, sondern müssen mit Blick auf die jeweilige Fragestellung und die Theorie für jede Studie neu entwickelt werden.

Schwächen qualitativer Methoden

Vielleicht sollte man an dieser Stelle nicht von Schwächen sprechen, sondern eher von Grenzen (vgl. Abbildung 8). Die wichtigste Regel zuerst: Qualitative Methoden und mathematisch-statistische Auswertungsverfahren vertragen sich nicht. Als Imperativ formuliert: Niemals zählen! Niemals rechnen! Die Ausrufezeichen sind nötig, weil in der

Kategoriensysteme: fünf Beispiele

Beispiel 1: Die Presseberichterstattung über den 12. Rundfunkänderungsstaatsvertrag

Problem- und Fragestellung: Hat die Presse versucht, die Verhandlungen über den 12. Rundfunkänderungsstaatsvertrag zu beeinflussen und hier vor allem die Internet-Regeln für den öffentlich-rechtlichen Rundfunk (Löblich 2010b)? Hintergrund: der „Kampf um Online", in dem sich die Zeitungsverleger von der Gebühren-Konkurrenz bedroht fühlten, und das Wissen um den Widerspruch zwischen privatwirtschaftlicher Organisation und normativen Erwartungen an Massenmedien (Objektivität, Meinungsvielfalt). Können Unternehmen, die auf Profit aus sind, tatsächlich eine „öffentliche Aufgabe" erfüllen? Können sie es auch dann noch, wenn ihre eigenen Interessen berührt werden – zum Beispiel bei den Gebühren für die öffentlich-rechtliche Konkurrenz und bei den Internet-Regeln (wo beide Systeme direkt konkurrieren)?

Theoretische Ausgangspunkte:

* Das Modell *„Öffentlichkeit im politischen Entscheidungsprozess"* (Kriesi 2001): Danach beeinflusst Medienberichterstattung politische Prozesse, weil Entscheidungen nicht mehr ohne öffentliche Meinung zu legitimieren sind und deshalb alle Akteure in der Medien-Arena um Zustimmung werben. Das Modell geht davon aus, dass Verlage, Sender oder sogar einzelne Journalisten dadurch je nach Thema und politischer Linie auch selbst zu politischen Akteuren werden können.
* *Framing-Forschung*: Frames („Deutungsmuster") engen das Spektrum an Alternativen ein, konstruieren „legitime" Interpretationen eines Problems und spielen bestimmte Aspekte eines Themas hoch oder herunter – auch über rhetorische Mittel (vgl. Kapitel 6). Öffentlich-rechtliche Internetseiten könnten zum Beispiel als Gebührenverschwendung und Griff in den Geldbeutel des Bürgers geframt werden oder als notwendiger Beitrag, um Jugendliche mit Informationen zu versorgen. Zu einem Frame gehören Problemdefinition, kausale Interpretation, Bewertung und Handlungsempfehlung (Entman 1993).

Vor diesem Hintergrund wurden fünf *Kategorien* entwickelt:

* *Akteur*: erwähnte oder interviewte Akteure, Gastautoren (wer kommt in den Zeitungen zu Wort und wer nicht);
* *Frame*: Problemdefinition (etwa: Gebührenmilliarden vs. kriselnde Verlage), Bewertung und Begründung (kein Expansionsbedarf für ARD und ZDF; private Anbieter liefern im Netz mehr als die Grundversorgung), Ziele (Begrenzung öffentlich-rechtlicher Aktivitäten), politische Lösungen (im Gesetz Grenzen setzen;
* *Rhetorische Mittel* (zum Beispiel Metaphern: „Einebnung der Verlage", „Morgenthau-Plan");
* *Institutioneller politischer Kontext* und *Mediensystem-Kontext*.

Dieses Kategoriensystem und der theoretische Hintergrund leiteten dann alle methodischen Entscheidungen:

*   *Methodenauswahl*: Um Frames zu identifizieren und Metaphern oder andere rhetorische Kniffe zu durchschauen, war eine qualitative Inhaltsanalyse geeignet (vgl. Kapitel 6).
*   *Untersuchungseinheiten*: Die Studie konzentrierte sich auf Leitmedien (überregionale Tageszeitungen und ein Nachrichtenmagazin), weil es dort Medienseiten gibt und weil solche Leitmedien von den politischen Entscheidungsträgern wahrgenommen werden. Ziel der Auswahl: das politische Spektrum abdecken. Sample: *Süddeutsche Zeitung, Frankfurter Allgemeine Zeitung, Frankfurter Rundschau, taz, Der Spiegel*.
*   *Untersuchungsmaterial*: Da Kommentare Bewertungen und rhetorische Mittel enthalten und Berichte oder Meldungen vor allem geeignet sind, um Akteure zu identifizieren, wurden alle journalistischen Genres einbezogen. Die Suche erfolgte in drei Schritten: stichwortgeleitete Datenbankrecherche („Rundfunkstaatsvertrag", „Änderungsstaatsvertrag"), Sichtung (Gibt es einen Bezug zum Thema?), Aussieben (wenn es keine neuen Gesichtspunkte gab).
*   *Untersuchungszeitraum*: 26. März 2008 (Veröffentlichung des ersten Gesetzentwurfs) bis 18. Dezember 2008 (Unterzeichnung des Staatsvertrags durch die Ministerpräsidenten).
*   *Ergebnisse*: vgl. die ausführliche Diskussion des Vorgehens bei der Auswertung und die Befunde in Kapitel 6.

Beispiel 2: Jugendmedienschutz aus der Netzwerk-Perspektive

Problem- und Fragestellung: Verhältnis von formellen und informellen Koordinierungsmechanismen in der Medienpolitik. Welche Akteure spielen im Regulierungssystem Jugendmedienschutz mit, wie viel Einfluss haben diese Akteure jeweils, welche Beziehungen gibt es zwischen ihnen und wie hat sich das Netzwerk durch das Internet verändert (vgl. Löblich & Pfaff-Rüdiger 2011)?

Theoretische Ausgangspunkte:

*   *Governance*: Medienpolitische Entscheidungen werden hier als Resultat von Aushandlungsprozessen zwischen staatlichen und nicht-staatlichen Akteuren verstanden (etwa über Netzwerke).
*   *Netzwerktheorie*: Politiknetzwerke bestehen aus Akteuren und Beziehungen zwischen diesen Akteuren. Die Akteure orientieren sich dabei nicht nur in einem politisch-institutionell definierten Umfeld sowie in einem bestimmten Mediensystem-Kontext, sondern auch an ihren subjektiven Wahrnehmungen und Werten sowie an ihrem Wissen. Beziehungen zu anderen Akteuren können eng oder lose sein, symmetrisch oder asymmetrisch – auch in Netzwerken, die den Spielraum einerseits erweitern (weil sie Handlungsoptionen liefern), aber andererseits auch beschränken.

Die drei *Hauptkategorien* ergeben sich vor diesem theoretischen Hintergrund fast von selbst:

- *Akteur*: Biographie (Qualifikation, Berufsmotivation), Berufsposition, Ressourcen, Verständnis des Jugendmedienschutzes, Problemwahrnehmungen, Ziele, Lösungsvorschläge;
- *Netzwerk*: Zusammenarbeit mit anderen Akteuren, Dichte und Funktionieren von Beziehungen, geteilte und gegensätzliche Interessen, Handlungsspielräume, Auswirkungen des Netzwerks;
- *Kontexte*: rechtlicher Kontext (Vorschriften/gesetzliche Grundlagen), Arbeitsbedingungen, Medienentwicklung, gesellschaftliche Entwicklung.

Methodische Konsequenzen: Um zu ermitteln, wer mit wem „kann" und wer ungern kooperiert, obwohl es der Staatsvertrag verlangt, an welchen Ecken es im aktuellen Co-Regulierungsmodell hakt und wie wichtig es ist, den „richtigen Draht" zu politischen Entscheidungsträgern zu haben, schienen Experteninterviews am besten geeignet. Obwohl sich gerade informelle Beziehungen kaum in Dokumenten spiegeln, war außerdem eine Dokumentenanalyse unverzichtbar – um die Kategorie „Kontexte" zu füllen sowie die Interviewleitfäden vorzubereiten. In den Gesprächen selbst ging es dann um all das, was in den anderen beiden Kategorien vorgegeben war. Da dort auch nach dem Netzwerk gefragt wurde, lieferten die Interviews zugleich Hinweise für die Auswahl: Wer wurde noch nicht befragt, ist aber aus Sicht der anderen wichtig?

Beispiel 3: Medialisierung der Öffentlichkeit

Problem- und Fragestellung: Seit der Aufklärung gibt es ein Ideal von Öffentlichkeit, das in allen Theorien tradiert wurde – über alle gesellschaftlichen und medialen Umbrüche hinweg. Manuel Wendelin (2011) wollte wissen, wie das gelungen ist: Wie haben es die Theoretiker geschafft, die Kategorie Öffentlichkeit immer wieder so zu aktualisieren, dass die damit verbundenen Normvorstellungen überdauern konnten, und wie hat der Medienwandel die Theoriebildung beeinflusst? *Theoretische Ausgangspunkte*:

- *Medialisierung von sozialen Normen*: „Reaktionen in anderen gesellschaftlichen Teilbereichen" (etwa bei den Öffentlichkeitstheoretikern), die sich entweder auf den generellen Bedeutungszuwachs medial vermittelter öffentlicher Kommunikation beziehen oder auf den Wandel der Medienlogik (Akteurfiktionen, vgl. Meyen 2009).
- *Akteur-Struktur-Dynamiken*: Schimank (2010) zufolge handeln Menschen (und damit auch Öffentlichkeitstheoretiker) innerhalb von bestimmten Akteurskonstellationen (man nimmt sich gegenseitig wahr, beeinflusst sich möglicherweise und verhandelt manchmal auch miteinander) und innerhalb von sozialen Strukturen (neben den Beziehungen zu anderen Akteuren: Erwartungen und Bewertungen).

Die fünf Haupt- und die zahlreichen Unterkategorien wurden dann sowohl aus dem Untersuchungsgegenstand (Öffentlichkeitstheorie) als auch aus dem theoretischen Hintergrund abgeleitet. Die ersten beiden Kategorien beziehen sich dabei auf den Kontext (Person des Theoretikers, Mediensystem) und die anderen drei auf die theoretischen Texte:

- *Persönlicher Kontext*: körperliche Dispositionen, Herkunftsmilieu, akademische Sozialisation, Lebenssituation, Erfahrung mit Öffentlichkeit;
- *Medienlogik*: Technik, Organisation, Kultur;
- *Öffentlichkeitsperspektive*: medienbezogene, öffentlichkeitsbezogene, normbezogene Akteurfiktionen;
- *Ideale Öffentlichkeitsnormen*: Deliberation, Reflexion, Integration;
- *Praktische Ausgestaltung von Öffentlichkeit*: intellektuell-theoretische Interpretation, politisch-rechtliche Organisation, aktive und passive Partizipation.

Methodische Konsequenzen: Um den Einfluss der (sich wandelnden) Medienlogik erfassen zu können, wurden vier mediale Umbruchphasen und dort jeweils zwei Theoretiker ausgewählt: die zweite Hälfte des 19. Jahrhunderts (Massenpresse: Karl Marx und Albert Schäffle), 1920er Jahre (Hörfunk, Film: Ferdinand Tönnies und Carl Schmitt), die 1950er Jahre (Fernsehen: Jürgen Habermas und Elisabeth Noelle-Neumann) sowie die 1980er Jahre (Privatisierung des Rundfunks, Digitalisierung: Bernhard Peters und Jürgen Gerhards/Friedhelm Neidhardt). Für die Theoretiker wurde dann biografisches Material gesucht und zum Teil auch in Zeitzeugeninterviews selbst produziert (Kategorie „persönlicher Kontext"). Die Quellen für die drei letzten Kategorien liegen auf der Hand: die Texte selbst.

Beispiel 4: Leseknick bei 10- bis 14-Jährigen

Problem- und Fragestellung: Warum hören einige Jugendliche mit 13 oder 14 Jahren auf, Bücher zu lesen, und andere nicht („Leseknick", vgl. Harmgarth 1997)? Senta Pfaff-Rüdiger (2011) wollte wissen, warum Kinder Bücher lesen (Lesemotivation), wie sie Bücher in ihren Alltag integrieren (Lesestrategien) und wie es ihnen gelingt, Lesemotivation und Lesestrategien aufeinander zu beziehen (Lesekompetenz).

Theoretische Ausgangspunkte neben dem Uses-and-Gratifications-Ansatz (vgl. S. 36):

- *Lebenswelt-Theorie*: Nach Alfred Schütz macht sich der Einzelne die objektiven Strukturen des Alltags zueigen, indem er diese mit subjektivem Sinn versieht (Schütz & Luckmann 2003: 33; vgl. Mikos 1992: 540). Schütz spricht zwar von Motiven (Um-zu-Motive: aus der Situation; Weil-Motive: aus lebensweltlichen Erfahrungen, vgl. Schütz & Luckmann 2003: 471-475), wie diese Bedürfnisse aber aussehen, sagt er nicht.
- *Selbstbestimmungstheorie*: Nach Deci & Ryan (2000) möchte der Mensch drei Grundbedürfnisse befriedigen: Autonomie, Kompetenz und soziale Integration.

Das Konzept des subjektiven Sinns erlaubt, Lesemotive in der Lebenswelt der Heranwachsenden zu verorten und dort auch nach Erklärungen für Veränderungen zu suchen. Die Studie wurde folglich von drei *Hauptkategorien* geleitet:

- *Akteur*: Geschlecht, Bildung, Lesekompetenz und Lesestrategien;
- *Subjektiver Sinn des Bücherlesen*: Weil-Motive (Entwicklungsaufgaben, Grundbedürfnisse), Um-zu-Motive (situative Bedürfnisse – etwa Zeitvertreib);
- *Lebenswelt*: Familie, Peer Group, Schule, Medien, soziale Normen und Routinen.

Methodische Konsequenzen: Leseprozess und Lebenswelt wurden in Paar-Interviews untersucht – ein Kind und der bester Freund (vgl. Kapitel 4). Die Auswahlkriterien ergaben sich aus der Kategorie Akteur (Geschlecht, Schultyp). In den Gesprächen ging es dann sowohl um die Lebenswelt als auch um Lektüremuster und Motive.

Beispiel 5: Selbstverständnis von Journalisten

Problem- und Fragestellung: Wie nehmen Journalisten Arbeitsbedingungen und Arbeitsalltag wahr und welches Selbstverständnis haben sie (Meyen & Riesmeyer 2009)? *Theoretischer Ausgangspunkt*: die Soziologie Bourdieus und hier vor allem seine Denkwerkzeuge Habitus, Feld und Kapital (vgl. S. 36f.). Wie die einzelnen Journalisten agieren (können), hängt von ihrem Kapitalbesitz und ihrer Position im journalistischen Feld ab. Dort gibt es zwei Kapitalformen, über die sowohl die Journalisten als auch Medieneinrichtungen und Redaktionen verfügen:

- *ökonomisches Kapital*: materieller Besitz;
- *journalistisches Kapital*: Summe aus kulturellem (Kompetenzen), sozialem (Kontakte) und symbolischem Kapital (Anerkennung in der Redaktion oder im Feld).

Die *Untersuchungskategorien* haben folglich sowohl mit den Journalisten selbst zu tun als auch mit ihren Arbeitgebern (Kapitalbesitz und Position im Feld):

- *Lebenslauf und Karriere*: Habitus als Opus operatum (Sozialisation, aktuelle Lebenssituation), individueller Kapitalbesitz;
- *Arbeitsbedingungen*: Position des Arbeitgebers im journalistischen Feld (ökonomisches und journalistisches Kapital: Ressourcen, Arbeitszeiten, Verhältnis zu den Kollegen), Autonomie (redaktionelle Vorgaben, innere Medienfreiheit, Einflüsse von Anzeigenkunden und anderen Interessengruppen);
- *Arbeitsalltag und Selbstverständnis*: Habitus als Modus operandi (Tätigkeiten, Ziele, Publikumsbild, Wirkungsvorstellungen, Medienethik).

Methodische Konsequenzen: Der Forschungsstand und der theoretische Ausgangspunkt haben das Design der Untersuchung diktiert. Die Auswahlkriterien zielten auf unterschiedliche Arbeitgeber (Mediengattungen, Ressort, Position) und auf die Person des Journalisten (Alter, Geschlecht, Position). Der Habitus wurde dann über Leitfadeninterviews erschlossen.

Forschungsliteratur und sogar in Methodenlehrbüchern immer wieder das Gegenteil behauptet wird – bei Philipp Mayring zum Beispiel, der in seiner 13. Säule von „sinnvollen Quantifizierungen" spricht, um die Ergebnisse absichern und verallgemeinern zu können (vgl. Abbildung 6), oder bei Elizabeth Prommer (1999), die nach 96 Leitfadeninterviews zum Thema Kino einen Codierbogen nahm, die Antworten in Skalen übertrug (zur finanziellen Situation etwa: sehr gut, mittel, schlecht) und am Ende viele Tabellen präsentierte (ganz ähnlich: Hackl 2001). Die Ursache für solche Konzessionen wurde im ersten Kapitel herausgearbeitet: die Dominanz der quantitativ orientierten Sozialforschung, die die Standards für „gute Wissenschaft" setzt und auch die Erwartungen des Laienpublikums prägt. Wo man mit den Ergebnissen qualitativer Studien auch auftritt (etwa mit Thesen zur Internetnutzung oder mit einer Nutzertypologie), immer wird an der Zahl der Fälle gemäkelt (Was? Nur 100 Leute?), nach Größenordnungen und Verteilungen gefragt (Können Sie das wenigstens ungefähr sagen? Nur damit man eine Vorstellung bekommt?) und an der Beweiskraft gezweifelt (Das gilt jetzt vielleicht für Ihre Befragten, aber …).

 Merksatz: Qualitative Studien zielen nicht auf Häufigkeitsverteilungen. Qualitativ erhobene Daten niemals mathematisch-statistisch auswerten!

So groß die Versuchung auch sein mag, solche Erwartungen zu bedienen und einfach zu quantifizieren: Man muss die Finger davon lassen, sobald es um „alle" geht oder um elaborierte statistische Verfahren. Die Wahrscheinlichkeitstheorie ist nur anwendbar, wenn jedes Element der Grundgesamtheit die gleiche (oder wenigstens eine berechenbare) Chance hat, in die Stichprobe aufgenommen zu werden. Es soll hier gar nicht diskutiert werden, dass an dieser Hürde auch die aufwendigen Auswahlverfahren der demoskopischen Institute scheitern (vgl. Noelle-Neumann & Petersen 2005, Meyen 2004: 63-68), qualitative Forschung aber, die von der Säule Selbstreflexion getragen wird, kann sich nie und nimmer einreden, dass die untersuchten Fälle für „alle" stehen und damit auch für die, die bei solchen Untersuchungen nicht im Traum mitmachen würden. Qualitative Befragungen und Beobachtungen setzen die Bereitschaft und die Fähigkeit voraus, einem Fremden etwas aus seinem Leben zu erzählen und diesen Menschen tief in seinen Alltag und sein Innerstes blicken zu lassen. Beide Eigenschaften (Bereitschaft und Fähigkeit) führen dazu, dass die Teilnahmewahrscheinlichkeit in den einzelnen Milieus sehr unterschiedlich ausgeprägt ist (vgl. Fuchs-Heinritz 2009: 235-275).

Wohin es führen würde, wenn man Größenordnungen und Verteilungen angibt oder gar statistische Verfahren einsetzt (Cluster- und Faktorenanalysen, Regressionen), lässt sich an der Beispielstudie gut demonstrieren. Auf der Basis von insgesamt 102 Interviews wurden dort sieben Nutzertypen unterschieden, von denen drei im Internet vor allem soziales Kapital sammeln (Kontakt- und Netzwerkpflege, Suche nach Gleichgesinnten). Anschließend wurde mit dem gleichen Kategoriensystem und mit dem Wissen um die wichtigsten Nutzungsmotive ein repräsentativer Datensatz ausgewertet (die Allensbacher Computer- und Technikanalyse 2008, n = 7.623). Ergebnis eins: Die qualitative Studie hat die Internetnutzung insgesamt überschätzt. Die Sekundäranalyse der ACTA zeigte, dass fast die Hälfte der deutschen Internetnutzer eher selten im Netz ist und ein vergleichsweise kleines Seitenspektrum nutzt. Ergebnis zwei: Das Bedürfnis nach sozialem Kapital wurde ebenfalls überschätzt. In der repräsentativen Stichprobe gab es nur einen (sehr kleinen) Typ, der online eher seine Kontakte managte als Wissen zu sammeln (vgl. Dudenhöffer 2009). Erklären lassen sich diese Unterschiede mit den Besonderheiten der Rekrutierung für qualitative Studien: Dort werden eher Menschen befragt, die erstens ein großes Interesse am konkreten Untersuchungsgegenstand haben (hier: am Internet) und den Interviewern zweitens einen zusätzlichen Erkenntnisgewinn versprechen – auch für den sozialen Vergleich. Wenn die Gespräche von Studenten geführt werden (was die Regel sein dürfte), dann liegt es nahe, dass die Interviewer mehr Menschen rekrutieren, die im Internet das tun, was junge Menschen dort normalerweise viel stärker machen als ältere – Kontaktmanagement.

Stärken: Kontexte sowie Bedeutung und Sinn

Die ACTA sagt allerdings wenig über Menschen und ihren Alltag – zum Beispiel über diejenigen, die zwar den Onlinern zugeschlagen werden, aber selten im Netz sind. Man erfährt dort, dass es sich eher um Ältere handelt und um Frauen, dass viele von ihnen nicht einmal jede Woche im Internet surfen und so gut wie niemand in einer Online-Community ist oder Instant Messenger nutzt. Mit diesen Daten lässt sich außerdem (statistisch) beweisen, dass Alter, Geschlecht, Formalbildung und damit letztlich die soziale Position den Umgang mit dem Netz beeinflussen (vgl. Dudenhöffer 2009). Aber sonst? Wie wichtig ist diesen Menschen das Internet? Würden sie länger surfen, wenn es billiger wäre oder wenn ihnen jemand helfen könnte? Warum haben sie sich überhaupt einen Computer gekauft?

In der qualitativen Studie wurden die Daten mit Leben gefüllt. Die Interviewerinnen saßen in Wohnungen, in denen zunächst gar kein PC zu sehen war (versteckt im Schrank, im Keller oder in der Abstellkammer), und fanden (keineswegs unzufriedene) Frauen, deren Leben sich um die Familie dreht. Ein Partner, Kinder, oft Haus und Garten. Ein Alltag, der durch die Arbeit und den Haushalt strukturiert wird und kaum Zeitlücken bietet – weder für klassische Medienangebote noch für das Internet. „Ich habe eine gesunde Familie, einen guten Job, glückliche Kinder und ich denke, einen glücklichen Ehemann", sagte eine Eventmanagerin, Ende 30. Im Urlaub hin und wieder die *Bild-Zeitung*, sonst Privatfernsehen. „Einfach das Zwischenmenschliche. Wer schimpft über wen." Für das Internet hat diese Frau „meist nicht viel Zeit". „Da müsste ich runtergehen und einschalten. Der Fernseher ist oben im Wohnzimmer. Da ist die

Küche in der Nähe. Da kann ich die Küche aufräumen." Aus der „Nähe" (des qualitativen Forschers) sieht man, dass das Internet für diese Nutzerinnen eine praktische
Ergänzung im täglichen Leben ist (für den Einkauf oder den Produktvergleich), ein
Problemlöser und Ideengeber, jedoch kein unerlässlicher Wegbegleiter. „Dann gehe
ich eben wieder zu meiner Bank oder blättere im Katalog", antwortete eine Hausfrau,
ebenfalls Ende 30, auf die Frage, ob sie sich überhaupt noch ein Leben ohne Internet
vorstellen könne. Für andere sporadische Nutzerinnen würde dagegen eine Welt zusam-
menbrechen – der Kontakt zu Kindern oder Enkeln. „Ich habe den Computer nicht
einschalten können, bevor der Sohn in Amerika war", sagte eine etwas ältere Hausfrau,
Mitte 50. „Das war natürlich toll, weil man immer hat reden können, egal wie lange.
Man hatte so eine gewisse Nähe zu ihm."

„Kontexte" sowie „Bedeutung und Sinn": Erst die qualitative Studie zeigt, in welchen
Lebensumständen das Netz lediglich eine „schöne Beigabe" ist (Hausfrau, Ende 50) –
vielleicht ein unaufdringlicher Telefon- und Briefersatz, für den man keine (wie auch
immer geartete) „Internetkompetenz" benötigt. Dass sich qualitative Forschung für die
Menschen interessiert, für ihre Lebensgeschichten und ihren Alltag, bedeutet aber nicht,
dass sie den Befragten auch die Interpretation überlässt. Erklärungen kommen hier aus
der Theorie – Stärke und Schwäche zugleich, da man mit anderen Theorien zu anderen
Ergebnissen kommen würde (vgl. Abbildung 8). Um dies für die Studie zur Internetnutzung aufzulösen: Erklärt wurden die Unterschiede zwischen Männern und Frauen dort
vor allem mit Geschlechtsrollenerwartungen und Karriereambitionen – ein Befund, der
durch die Kompetenzzuweisungen in Sachen Technik erhärtet wird. Selbst viele jüngere
Frauen sagten, für alle Dinge rund um den PC sei ihr Mann zuständig.

Techniken

Regel Nummer eins dürfte klar geworden sein: Qualitative Sozialforschung arbeitet mit
Kategorien, um die einzelnen Untersuchungsschritte erklären und begründen zu können. Das ist wichtig, da der Königsweg zur intersubjektiven Überprüfbarkeit und damit
zur Objektivität ausscheidet. Quantitative Sozialforschung standardisiert ihre Instrumente, damit jeder Forscher unter gleichen Bedingungen zu den gleichen Ergebnissen
kommen kann. Wenn man sich für den Kontext sowie für die Bedeutung und den Sinn
der Internetnutzung interessiert, ist das nicht möglich. Mit Nerds oder Counterstrikern
wird man über Onlinewelten diskutieren müssen, während Hausfrauen eher über Wohnung, Garten und Familie sprechen dürften. Dass jeder Interviewer die gleichen Geschichten zu hören bekommt, ist außerdem kaum vorstellbar. Eine ältere Frau begann
zum Beispiel nach einer Weile, über ihre Eheprobleme zu berichten. Eine Jugendliebe,
die in ein Eigenheim gegossen wurde und so groß war, dass der Aufstieg des Partners
Lebensmotor wurde. Was diese Frau offline und online tut, war ohne den Frust des
Scheiterns nicht zu verstehen. Nur: Hätte sie jedem Fremden ihr Herz ausgeschüttet?

Da das Antwortverhalten und das Verhältnis zwischen Interviewern und Befragten (Kapitel 4) genau wie die Techniken, die in Abbildung 8 genannt werden, an anderer Stelle ausführlich diskutiert werden (Kapitel 3), sei hier nur das Prinzip erklärt. Sowohl die Kombination von Quellen und Methoden (Triangulation) als auch die Interpretation in Gruppen schützt vor blinden Flecken. In der Internetstudie wurden die Befragten ganz zum Schluss gebeten, ihre Lieblingswebseite zu zeigen. Die Interviewer konnten dadurch das Gerät nicht nur fotografieren (und so für andere Forscher dokumentieren), sondern auch einordnen, was vorher über den Stellenwert des Internet und die eigene Kompetenz erzählt worden war (etwa über den Platz, den der PC in der Wohnung hat, über die technische Ausstattung oder über das Tempo beim Navigieren). Man hätte in dieser Studie auch noch weitere Quellen heranziehen können (persönliche Webseiten, Community-Profile oder Logfiles, vgl. Altmann 2007). Ausgewertet wurde das Material von vier Forschern – in einer Art Workshop, zu dem jeder seine Interpretationen mitbrachte und dort dann mit den anderen diskutierte (vgl. Meyen et al. 2009).

Gütekriterien

Diese „Interpretation in Gruppen" ist zugleich eine Strategie zur Qualitätssicherung. Gütekriterien zielen immer in zwei Richtungen – zum einen auf die Rolle als Forscher und zum anderen auf die als Leser (Lamnek 2010: 127-167, Cresswell 2007: 45-47, vgl. Abbildung 9). Woran erkenne ich „gute" qualitative Studien und was muss ich folglich selbst beachten, wenn ich „gute" Untersuchungsberichte abliefern möchte? Die Gütekriterien, die hier vertreten werden, lassen sich aus dem Wissenschaftsverständnis ableiten, dem dieses Lehrbuch folgt (vgl. Abbildung 8):

- *Zuverlässigkeit*: intersubjektive Nachvollziehbarkeit;
- *Gültigkeit*: Stimmigkeit von Fragestellung, Theorie, Methode und Ergebnissen;
- *Übertragbarkeit*: Generalisierbarkeit;
- *Werturteilsfreiheit*: keine normative Beurteilung.

Zentral sind dabei Gültigkeit und Übertragbarkeit, weil sich diese Kriterien auf die Ergebnisse beziehen, während das Kriterium Zuverlässigkeit vor allem den Forschungsprozess betrifft (vgl. Kapitel 3). Über den Anspruch Werturteilsfreiheit lässt sich natürlich streiten (Benedikter 2001: 147). Wer als akademischer Lehrer Menschen erziehen und mit seiner Forschung die Welt verbessern möchte, wird hier anderer Meinung sein. Um die genannten Kriterien zu erfüllen, werden fünf Strategien vorgeschlagen:

- *Nähe zum Gegenstand* (Zuverlässigkeit, Gültigkeit). Man gehe zu den Untersuchungsteilnehmern (nach Hause, ins Büro), lasse sie reden und im Untersuchungsbericht dann auch zu Wort kommen. Zur Strategie „Nähe" gehören Erhebungs- und Auswertungsmethoden, die dem Gegenstand angemessen sind. Die Internetnutzung im Alltag zum Beispiel dürfte sich am Telefon kaum erfassen lassen.

- *Dokumentation des Forschungsprozesses* (Zuverlässigkeit). Alle Entscheidungen sind zu erklären und zu begründen: die Methodenwahl und die Erhebungsinstrumente, Schulungen von Interviewern oder Codierern, das Auswahlverfahren, die Auswertung und natürlich der Untersuchungsablauf insgesamt (Stichwort: Spirale, vgl. Kapitel 3). Leser des Forschungsberichts sollen nicht nur erfahren, wer wie an der Studie beteiligt war, sondern das Material auch selbst anschauen können (etwa: Leitfäden, Transkripte, Fotos, Texte).

- *Selbstreflexion* (Zuverlässigkeit, Gültigkeit, Werturteilsfreiheit). Welche (alltagsweltlichen und theoretischen) Vorannahmen haben die Studie geleitet? Wer ist der Forscher und welches Verhältnis hat er zum Forschungsgegenstand (Vorwissen, Interessen)?

- *Reflexion der Entstehungsbedingungen* (Gültigkeit, Übertragbarkeit): Welche Ressourcen standen zur Verfügung (Geld, Zeit, Personal), in welchem Umfeld ist die Studie entstanden (Zeitgeist), wer hat welche Interessen an dem Thema (auch: Untersuchungspersonen, Auftraggeber) und wie wurde das Material erhoben? Welche Grenzen sind mit diesen Bedingungen verbunden?

- *Interpretation in Gruppen* (Gültigkeit, Zuverlässigkeit). Wichtig ist hier, dass alle Beteiligten das (theoretische und empirische) Vorwissen kennen, das die Studie leitet, und das Material vorher selbst ausgewertet haben. Möglichkeiten zur Kontrolle bieten wissenschaftliche Tagungen, wo man die Befunde mit anderen Perspektiven konfrontieren kann (vgl. Reichertz 2005: 277), oder „peer debriefings" (Diskussionen mit Kollegen, die an anderen Projekten arbeiten, vgl. Lincoln & Guba 1985: 308).

Dieser Katalog mit Gütekriterien und Strategien weicht an einigen (wenigen) Stellen von dem ab, was man sonst in der Literatur findet. Auf zwei Punkte soll hier hingewiesen werden. Jo Reichertz (2005: 577) bevorzugt „natürliche Daten", um die Zuverlässigkeit zu sichern – Daten, die es auch ohne wissenschaftliche Untersuchung gegeben hätte. Dieser Vorschlag orientiert sich an der Geschichtswissenschaft, die Traditionsquellen und Überreste unterscheidet (absichtlich und unabsichtlich überliefert; auf der einen Seite zum Beispiel Memoiren und auf der anderen Briefe). Genau wie bei dem Gegensatzpaar natürlich vs. künstlich gibt es aber ohnehin keine Quelle, die einen direkten Zugang zur Realität erlaubt. Da die Entstehungssituation und mögliche Interessen immer genauso mitzudenken sind wie der Interpretationskontext, ist nicht einzusehen, warum eine *Facebook*-Seite (die Reichertz zufolge „natürliche" Daten liefert) wertvoller sein soll als ein Leitfadeninterview („künstlich", da eigens für die Studie produziert).

Wichtiger scheint der zweite Punkt: „kommunikative Validierung" oder „member check" (Steinke 2008: 320f., 329). Die Forderung, den Befragten oder Beobachteten das Material, die Interpretationen und den Ergebnisbericht vorzulegen und mit ihnen abzustimmen, mag forschungsethisch verständlich und aus der Entstehungsgeschichte qualitativer Sozialforschung auch nachvollziehbar sein (vgl. Kapitel 1), in der Praxis aber stößt dies auf Hindernisse – vor allem dann, wenn die Deutungen über das hinausgehen, was im Interview zur Sprache kam, oder wenn sich das eigene Verhalten von dem abhebt, was andere tun und was in der Gesellschaft mit Reputation verbunden ist. Grundsätzlich gilt: Wenn Untersuchungsteilnehmer Transkripte, Beobachtungsbögen oder sogar die Abschlussarbeit selbst haben möchten und dies deutlich signalisieren (zum Beispiel durch Nachfragen), dann sollte man ihnen diesen Wunsch nicht verwehren. Sie auch zu „Forschern in eigener Sache" zu machen und an der Auswertung des Materials zu beteiligen, macht aber keinen Sinn.

> *Empfehlung*: Wenn Untersuchungsteilnehmer sich nach der Erhebung für die Ergebnisse oder für den Forschungsprozess interessieren, sollte man ihnen die entsprechenden Informationen geben. Am besten: Forschungsbericht per Mail.

Abbildung 9: Gütekriterien – zwei Beispielkataloge

Intersubjektive Nachvollziehbarkeit Indikation des Forschungsprozesses Empirische Verankerung Limitation Kohärenz Relevanz Reflektierte Subjektivität	Verfahrensdokumentation Interpretationsabsicherung mit Argumenten Regelgeleitetheit Nähe zum Gegenstand Kommunikative Validierung Triangulation
Quelle: Steinke 2008: 319-331	*Quelle:* Mayring 2002: 144-148

Was man für qualitative Forschung mitbringen sollte

„Qualitative inquiry is for the researcher who is willing to do the following:

- commit to extensive time in the field (…),
- engage in the complex, time-consuming process of data analysis (… a lonely isolated time of struggling) (…),
- write long passages (…),
- participate in a form of social and human science research that does not have firm guidelines or specific procedures" (Cresswell 2007: 41).

Diese (eher aufmunternde?) Liste kommt (wie solche Listen meist) aus einer sehr speziellen Vorstellung von qualitativer Sozialforschung, zu der die Ablehnung von Regeln genauso gehört wie der Gedanke, dass die Forscherin oder der Forscher selbst möglichst viel Zeit mit den Untersuchungspersonen verbringen sollte, und wo offenbar auch nicht in Gruppen ausgewertet wird (was wirklich Spaß machen kann). Dies erklärt, warum die Liste in diesem Lehrbuch etwas anders aussieht (bei der Internetstudie gab es zum Beispiel einen Forschungsplan und 14 Interviewerinnen, die in einem Masterkurs ein Semester lang geschult wurden). Wichtig ist hier, dass sich die Entscheidung für eine bestimmte Methode oder für eine Methodenkombination nur selten zwingend aus dem Forschungsinteresse ergibt. Wenn ich wissen will, wie viele Deutsche mindestens einmal pro Woche online sind, bleibt natürlich nur eine Repräsentativbefragung (die dann allerdings auch per Telefon oder persönlich geführt werden kann), schon bei der Suche nach Einflussfaktoren kann man aber sowohl quantitativ arbeiten (wenn man auf einen Wahrscheinlichkeitsbeweis aus ist) oder qualitativ (theoretischer Beweis). Deshalb lohnt es sich, über Persönlichkeitsmerkmale nachzudenken, die qualitative Untersuchungen erleichtern:

- Neugier auf Menschen und ihre Geschichten,
- Lust auf Theorien,
- Spaß am Schreiben und am Erklären komplexer Sachverhalte,
- geringes Sicherheitsbedürfnis und wenig Angst vor neuen, ungewohnten Situationen,
- geringe Isolationsfurcht.

Als Negativfolie formuliert:

- Mit quantitativen Untersuchungen ist man (zumindest in der Kommunikationswissenschaft) auf der „sicheren Seite" (vgl. Kapitel 1),
- Tabellen und einfache Ursache-Wirkungs-Zusammenhänge lassen sich leichter verarbeiten und vertexten als zum Beispiel die 1500 Transkriptseiten, die Myrian Altmann für ihre Dissertation über Web 2.0-Aktivisten zusammengetragen hat (vgl. Altmann 2011),
- wo es getestete Skalen und bewährte Codebücher gibt, muss ich kein Kategoriensystem entwickeln, und
- wenn der Fragebogen online steht, muss man nicht befürchten, umsonst zu klingeln, das Tonband nicht einschalten zu dürfen oder am Ende zu hören, dass das Gespräch ja ganz nett gewesen sei, aber auf keinen Fall verwendet werden dürfe.

Die Unsicherheiten bei qualitativen Befragungs- und Beobachtungsprojekten beginnen schon bei der Rekrutierung. Werden die Pressesprecher der Bundesligisten mitmachen, wenn ich am Beispiel Fußball das Verhältnis zwischen PR und Journalismus untersuchen möchte? Was mache ich nach fünf oder sechs Absagen, wenn es doch in Deutschland insgesamt nur 36 Profiklubs gibt und für die Masterarbeit lediglich sechs Monate Zeit sind? Geht eine solche Studie ohne den Branchenführer, ohne den FC Bayern (vgl. Perger 2009)? Die Glücksforschung sieht „das Neue" als Elixier für die Herausbildung des Individuums: etwas tun, was man noch nie getan hat, was schwierig bis unmöglich scheint und was alle Kraft verlangt – genau dies mache glücklich und führe vielleicht sogar zum flow, zu jenem „befreienden Stromerlebnis", bei dem der Mensch seine Einbindung in Ziele und Zwecke hinter sich lässt und sich selbst über einer Aufgabe vergisst (Czikszentmihalyi 2000). Kann es eine bessere Werbung für qualitative Sozialforschung geben?

Kein Wissen ohne Subjekt und ohne Theorie: Theorie und Persönlichkeit des Forschers steuern den qualitativen Forschungsprozess.

Kategoriengeleitetes Vorgehen: Kategorien bündeln die theoretische Perspektive und sagen, welche Merkmale zu untersuchen sind.

Kategoriensystem: Hierarchische Sammlung von Begriffen, die den gesamten Forschungsprozess leitet. Ermöglicht Selbstreflexion und Transparenz gegenüber dem Leser.

Schwächen qualitativer Methoden: keine Häufigkeitsverteilungen, keine mathematisch-statistische Auswertung.

Stärken: Kontexte, Bedeutung und Sinn.

Gütekriterien: Zuverlässigkeit, Gültigkeit, Übertragbarkeit und Werturteilsfreiheit.

Strategien zur Qualitätssicherung: Nähe zum Gegenstand, Dokumentation des Forschungsprozesses, Selbstreflexion, Reflexion der Entstehungsbedingungen, Interpretation in Gruppen.

Michael Meyen, Senta-Pfaff-Rüdiger (Hrsg.): Internet im Alltag. Qualitative Studien zum praktischen Sinn von Online-Angeboten. Münster: Lit 2009.

In diesem Kapitel bereits mehrfach erwähnt. Die 14 Studien beschäftigen sich entweder mit einzelnen Internetangeboten (*Spiegel Online, sueddeutsche.de, StudiVZ, World of Warcraft, Counterstrike*) oder mit bestimmten Bevölkerungsgruppen (Jugendliche, Arbeitslose, Homosexuelle). Gearbeitet wurde mit Leitfadeninterviews und mit Gruppendiskussionen (zum Teil auch online oder per *Skype*-Telefonie, etwa in den Untersuchungen über Homosexuelle oder *Counterstrike*-Spieler). Das Buch ist folglich nicht nur wegen des Themas interessant (Internetnutzung), sondern auch methodisch. Man kann hier lernen, wie die Fragestellung und die Bedürfnisse der Interviewpartner das Untersuchungsdesign mitbestimmen.

Michael Meyen, Claudia Riesmeyer: Diktatur des Publikums. Journalisten in Deutschland. Konstanz: UVK 2009.

Ebenfalls schon erwähnt. In Rezensionen teilweise stark angegriffen (vgl. Loosen 2009, Raabe 2010). Wird hier aus drei Gründen trotzdem noch einmal als Musterbeispiel für qualitative Sozialforschung empfohlen. Erstens zeigt die Studie, wie sich die Autoren dieses Lehrbuchs die Verzahnung von Theorie und Empirie vorstellen, zweitens wird widerlegt, dass qualitative Forschung zwangsläufig mit kleinen Fallzahlen arbeiten muss (Basis: 501 Leitfadeninterviews), und drittens illustriert das Buch das, was gerade als „Spaß am Schreiben" beschrieben wurde. Ganz nebenbei bekommt der Leser auch einen Einblick in die Strukturen des deutschen Journalismus – durch die Brille der Hauptakteure.

Senta Pfaff-Rüdiger: Lesemotivation und Lesestrategien. Der subjektive Sinn des Bücherlesens bei 10- bis 14-Jährigen. Berlin: Lit 2011.

Das Buch zur Leseknick-Studie. Hilfreich, wenn man qualitative Sozialforschung jenseits von Bourdieu sucht und sich außerdem für das Forschen mit Kindern interessiert (was Herausforderungen besonderer Art mit sich bringt) sowie für Kreativität in Sachen Methoden. Pfaff-Rüdiger hat mit Paar-Interviews gearbeitet, hier ebenfalls eine vergleichsweise große Fallzahl produziert (84 Kinder und Jugendliche) und die qualitative Studie mit einer quantitativen Untersuchung verknüpft (Befragung in 16 Schulklassen).

Manuel Wendelin: Medialisierung der Öffentlichkeit. Kontinuität und Wandel einer normativen Kategorie der Moderne. Köln: Herbert von Halem Verlag 2011.

Eine theoriehistorische Arbeit, die zeigt, wie ein Kategoriensystem bei solchen Themen funktioniert und die letztlich den gleichen Prämissen folgt wie die Studien über den Leseknick, das Internet im Alltag oder über das journalistische Feld. Wendelin entwickelt zunächst eine „Metaperspektive", die sich hervorragend eignet, auch andere Theoriediskurse zu beobachten, und an der sich künftige wissenschaftshistorische oder wissenschaftssoziologische Arbeiten folglich orientieren können (auch weil die Analyseschritte jeweils in anschaulichen Abbildungen auf den Punkt gebracht werden). Es folgt etwas, was in vielen historischen oder theoretischen Arbeiten fehlt: ein Kapitel zur Methodologie, in dem Wendelin seine erkenntnistheoretischen Prämissen offen legt, ein Kategoriensystem entwickelt und über die Eingrenzung des Untersuchungszeitraums genauso nachdenkt wie über die Auswahl der Öffentlichkeitstheoretiker und mögliche Quellen. Wer (historische) Texte jeder Art analysieren möchte, kann sich hier ein Beispiel nehmen.

3 Forschungsprozess: vom Alltag ins Feld

In diesem Kapitel geht es um die Fragen, die in jeder Studie beantwortet werden müssen: Wie komme ich zu einem wissenschaftlichen Problem, das hinter Alltagsphänomenen steht? Wie wird daraus eine Forschungsfrage? Welche Methode eignet sich für welche Probleme? Wann und wie kombiniert man Methoden? Wie wähle ich die Personen oder die Medienangebote aus, die in die Studie einbezogen werden, und wie finde ich „im Feld" dann das, was ich untersuchen möchte? Wichtig sind dabei zwei Punkte. Erstens gibt es immer ein Ideal (was man eigentlich tun müsste), entscheidend aber sind die Ressourcen (die folglich auch thematisiert werden sollten). Und zweitens erlaubt qualitative Forschung den Schritt zurück. Wenn etwas nicht funktioniert, darf man von vorn anfangen.

Im zweiten Kapitel ist eine wichtige Besonderheit qualitativer Sozialforschung lediglich angedeutet worden. Während das quantitative Lager in der Regel linear arbeitet (Schritt für Schritt, von der Entwicklung der Instrumente über Pretests, Interviewer- oder Codiererschulungen, Feldarbeit und Auswertung bis zur Kritik am eigenen Vorgehen), kann man sich qualitative Forschung am besten als Spirale vorstellen. Abbildung 10 setzt diese Idee grafisch zwar nur unzureichend um, weil dort der Erkenntnisgewinn fehlt, den man normalerweise mitbringt, wenn man wieder eine Stufe zurück muss (dorthin, wo man schon einmal war), der Grundgedanke dürfte aber trotzdem deutlich werden: Sowohl bei den großen „Blöcken" (Alltagsbeobachtung, Theorie, Empirie, Ergebnisdarstellung) als auch bei der empirischen Arbeit selbst gibt es nicht nur eine Richtung. Wenn ich „im Feld" oder vielleicht sogar erst beim Aufschreiben merke, dass mir meine Theorien nicht weiterhelfen oder dass ich eigentlich besser ein ganz anderes Problem untersuchen sollte, dann ist es selbstverständlich, noch einmal in die Literatur zu gehen, am Kategoriensystem zu feilen oder das Erkenntnisinteresse zu präzisieren.

Dies gilt noch stärker für die einzelnen Phasen der empirischen Umsetzung. Beim Auswahlverfahren der „theoretischen Sättigung" ist die Spirale sozusagen eingebaut (vgl. Fuchs-Heinritz 2009: 240-242, Glaser & Strauss 2008). Dieses Verfahren geht davon aus, dass es nicht unendlich viele Spielarten der Fernsehnutzung oder des journalistischen Selbstverständnisses gibt. Um den Handlungsbereich beschreiben zu können, müssen die Befragten für möglichst unterschiedliche Varianten stehen, wobei die Ausgangsannahmen so lange ergänzt und angepasst werden, bis die „neuen Fälle" keine zusätzlichen Informationen mehr liefern. Von der Auswertung geht es hier also so lange zurück zur Auswahl, bis die Forscher das Gefühl haben, dass sie nichts mehr lernen können.

Abbildung 10: Forschungsprozess

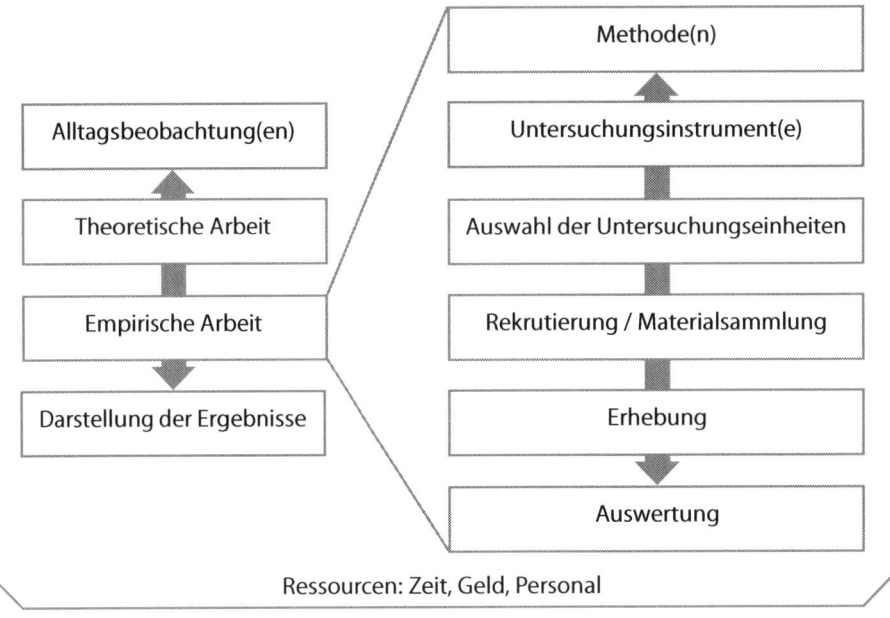

Quelle: eigene Darstellung

In der Studie „Internet im Alltag" gab es zunächst einen Quotenplan mit den Kriterien Lebensphase/Alter, Geschlecht, Bildung und Größe des Wohnorts sowie mit Personengruppen, bei denen von vornherein eine besondere Beziehung zum Internet zu erwarten war (Informatiker, Onlinespieler, Internetsüchtige, Wissenschaftler; vgl. S. 72). Nach 60 Interviews entwickelte die Forschergruppe Hypothesen, wo es sonst noch abweichende Verhaltensweisen geben könnte (und damit neue Erkenntnisse), und suchte anschließend gezielt nach Managern, Bloggern, arbeitslosen Akademikern, Homosexuellen und E-Sportlern (etwa *Counterstrike*-Spieler, vgl. Meyen et al. 2009: 518f.).

Dass man die „Spirale" hätte weiterdrehen können, wurde in Kapitel 2 bereits angedeutet. Gerade bei Menschen, die im Netz sehr aktiv sind, wäre es zum Beispiel denkbar gewesen, auch Angehörige und Freunde zu befragen (um zum Beispiel Persönlichkeitsmerkmale oder das Suchtpotenzial besser einschätzen zu können), oder die Spuren zu untersuchen, die im Internet hinterlassen werden – mit anderen Methoden und neuen Untersuchungsinstrumenten.

Hätte, wäre, wenn: Zum Spiral-Bild gehört, dass qualitative Untersuchungen eigentlich nie „fertig" sind. Da es Bearbeitungszeiten, Fristen und Termine gibt, da die Forscher oft Einzelkämpfer sind und keinen Goldesel haben, ist die letzte Zeile in Abbildung 10 tatsächlich als Fundament zu sehen. Was man machen kann, hängt von den Ressourcen ab – bei Studierenden in erster Linie von der Zeit, die zur Verfügung steht. Wenn die Prüfungsordnung nur acht Wochen für eine Bachelorarbeit oder drei Monate für die Masterarbeit vorsieht, dann ist es nicht sinnvoll, 20 (oder noch mehr) Leitfadeninterviews zu führen, selbst wenn dies sowohl theoretisch als auch empirisch geboten scheint. Das heißt nicht, dass kleine Studien wertlos sind. Bei jedem Forschungsproblem ist es möglich, das Untersuchungsdesign an die Ressourcen anzupassen. Auch mit drei oder vier Interviews lässt sich beweisen, dass man wissenschaftlich arbeiten kann (der Punkt, auf den es am Ende des Studiums ankommt), und wenn man gut war, wird die Spirale anschließend von anderen (oder von einem selbst) weitergedreht.

Im Anfang ist das Staunen: von der Alltagsbeobachtung zur Forschungsfrage

Forschung beginnt im Alltag. Natürlich wird niemand gezwungen, gleich wissenschaftlich zu arbeiten, wenn er sich über etwas wundert, Ausgangspunkt sind aber immer Beobachtungen, die überraschen oder erstaunen und nach Erklärung verlangen:

- Warum konnte Gerhard Schröder in der TV-Elefantenrunde am Bundestagswahlabend 2005 den Journalisten vorwerfen, auf seine Ablösung hingearbeitet zu haben, obwohl die Journalismusforschung seit Jahr und Tag behauptet, dass es in Deutschlands Redaktionen kaum noch Missionare gibt (vgl. Weischenberg et al. 2006)?
- Wie kommen die vielen (Halb-)Nackten und die erotischen Anspielungen auf Nachrichten-Webseiten, wenn Online-Journalisten in Interviews immer wieder versichern, die Themen nach Relevanz auszuwählen und die Qualitätsstandards zu achten?
- Wenn im journalistischen Feld um Exklusivnachrichten gekämpft wird (vgl. Meyen & Riesmeyer 2009), warum gehen Journalisten dann zu Pressekonferenzen, wo die Kollegen nicht nur die Antworten mithören, sondern auch die Fragen, und damit wissen, was man selbst weiß?
- Warum ist meine Zeitung so vehement gegen öffentlich-rechtliche Onlineangebote, obwohl ich so doch viel besser an Sendungen herankomme, die ohnehin mit Gebühren finanziert wurden?
- Warum spricht alle Welt immer noch von „PR-Tussis", wenn die Wissenschaft doch behauptet, dass Öffentlichkeitsarbeit und Journalismus aufeinander angewiesen sind (vgl. Bentele et al. 1997)?

- Werden die „digitalen Klüfte" geschlossen sein, wenn die Teenager von heute einst Rentner sind?
- Warum hält eine 14-jährige Wienerin den Internetzugang für wichtiger als das Leben ihrer Mutter?
- Was fasziniert die Menschen an *Bauer sucht Frau* oder an Dieter Bohlen?
- Warum stehen die Ostdeutschen heute auf Nostalgietrips in MDR oder RBB und meiden Qualitätsmedien, obwohl sie doch damals am liebsten alle fliehen wollten und für einen *Spiegel* ihr letztes Hemd gegeben hätten?
- Warum sitzen auf einmal so viele ältere Menschen in den Kinos?
- Bin ich ein schlechter Mensch, wenn ich jeden Tag drei Stunden auf *Facebook* verbringe? Sollte ich lieber *World of Warcraft* spielen oder werde ich dann zur Amokläuferin?

Die Auflösung kann sich selbstverständlich aus Alltagstheorien und Vorurteilen speisen (Schröder war halt ein Poltergeist und das Mädchen in Österreich vermutlich eine Migrantin, Journalisten schreiben und erzählen viel, wenn der Tag lang ist, das RTL-Publikum merkt abends ohnehin nicht mehr, was da genau läuft). Wenn man wissenschaftlich nach Antworten suchen möchte (systematisch, für andere nachvollziehbar, mit dem Anspruch auf Verallgemeinerung), dann ist sowohl eine gewisse Relevanz nötig (wissenschaftlich oder gesellschaftlich) als auch (für kommunikationswissenschaftliche Forschung) ein Bezug zum Gegenstand öffentliche Kommunikation.

 Merksatz: Eine Forschungsfrage sollte immer mit Relevanzargumenten begründet werden und einen Bezug zum Fach haben.

Forschung beginnt im Alltag: Was hier so einfach klingt, ist für Studierende oft mühsam umzusetzen, weil Staunen Wissen voraussetzt. Wer die Befunde der Journalismusforschung nicht kennt, wird in Schröder nur einen angetrunkenen Wahlverlierer sehen und Pressekonferenzen für die normalste Sache der Welt halten. Oder: Wer früher nie im Kino war und die Studien von Emilie Altenloh (1914) oder Elizabeth Prommer (1999) nicht gelesen hat, wird die Vergreisung des Publikums gar nicht bemerken. Dazu kommt, dass der Weg von der Verwunderung im Alltag bis zum Untersuchungsdesign steinig ist. Viele der Beobachtungen, die gerade angetippt wurden, bieten noch keine Forschungsfragen, sondern beschreiben zunächst lediglich Materialobjekte – Beispiele, an denen man ein Forschungsproblem untersuchen kann, und damit das, was Studierende normalerweise mitbringen, wenn sie nach einem Thema für ihre Abschlussarbeit suchen: Phänomene wie *Facebook* oder *World of Warcraft*, Selbst- und Fremdbilder von Journalisten und Öffentlichkeitsarbeitern, vage Wirkungsvermutungen. Der nächste Schritt ist der schwierigste überhaupt (noch schwieriger als die Konstruktion eines Kategoriensystems): Aus solchen Materialobjekten muss ein Formalobjekt werden, eine

Perspektive oder ein Forschungsproblem, das sich wissenschaftlich lösen lässt, oder (anders formuliert) ein Zusammenhang, der über das konkrete Materialobjekt hinausweist.

 Merksatz: Hinter jeder Forschungsfrage steht ein Formalobjekt. Ein Formalobjekt verweist über ein fassbares Materialobjekt hinaus auf ein dahinter liegendes Problem oder einen größeren Zusammenhang.

Der Schritt vom Material- zum Formalobjekt und von dort zur Forschungsfrage (zur Übersetzung des allgemeinen Forschungsproblems für einen konkreten Gegenstand) verlangt (theoretische) Arbeit und hier vor allem Literaturstudium: Was gibt es zu meinem Materialobjekt schon? Mit welchen Fragen, Theorien und Methoden wird in diesem Bereich geforscht? Für welche Situationen und für welche Grundgesamtheiten gelten die Ergebnisse? Wie passt das zu dem, was ich im Alltag beobachtet habe? Idealtypisch lassen sich vier Quellen unterscheiden, aus denen wissenschaftliche Probleme entstehen können:

- *Neue vs. alte Realität*: Fast selbsterklärend bei Angeboten wie *Facebook* oder bei Onlineredakteuren, die es vorher nicht gab und wo folglich alles auf dem Prüfstand steht, was man zu wissen glaubte (etwa zu Motiven für die Nutzung von Medienangeboten oder zur Ausbildung, zum Arbeitsalltag und zum Selbstverständnis von Journalisten).
- *Forschungsstand vs. Realität*: Hierher gehören Schröders Elefantenauftritt oder das Image von Öffentlichkeitsarbeitern. Die Wahrnehmungen im Alltag widersprechen dem, was man in der wissenschaftlichen Literatur findet.
- *Forschungsliteratur vs. Forschungsliteratur*: Fast schon klassisch: die Journalismusforschung, wo die Mainzer Schule jahrelang eine (linke) Gegenelite am Werk sah, während Siegfried Weischenberg fast nur neutrale Vermittler fand, dafür aber die „Entgrenzung" beklagte (das Eindringen von PR, Marketing und Laien in den Profi-Journalismus). Dieser Unterschied konnte sowohl in der Empirie wurzeln (Stichproben, Frageformulierungen) als auch in der Theorie (kritischer Rationalismus auf der einen und eine Mischung aus Frankfurter Schule und Systemtheorie auf der anderen Seite, vgl. Meyen & Riesmeyer 2009: 7-13).
- *Norm vs. Realität*: Tageszeitungen sollen eigentlich der Meinungs- und Willensbildung dienen, Öffentlichkeit herstellen und alle Informationen bringen, die die Bürger zur Orientierung benötigen. Die Realität ist oft anders: Einseitigkeit, Fehler oder gar offenkundige Lobbyarbeit (etwa in Sachen Rundfunkgebühren). Während Forschung hier Medienkritik üben dürfte, kann sie an anderer Stelle auch die Norm angreifen – etwa beim Jugendmedienschutz, wo Bewahrpädagogen auf eine Realität treffen, die sie nicht verstehen. Auch die eigene *Facebook*-Sucht wird nur zum Problem, wenn man sie mit (verinnerlichten) Normen konfrontiert (Du sollst Deine Zeit sinnvoll nutzen).

Die *Faustregel* leuchtet sofort ein: Wissenschaftliche Probleme sind überall da, wo man Widersprüche findet.

Je klarer sich die beiden Pole voneinander abgrenzen lassen, desto besser. Während einige der Alltagsbeobachtungen weiter oben gleich als Forschungsfragen formuliert wurden (weil sich das Staunen aus einem der gerade skizzierten Gegensätze ergab), sind andere nicht ohne weiteres in eine wissenschaftliche Untersuchung zu überführen. Wer sich zum Beispiel für Motive und Wirkungen der Mediennutzung interessiert, wird schnell auf eine Fülle von Literatur stoßen und sehen, dass neue Phänomene allein noch keine Studie rechtfertigen – wenn man nicht in der Lage ist, die Besonderheiten des Gegenstands herauszuarbeiten:

- Warum spielen Millionen Menschen *World of Warcraft*, obwohl sie die öffentliche Diskussion über Online-Rollenspiele kennen müssen? Warum riskieren sie die Ächtung in ihrem Umfeld, schlechtere Schulnoten und am Ende gar eine Verbrecherkarriere? Was wird im Alltag aus den anderen Medienangeboten, wenn die Spieler im Durchschnitt mehr als 20 Stunden pro Woche mit ihren Avataren unterwegs sind (vgl. Fischer 2009a)?
- Wie verhält sich das soziale Kapital, das man auf *Facebook* sammelt, zu realen Kontakten? Lassen sich Online-Netzwerke in kulturelles, ökonomisches oder symbolisches Kapital umtauschen und wenn ja, zu welchem Preis? Wächst das Selbstbewusstsein, wenn man die eigene Identität retuschieren kann?

Hinter solchen konkreten Forschungsfragen stehen letztlich die zentralen Probleme der Kommunikationswissenschaft: die Zusammenhänge zwischen Medienentwicklung und sozialem Wandel und die Wirkung von Medienangeboten auf individuelle Wahrnehmungen, Einstellungen und Verhaltsmuster. Es geht aber auch eine Nummer kleiner. Wenn sich zum Beispiel Wissenschaftler untereinander oder der Forschungsstand und eigene Beobachtungen widersprechen, können theoretische Perspektiven und methodische Zugänge zum Formalobjekt werden, und wenn Norm und Realität nicht zusammenpassen, die Strukturen des Mediensystems:

- Kann man das Selbstverständnis von Journalisten mit Hilfe standardisierter Telefonbefragungen messen? Was sagen solche Selbstauskünfte über die Handlungsrelevanz (vgl. Weischenberg et al. 2006: 100)? Die Zweifel werden noch größer, wenn man weiß, dass die Befragten die Ziele solcher Studien kennen und die Debatten über die Resultate verfolgen.
- Bei der Studie „Internet im Alltag" ging es auch um ein Theorieproblem: Lassen sich die Unterschiede beim Zugang und bei der Nutzung erklären, wenn man sich auf Persönlichkeitseigenschaften konzentriert und die soziale Position ausblendet?

- Können Medieneinrichtungen, die auf Profit aus sind, tatsächlich eine „öffentliche Aufgabe" erfüllen? Können sie es auch dann noch, wenn ihre eigenen Interessen berührt werden – zum Beispiel beim Geld für die öffentlich-rechtliche Konkurrenz und bei den Internet-Regeln (wo beide Systeme direkt konkurrieren)? Diese Frage weist über das konkrete Beispiel hinaus, weil Medienanbieter auch jenseits der Rundfunkregulierung Interessen haben können.

Der nächste Schritt wurde im zweiten Kapitel ausführlich beschrieben: Wenn das Forschungsproblem gefunden und die Forschungsfrage formuliert ist, werden (theoriegeleitet) Kategorien gebildet.

Empirische Arbeit I: Wahl der Methode(n)

Genau wie die Theorieentscheidung hängt die Auswahl der Methoden immer auch von der Forscherin oder vom Forscher ab. Wer Angst vor einer Gruppendiskussion hat, wird vielleicht auf Leitfadeninterviews oder Tagebücher ausweichen. Generell gilt aber, dass jede Methode Stärken und Schwächen hat und dass die Entscheidung für ein bestimmtes Untersuchungsdesign deshalb vom Erkenntnisinteresse bestimmt werden sollte (und nicht umgekehrt). Die Abbildungen 11 und 12 systematisieren die wichtigsten qualitativen Methoden. Bei reaktiven Verfahren beeinflusst die Tatsache, dass eine Untersuchung stattfindet, den Gegenstand: Wenn ein Mensch befragt oder beobachtet wird, verhält er sich anders als sonst. Zeitungsartikeln, Akten oder Filmen ist es dagegen egal, ob sie von einem Wissenschaftler angeschaut werden oder nicht (nicht-reaktive Verfahren).

> *Merksatz*: Jede Methode sucht sich ihre eigene Stichprobe, weil die Akzeptanz von Ort und Reaktivität auch durch Persönlichkeitsmerkmale bestimmt wird, und jede Methode stellt schon deshalb andere Anforderungen an die Forscherinnen und Forscher, weil sie sich auf unterschiedliche Menschen und Situationen einstellen müssen.

In Abbildung 11 werden für die einzelnen Methoden bereits mehrere „Kanäle" und Reaktivitätsgrade genannt, die von der Art der Befragung oder Beobachtung abhängen und dann in den Kapiteln 4 und 5 im Detail vorgestellt werden. Neben den Einsatzgebieten („Ziel") ist an dieser Stelle vor allem die Spalte „Teilnehmer" wichtig.

Bevor dies vertieft wird, sei ausdrücklich darauf hingewiesen, dass dieses Lehrbuch die Begriffsvielfalt ausblendet, die sich in der Methodenliteratur für qualitative Befragungen findet. Dort wird von problemzentrierten oder fokussierten Interviews gesprochen, von Tiefeninterviews, narrativen und biografischen Interviews (Lamnek 2010: 326-350, Hopf 2008, Keuneke 2005). Erstens verbirgt sich hinter den meisten dieser

Abbildung 11: Methodenmerkmale I – reaktive Verfahren

	Ziel	Teilnehmer	Ort	Reaktivität	Kanal	Beispiele
Leitfadeninterview	Sinn im Kontext: Biografie, Alltag, Familie, Job	Menschen, die bereit und fähig sind, über das Thema zu reden	natürliches Umfeld: zuhause, online, am Arbeitsplatz	*hoch* (persönlich): Vertrauen nötig, Ad-hoc-Operationalisierungen	persönlich, online (Chat, Video), telefonisch	Berufsverständnis, Medien im Alltag
Gruppendiskussion	Sinn im Meinungsklima: konkrete Gegenstände	Menschen mit hohem Themeninteresse, Zeit und geringer Schwellenangst	fremdes Umfeld (Labor), aber nah am Alltagsgespräch	*mittel:* Moderator Bezugsperson, aber Gruppendynamik	persönlich, online (Chat, Video), telefonisch	*Bild*-Leser, Cineasten
Tagebuch	Sinn und Handlungsabläufe	Menschen, die gern schreiben	Alltag	*mittel:* Schreiben für den Forscher, ohne ihn zu sehen	schriftlich Diktiergerät	Medien-Routinen, Handeln in bestimmten Situationen
Beobachtung	Handlungen und Strukturen in der Gegenwart	Menschen, die Nähe zulassen	natürliche Situation (Ausnahme: Lösen von Aufgaben)	*hoch:* passiv, direkt *mittel:* aktiv, indirekt	direkt, indirekt (Kamera, Mikrofon)	Redaktionsarbeit, Internetnutzung
Experteninterview	Exklusives Wissen	Träger von Wissen	natürliches Umfeld	*niedrig:* Statusunterschied	persönlich, online, Telefon	Politik-Beratung, neue Medien

Quelle: eigene Darstellung

Bezeichnungen das gleiche (nämlich ein Gespräch mit Leitfaden), und wenn es doch Unterschiede gibt (wie beim narrativen Interview), kommt die Methode zweitens aus einer Kunstlehre und ist für kommunikationswissenschaftliche Fragen kaum anwendbar. Die Idee des narrativen Interviews zum Beispiel stammt von Fritz Schütze, der sich für ganz individuelle Sichtweisen interessierte und es für den Königsweg hielt, die Befragten möglichst von selbst erzählen zu lassen (Schütze 1983). In der Forschungspraxis sieht das so aus, dass die Interviewer mit einer einzigen Frage kommen (ein „Stimulus" – oft relativ lang, ausformuliert, vorzulesen) und hoffen, dass ihr Gegenüber dann zu reden anfängt. (Vorsichtige) Nachfragen sind allenfalls ganz am Schluss erlaubt, nach einer (möglichst langen) Phase des Zuhörens. Der Hintergedanke leuchtet natürlich ein (die Befragten können ihren eigenen Relevanzstrukturen folgen), außerhalb biografischer Fragen aber sind Fehlschläge programmiert. Was tut man, wenn es eigentlich um das Fernsehen gehen soll, die Erzählung des Befragten aber von den Enkelkindern handelt?

Die Begriffsvielfalt in der Literatur verdeckt, dass es tatsächlich einen zentralen Unterschied gibt: Leitfadeninterviews sind (in der Terminologie dieses Lehrbuchs) etwas anderes als *Experteninterviews*, obwohl man auch dort mit Leitfäden arbeitet, jemandem gegenüber sitzt und wahrscheinlich ein Tonband laufen hat. Experteninterviews zielen auf Träger exklusiven Wissens – auf Menschen, die etwas erzählen können, was noch nirgendwo aufgeschrieben worden ist (Bogner et al. 2009, Gläser & Laudel 2009, Hoffmann 2005):

- der Gründer einer Webseite, der zur Entstehungsgeschichte befragt werden soll,
- der Netzaktivist, der weiß, wie etablierte Medienpolitiker auf seine Initiative reagiert haben,
- der Verlagsleiter, der die Online-Strategie seines Hauses entwickelt hat,
- das Mitglied der Agitationskommission beim Politbüro des ZK der SED, das Einblick in Interna der Medienlenkung in der DDR hatte,
- der Casting-Chef von *Bauer sucht Frau*, wenn es um die Produktion der Sendung und die Vorstellungen der Macher gehen soll.

Da eine E-Mail schnell verschickt ist (erst recht von Studierenden), wird der Kern wiederholt:

 Merksatz: Experten kontaktiert man erst (und nur dann), wenn es keine Veröffentlichungen gibt, die meine Fragen beantworten.

Die Natur ihres Wissens bringt es mit sich, dass solche Experten nicht einfach ersetzt werden können – der zentrale Unterschied zu anderen Leitfadeninterviews, die auf verallgemeinerbare Aussagen über die jeweilige Grundgesamtheit zielen und wo es deshalb nicht darauf ankommt, genau Person x zu befragen und eben nicht Person y. Manchmal gibt es natürlich mehrere Experten zum gleichen Gebiet (die Agitationskommission hatte nicht nur ein Mitglied, und das Casting bei RTL läuft vielleicht im Team), grundsätzlich aber zielen diese Gespräche auf Exklusivität und sind deshalb auch einzeln vorzubereiten (mit einem Leitfaden, der jeweils auf den Befragten und das konkrete Thema zugeschnitten wird). Da es hier weniger um „Sinn" geht als um Wissen (um Fakten und Einschätzungen, die vermutlich schon veröffentlicht worden wären, wenn der Experte mehr Zeit gehabt und das für relevant gehalten hätte), ist die Reaktivität bei Experteninterviews niedriger als bei „normalen" qualitativen Befragungen.

Wenn man möchte, kann man auch das *Tagebuch* als Befragungsform sehen, weil hier einige wenige Fragen (oder sogar nur eine) immer wieder beantwortet werden (etwa: Welche Zeitschriften haben Sie heute gelesen? Wie lange hat das gedauert und was haben Sie hinterher gemacht? Mit wem haben Sie über das Gelesene gesprochen). Damit ist zugleich die Stärke dieser Methode benannt: Da die Teilnehmer Handlungsabläufe zeitnah protokollieren, ist das Ergebnis weniger vom Gedächtnis und von Verhaltensnormen (Welche Zeitschriften sollte man als Akademiker gelesen haben?) abhängig als bei einem Gespräch über das gleiche Thema. Wie Leitfadeninterviews und Gruppendiskussionen dokumentieren Tagebücher Abläufe nicht nur, sondern fragen auch nach dem (subjektiven oder praktischen) Sinn, den Menschen mit bestimmten Handlungen verbinden (etwa: Mediennutzung oder journalistische Arbeit).

Leitfadeninterviews sollte man führen, wenn der theoretische Hintergrund (und damit das Kategoriensystem) detailliertes Wissen „zur Person" verlangt (Biografie, Familiensituation, psychische Dispositionen) oder zur Situation, in der gehandelt wird (Alltagsstrukturen, Arbeitsumfeld). Bei solchen Interviews hat man viel mehr Zeit für den Einzelnen als bei einer Gruppendiskussion und kann auf die ganz persönlichen Umstände eingehen. Zielt die Forschungsfrage dagegen auf die (soziale) Bedeutung eines bestimmten Medienangebots (*Bauer sucht Frau, Playboy, Facebook*), bestimmter Inhalte (DDR-Geschichte, Afrika in den Medien) oder einer gesetzlichen Regelung (etwa: Rundfunkgebühren), bieten sich eher *Gruppendiskussionen* an.

 | *Faustregel*: Je konkreter der Gegenstand, desto mehr spricht für Gruppendiskussionen.

Wem diese Regel noch nicht hilft: Man stelle sich einfach vor, mit einer einzigen Person eine Stunde über den *Playboy* reden zu müssen. In einer größeren Runde dagegen funktioniert das wunderbar – wenn denn alle Beteiligten das Blatt kennen und lieben. Dann erinnert man sich gegenseitig an einzelne Ausgaben und Beiträge, verliert Hemmungen, weil man merkt, dass auch andere auf der Toilette lesen, und erzählt am Ende vielleicht sogar, wie aufregend es ist, mit der Zeitschrift im ICE zu sitzen. Umgekehrt gilt dies für die Stärken von Leitfadeninterviews genauso: Was weiß ich nach 60 oder 90 Minuten mit sechs *Playboy*-Lesern über die einzelnen Gesprächsteilnehmer?

Während man bei allen vier gerade beschriebenen Befragungsformen (Leitfaden- und Experteninterview, Gruppendiskussion, Tagebuch) die Untersuchungsteilnehmer Handlungsabläufe beschreiben und den Sinn artikulieren lässt, den sie damit verbinden, wird bei der *Beobachtung* beim Handeln zugeschaut. Die Forscherin oder der Forscher sehen, wie und unter welchen Umständen Menschen Medien nutzen, Inhalte produzieren oder Gesetzestexte diskutieren und verabschieden. Die Beispiele zeigen schon, dass erstens nicht alles beobachtet werden kann (manche Orte sind nicht zugänglich – etwa interne Strategierunden oder gar Absprachen beim Feierabendbier) und dass diese Methode zweitens erheblichen Aufwand erfordert. Ohne hier Kapitel 5 vorgreifen zu wollen: Die Fernsehgewohnheiten eines Menschen sind über ein Leitfadeninterview schneller zu ermitteln als über direkte oder indirekte Beobachtungen (direkt: man ist dabei, indirekt: man baut eine Kamera auf oder schneidet das Gesehene mit). Dazu kommt drittens, dass eine Beobachtung allein (ohne Befragung) keinen Aufschluss über den (subjektiven oder praktischen) Sinn der Handlungen gibt. Diese Argumentationskette kratzt nicht an der Stärke der Methode: Mediennutzer, Journalisten und Politiker können einem jeden Bären aufbinden – solange man sie nicht in Aktion gesehen hat.

Das Problem der sozialen Erwünschtheit entfällt bei nicht-reaktiven Verfahren (vgl. Abbildung 12). Sowohl Medienangebote (Gedrucktes, Töne, stehende und bewegte Bilder) als auch Dokumente jeder Art sind „im Alltag" entstanden: Das Untersuchungsmaterial wurde produziert, ohne dass es Kontakt mit den Forschern gab und ohne vom Ziel der Untersuchung beeinflusst werden zu können. Dass in diesem Lehrbuch zwei nicht-reaktive Verfahren unterschieden werden, hat auch mit dem kommunikationswissenschaftlichen Kontext zu tun. In dieser akademischen Disziplin hat sich der Begriff *Inhaltsanalyse* für die Untersuchung von Medienangeboten eingebürgert – von Inhalten, die öffentlich zugänglich und genau deshalb für die Forschung interessant sind. Natürlich geht es in Inhaltsanalysen immer auch um konkrete Informationen in Presse, Funk und Web, um Frames für Themen und Akteure, um Bewertungen und Diskursstrukturen, legitimiert werden solche Studien aber letztlich durch die Annahme, dass Medienangebote wirken. Warum sonst sollten wir wissen wollen, wo wie und mit welchen Akzenten berichtet und was wann verschwiegen oder gar verfälscht wurde? Auch wenn kommunikationswissenschaftliche Inhaltsanalysen zunächst „nur" Medienangebote vermessen (Früh 2007: 27-40), zielen sie auf die Kommunikatoren (Selbstverständnis, Wirkungsabsichten) und (noch stärker) auf (mögliche) Wirkungen.

Vor diesem Hintergrund wäre es irreführend, den gleichen Begriff auch für das zweite nicht-reaktive Verfahren zu nutzen. Bei *Dokumentenanalysen* geht es nicht um Wirkungen auf Dritte (auf das Publikum oder die Gesellschaft), sondern um die Rekonstruktion von Strukturen und von Sinn. Wie hat die SED-Agitationskommission gearbeitet? Was musste ein Journalist im Dritten Reich tun, um gelobt und befördert zu werden? Welche Vorstellungen hat die CDU vom Jugendmedienschutz oder in der Internetpolitik und wer konnte bisher welche Ideen durchsetzen? Welche Medienangebote nutzt die gerade befragte Rentnerin, welche Motive hat sie und wie bewertet sie die Qualität?

Abbildung 12: Methodenmerkmale II – nicht-reaktive Verfahren

	Ziel	Material	Quellenkritik	Beispiele
Inhaltsanalyse	Medieninhalte, Diskurse, Ziele der Kommunikatoren (mögliche Wirkungen)	Gedrucktes, Töne, Bilder *Probleme:* Zugang zu Bildern	Medium: Reichweite, Linie, Reputation, Besitzverhältnisse, Position des Journalisten	Medien-Qualität Mediendiskurse Berufsverständnis
Dokumentenanalyse	Strukturen und Prozesse in Organisationen, Absichten und Deutungsmuster, Normen und Werte	Akten, Transkripte, Protokolle *Probleme:* Schutzfristen, Gatekeeper, Abspieltechnik	Interesse des Urhebers, Nähe zum Gegenstand, Reichweite *wichtig:* Quellenvielfalt	DDR-Medienlenkung Jugendmedienschutz

Quelle: eigene Darstellung

 Faustregel: Dokumente werden normalerweise nicht über die Massenmedien verbreitet und existieren in der Regel nur einmal.

Bei einem weiten Verständnis bezeichnet der Begriff Dokument alle Gegenstände, die von Menschen hergestellt worden sind (also auch Häuser oder Möbel). In der Praxis hat man es meist mit einem engeren Verständnis und vor allem mit schriftlichen Dokumenten zu tun: mit Berichten und Gesetzen, mit Protokollen, Akten, Briefen und Tagebüchern, mit Organigrammen, Arbeitsanweisungen oder Transkripten. Diese Liste soll zeigen, dass die meisten Bücher oder Aufsätze über qualitative Inhaltsanalysen eigentlich Dokumentenanalysen meinen (Lamnek 2010: 446-448, Nawratil & Schönhagen 2008: 333, Wegener 2005: 200) – auch die einflussreichen Publikationen des Psychologen Philipp Mayring, die zwar Regeln und detaillierte Ablaufpläne enthalten, an denen sich Studierende entlang hangeln sollen (Mayring 2010: 59-62, Mayring & Hurst 2005: 440), aber nicht verraten, dass sie eigentlich in Interviewprojekten entwickelt wurden und so immer dann nicht weiterhelfen, wenn es um kommunikationswissenschaftliche Inhaltsanalysen (und damit um Wirkungen öffentlicher Kommunikation) geht.

 Empfehlung: Mayrings Kataloge lassen sich für die Konzeption qualitativer Studien nutzen (Kategorienbildung, Qualitätsprüfung über Gütekriterien) und für die Analyse von Interviewtranskripten.

Dokumentenanalysen bieten sich ansonsten immer dann an, wenn die Personen, Gruppen oder Organisationen, die untersucht werden sollen, nicht erreichbar sind – entweder weil sie nicht mehr existieren (historische Fragestellungen) oder weil sie ablehnen, befragt oder beobachtet zu werden (wie etwa Randgruppen und Eliten). Außerdem kann eine Dokumentenanalyse andere Verfahren vorbereiten oder ergänzen. Dabei ist immer zu bedenken, dass jedes Dokument mit einer bestimmten Absicht hergestellt worden ist. Der Entstehungskontext darf folglich nicht ausgeblendet werden. Die wichtigsten Regeln für den Umgang mit Dokumenten erinnern an die Quellenkritik in der Historiographie (Opgenoorth & Schulz 2010, Brandt 2007): Immer ist nach der Glaubwürdigkeit des Dokuments zu fragen und danach, wie sich der Wortlaut zu den geschilderten Tatsachen verhält. Dazu muss man die Entstehungsgeschichte und den Zweck des Dokuments ebenso kennen wie die Organisation, die das Material hervorgebracht hat, und die Absichten des Verfassers. Qualitätskriterien für eine Dokumentenanalyse sind Transparenz, Vielfalt und Vergleich. Für den Vergleich bieten sich neben anderen Dokumenten Daten an, die mit Hilfe von anderen Methoden generiert werden.

Empirische Arbeit II: Triangulation?

Der letzte Satz beschreibt eine wichtige Technik qualitativer Forschung: die Kombination von Quellen und Methoden. Dass sich dafür der Begriff Triangulation eingebürgert hat (vgl. Abbildung 8, Kapitel 2), verweist erneut auf die Dominanz des naturwissenschaftlichen Ideals: Was in der Messtechnik (etwa bei der Landkartenherstellung) möglich sein soll (die Position eines Punktes von zwei anderen Punkten aus exakt zu bestimmen), müsste doch auch in den Sozialwissenschaften funktionieren. Das Rezept scheint verlockend: Wenn sich nicht wegdiskutieren lässt, dass jede Methode blinde Flecken hat und dass Theorie(n) und Forscher die Ergebnisse beeinflussen, dann nehme man einfach von jeder Zutat zwei oder sogar drei Varianten und schon bekommt man ein Drei-Sterne-Menü.

Der leicht ironische Ton soll vor allzu großen Erwartungen in die Wunder der Triangulation warnen. Davon abgesehen, dass in studentischen Abschlussarbeiten oft selbst für einfachste Kombinationen Zeit und Geld fehlen, bleibt immer die Frage, welche der (methodisch, theoretisch oder subjektiv bedingten) Abweichungen näher an der „Realität" sind. Viele der „Triangulationen", die in der Literatur diskutiert werden, machen außerdem entweder inhaltlich keinen Sinn oder überdehnen den Begriff bis zur Unkenntlichkeit. Was unterscheidet zum Beispiel eine „Daten-Triangulation" (etwa: verbale Äußerungen plus Fotos oder Videos vom Befragten) von einer „Methoden-Triangulation" (hier: Leitfadeninterview plus Beobachtung oder Dokumentenanalyse, vgl. Flick 2008, Treumann 2005)? Macht es Sinn, von einer „Within-Method-Triangulation" zu sprechen, wenn in einem Gespräch unterschiedliche Frageformen und Bildkärtchen oder Filme eingesetzt werden (Flick 2008: 312f.)? Was genau hat man sich unter einer „Theorien-Triangulation" oder gar unter „interdisziplinären Triangulationen" vorzustellen (Treumann 2005: 211), wenn man weiß, dass jeder Gegenstand erst durch eine Theorie konstruiert wird und unterschiedliche Perspektiven so zwangsläufig zu unterschiedlichen Fragen und Kategorien führen (vgl. Kapitel 2)?

Diese Argumentation soll keineswegs davon abhalten, Interviewtranskripte und andere Dokumente in Gruppen oder gemeinsam mit Kolleginnen zu interpretieren („Forscher(innen)triangulation", Treumann 2005: 210) und unterschiedliche Methoden zu kombinieren (sowohl innerhalb des qualitativen Spektrums als auch mit quantitativen Verfahren). Manche Kategoriensysteme verlangen dies sogar. Wenn man zum Beispiel das Selbstverständnis von Professorinnen und Professoren der Kommunikationswissenschaft untersuchen möchte (vgl. Huber 2010, Meyen & Löblich 2007), dann lassen sich Arbeitsalltag und Selbstwahrnehmung besser per Leitfadeninterview ermitteln, das Wissenschaftsverständnis dagegen (Themen, Theorien, Methoden, Normen und Werte) erschließt sich vor allem aus den Publikationen und die Position im Feld über Auszeichnungen, Ressourcen, Funktionen oder Gespräche mit Kollegen. Bevor ein solches Vorgehen mit dem Etikett Triangulation in all seinen Bindestrich-Varianten belegt wird, sollte man sich aber darüber klar sein, dass dieser Begriff erfunden wurde, um den Exaktheitsanspruch der quantitativen Sozialforschung zu bedienen.

> *Zwischenfazit*: Ob Methoden und Quellen kombiniert werden (müssen), hängt vom Erkenntnisinteresse ab sowie vom Kategoriensystem, das die Untersuchung strukturiert. Wenn es die Ressourcen erlauben, ist es in jedem Fall wünschenswert, unterschiedliche Perspektiven einzubeziehen – auch weil jede Methode und jede Quelle einen anderen Zugang zur Realität bietet.

Die folgenden Beispiele deuten dies nur an, da es zu den einzelnen Methoden jeweils Extra-Kapitel gibt:

- Bei der Studie „Internet im Alltag" wurden die Teilnehmer nicht nur befragt, sondern auch am PC beobachtet. Die Interviewer baten am Ende des Gesprächs einfach, ob sie die Lieblingswebseite sehen dürften (was kaum jemand abschlagen kann). Die Befragten waren so gezwungen, ihren PC hochzufahren und zu surfen – Indikatoren für die technische Ausstattung, die Nutzungshäufigkeit (Wie lange dauert es, gibt es Bookmarks?), die Internetkompetenz und letztlich auch für den Habitus (Welche Startseite hat der Befragte, wie bewegt er sich im Netz?). Außerdem wurde der PC fotografiert – ein Dokument, das die Interpretation des Interviewtextes und der Beobachtungsergebnisse für die Team-Mitglieder erleichterte, die nicht vor Ort waren (vgl. Meyen & Pfaff-Rüdiger 2009).
- Bei der Netzwerkanalyse zum Jugendmedienschutz in Deutschland (vgl. Kapitel 2, S. 40f.) wurde sowohl mit Experteninterviews gearbeitet (Vertreter von Parteien, Interessengruppen und Medieneinrichtungen) als auch mit Strategiepapieren, Diskus-

sionsprotokollen und Gesetzestexten. Die Dokumentenanalyse allein hätte keinen Aufschluss über informelle Kontakte, persönliche Motive und die Wahrnehmung von Entscheidungsprozessen gegeben (vgl. Löblich & Pfaff-Rüdiger 2011).

- Auch bei vielen Studien zur Nutzung einzelner Medienangebote (*Bauer sucht Frau, Playboy*) werden nicht nur Gruppendiskussionen oder Leitfadeninterviews organisiert, sondern auch Experteninterviews – etwa mit Produktionsleitern oder Redakteuren zum Konzept des Angebots, zu Zielgruppen oder zum Publikumsbild. Solche Experteninterviews öffnen außerdem häufig den Zugang zu Dokumenten, die sonst nicht verfügbar wären (Strategiepapiere, interne Nutzungsforschung; vgl. exemplarisch Hartmann 2006, Wilhelm 2004).
- Bei Redaktionsbeobachtungen ist es fast schon Standard, mit den Teilnehmern auch Leitfadeninterviews zu führen (meist nach der Beobachtung) – um Unklarheiten aufzulösen (Warum hat Ihr Chef dort gemeckert?), um den subjektiven Sinn zu ermitteln, den Journalisten oder PR-Leute mit bestimmten Handlungen verbinden, und um etwas über den persönlichen Hintergrund zu erfahren (vgl. Vicari 2008, Riesmeyer 2007, Quandt 2005).
- Leitfadeninterviews mit Journalisten, PR-Profis, Medienpolitikern, Zeitzeugen oder Professoren werden selbstverständlich mit Dokumentenanalysen vorbereitet: Die Interviewer sollten möglichst alles lesen, was es „zur Person" gibt (Material über den Arbeitgeber, Biografisches, Veröffentlichungen des Befragten, Homepages).
- Senta Pfaff-Rüdiger (2011) hat bei ihrer Studie zum „Leseknick" (warum legen einige Kinder mit 14 Jahren die Bücher weg und andere nicht) qualitative und quantitative Befragungen kombiniert. Über Paarinterviews wurden Lesestrategien und Motivbündel herausgearbeitet (Handeln und Sinn im Kontext, die Stärke qualitativer Methoden) und mit Hilfe von Fragebögen (ausgeteilt in Klassenverbänden, damit nicht repräsentativ und unbrauchbar für Aussagen über Größenordnungen sowie Verteilungen) Variablenzusammenhänge statistisch bewiesen (Unterschiede zwischen Jungen und Mädchen, Älteren und Jüngeren, Gymnasiasten und Hauptschülern).

Empirische Arbeit III: Auswahlverfahren

Auch wenn qualitative Forschung nicht repräsentativ ist und deshalb normalerweise weder den Einsatz mathematisch-statistischer Auswertungsverfahren erlaubt noch Aussagen über Verteilungen und Größenordnungen (die Ausnahme wird gleich benannt), stellt sich für jede Studie die Auswahlfrage: Welche Personen, welche Redaktionen oder welche Zeitungsartikel, Sendungen und Webseiten beziehe ich ein? Wo finde ich die Untersuchungseinheiten, wie begründe ich mein Vorgehen und wie verhindere ich Artefakte?

Ein Beispiel: Harriet Köhler (2006) kam nach vier Gruppendiskussionen über Musik im Leben von Jugendlichen zu einem Ergebnis, das allen Erfahrungen widersprach.

Während Literatur und Alltagswissen annehmen, dass Musik genutzt wird, um sich von den Eltern abzulösen, Beziehungen zu Peers aufzubauen und sich von anderen Gleichaltrigen abzuheben, spielte all dies für Köhlers Befragte keine Rolle. Vater und Mutter wurden als Kumpel gesehen, mit denen man hin und wieder sogar Titel tauscht und die höchstens bei der Lautstärke einen anderen Geschmack haben, und im Freundeskreis hörte jeder etwas anderes. Des Rätsels Lösung: An den Gruppendiskussionen hatten nur Gymnasiasten teilgenommen – Jugendliche, die nicht nur tendenziell aus anderen („behüteten") Verhältnissen stammen als Haupt- und Realschüler, sondern die auch wissen, dass sie noch länger finanziell und ideell vom Elternhaus abhängig sein werden und dass der Kontakt zu vielen Mitschülern schon bald schwächer wird. Der Zwang zur Selbständigkeit und zur Gruppenintegration ist hier ganz anders als etwa in Kreuzberger Migrantenmilieus. Das Beispiel ist auch deshalb gut, weil es hilft, die nächste Regel zu illustrieren:

> *Merksatz*: Bei jeder Untersuchung wird die Stichprobe neben der Methode auch vom Forscher mitbestimmt.

Harriet Köhler hatte keineswegs geplant, nur Gymnasiasten zu rekrutieren, für ein Gespräch, das in einem Universitätsgebäude stattfindet und von einer Studentin mit intellektuellem Habitus geleitet wird (Köhler ist inzwischen Journalistin und hat zwei Romane veröffentlicht), sind Jugendliche aus bildungsfernen Milieus aber kaum zu gewinnen. Zum einen war hier die Hemmschwelle in jeder Hinsicht zu hoch, und zum anderen hatte Köhler schon durch ihre Herkunft kaum belastbare Kontakte zu Haupt- oder Realschülern. Wenn kein Geld fließt, ist die Teilnahme-Zusage für eine qualitative Studie mit einem hohen Aufwand verbunden, ohne dass die Gegenleistung sofort ersichtlich wird. Dass Sympathie und Nähe (etwa: Herkunftsregion, Milieu, Attraktivität) bei einer solchen Entscheidung eine Rolle spielen, liegt auf der Hand. Ein Baufacharbeiter, der über den zweiten Bildungsweg an die Universität gekommen ist, hätte sicher andere Menschen befragt und damit auch ein anderes Ergebnis bekommen.

Bevor die Teilnahmemotive gleich systematisch diskutiert werden, ist darauf hinzuweisen, dass *Auswahlverfahren* und *Feldzugang* (wo und wie finde ich Menschen, die mitmachen) verschiedene Schuhe sind – auch wenn sie manchmal wie ein Paar zusammenhängen, weil die Entscheidung für ein Auswahlverfahren vom Feldzugang abhängen kann (Merkens 2008, Wolff 2008). Grundsätzlich lassen sich drei Auswahlverfahren unterscheiden:

- *Theoretische Auswahl*: Hier werden aus dem Forschungsstand und dem theoretischen Hintergrund (also aus dem Kategoriensystem) Kriterien abgeleitet, die die Suche nach Teilnehmern (Befragungen, Beobachtungen) oder Medienangeboten (Inhaltsanalysen) leiten.

- *Schneeballverfahren*: Eigentlich handelt es sich eher um eine Lawine: Der Schneeball (geworfen vom ersten Teilnehmer) rollt im Feld umher und sammelt alle auf, die dem Forscher empfohlen werden. Dieses Verfahren bietet sich immer dann an, wenn man sich im Milieu nicht auskennt und folglich gar keine Kriterien für eine theoretische Auswahl aufstellen könnte.
- *Vollerhebung*: Wie es der Name sagt: Es nehmen alle teil, die zur Grundgesamtheit gehören. Folglich sind tatsächlich Aussagen über „alle" erlaubt (die oben erwähnte Ausnahme). Die Grundgesamtheit muss natürlich überschaubar sein – wie bei einer Studie über die Jungtürken-Generation in der deutschsprachigen Kommunikationswissenschaft (alle Professoren, die zwischen 1930 und 1940 geboren wurden). Von den insgesamt 24 Generationsangehörigen waren vier bereits tot, als die Studie ins Feld ging. Nach einer Absage blieben 19 Interviewpartner – eine Vollerhebung. Ein zweites Beispiel: Björn Rosen (2008) ist für seine Diplomarbeit über deutsche China-Korrespondenten vier Wochen vor Ort gewesen und hat alle 27 Landsleute kontaktiert, die damals im Land als Journalisten akkreditiert waren. Am Ende hatte er immerhin 20 Interviews im Kasten (die anderen sieben Kollegen hatten entweder generell kein Interesse oder waren gerade unterwegs).

Wo qualitative Forschung auf Verallgemeinerungen zielt, die über die Untersuchungsteilnehmer hinausgehen, muss ein reines Schneeballverfahren unbefriedigend bleiben. Wer wollte nach ein oder zwei Würfen schon sicher sein, nicht ganze Teile des Hangs ausgelassen zu haben? Konkreter formuliert: Bei einer Studie zu den Arbeitsbedingungen und zum Selbstverständnis von Journalisten macht es wenig Sinn, einige wenige Bekannte anzusprechen, die in einer Redaktion arbeiten, und sie jeweils zu bitten, weitere Interviewpartner zu nennen. Auf diese Weise kommt man zwar leicht auf eine große Fallzahl, hat aber am Ende möglicherweise lediglich Absolventen der *Deutschen Journalistenschule* befragt (oder nur Mitglieder des *Netzwerks Recherche*) und bekommt ein Zerrbild von den Zuständen und Einstellungen in der Medienbranche.

Auch wenn man wenig Einblick in die Strukturen eines Feldes oder Milieus hat, man deshalb auf die Vermittlung von Untersuchungsteilnehmern durch Insider angewiesen ist und sich im Laufe der Zeit die Auswahlkriterien ändern können (weil man einfach mehr weiß), sollte jedes Schneeballverfahren in der Praxis mit einer *theoretischen Auswahl* gekoppelt werden. Hier lassen sich vier Varianten unterscheiden:

- *Quotenplan*: Für die einzelnen Kriterien werden Größenordnungen genannt (Mindestzahlen und Obergrenzen, vgl. S. 72).
- *Theoretische Sättigung*: Eine Unterform der Quotenauswahl, bei der die Kriterien solange modifiziert werden, bis neue Teilnehmer oder neues Material keinen Erkenntnisgewinn mehr bringen (vgl. Fuchs-Heinritz 2009: 240-242). Vorsicht: Von einer Sättigung kann man erst sprechen, wenn der Quotenplan tatsächlich (möglich^r mehrmals) an den Zwischenstand angepasst wurde.

- *Extremgruppen*: Eine Variante von Quotenplan und theoretischer Sättigung, die vom Kontrast lebt. Die Kriterien zielen hier auf besonders starke und besonders schwache Ausprägungen (etwa auf die „Sondergruppen" im Quotenplan, S. 72). Wenn man will, kann man auch die Konzentration auf Leitmedien oder Angebote mit einer bestimmten Linie bei Inhaltsanalysen als Form der Extremgruppenauswahl sehen: Es werden Texte untersucht, bei denen man von besonderer Wirkung und besonderer Relevanz ausgehen kann (vgl. Kapitel 6).
- *Fallauswahl*: In der Forschungspraxis meist ein Einzelfall, der besonders intensiv untersucht wird. Hier besonders wichtig: ein Erkenntnisinteresse, das über den Fall hinausgeht, und eine sorgfältige Begründung (warum gerade dieser Fall). Beispiele: Biografien (Journalisten, Medienpolitiker, Forscher, Zeitungen) oder Studien zu lokalen Kommunikationsräumen (Lamnek 2010: 167-173, Merkens 2008).

Gerade bei (Einzel-)Fallstudien mag der Verallgemeinerungsanspruch vermessen klingen. Was weiß ich nach einer Studie zum Fachverständnis von Walter Hagemann (1900 bis 1964) über „alle" Publizistikwissenschaftler oder über „das" Fach in den 1950er Jahren? Wie will ich „beweisen", dass (und vor allem: wie) Öffentlichkeitstheorien vom Mediensystem abhängen, wenn ich „nur" acht Theorie-Entwürfe aus mehr als 150 Jahren rekonstruiert habe (vgl. Wendelin 2011)? Was kann ich über die Beziehungen zwischen Journalisten und Politikern sagen, wenn ich dieses Netz gerade einmal für eine einzige oberbayerische Stadt aufdröseln konnte, in der eine Partei zudem eine absolute Mehrheit hat und die wichtigsten Medienangebote aus dem gleichen Haus kommen? Die Antwort verweist in jedem dieser „Fälle" auf die Theorie, weil die Ergebnisse jeweils die Ausgangs-Annahmen differenzieren:

- Walter Hagemann steht exemplarisch für die Seiteneinsteiger, die das Fach jahrzehntelang geprägt haben: für Journalisten, die als Professoren definiert haben, was Kommunikationswissenschaft ist. Sein Fall eignet sich besonders gut, weil Hagemann prominent war (bis 1938 Chefredakteur der *Germania* und in den 1950er Jahren Galionsfigur der Anti-Atom-Bewegung) und weil er wie kaum ein zweiter zwischen Wissenschaft, Journalismus und Politik wechselte. An seinem Beispiel kann untersucht werden, wie ein bestimmter Habitus und Kapitalien aus anderen Feldern (Netzwerke, Fähigkeiten) in das Fach transferiert wurden. Dazu kommt etwas, was jede gute Fallstudie haben muss: Nachrichtenwert. Hagemann hat mit Ulrike Meinhof demonstriert, stand vor Gericht, floh kurz vor dem Mauerbau in die DDR und stürzte das Fach so in eine tiefe Krise.
- Auch Manuel Wendelin hat sich bei der Auswahl seiner acht Fälle von der Prominenz leiten lassen. Er unterschied zunächst vier Phasen der Medienentwicklung und wählte dann je zwei Öffentlichkeitstheoretiker, die bis heute bekannt sind und möglichst aus unterschiedlichen (politischen) Lagern kommen sollten (*Extremfallauswahl*): Marx und Schäffle, Tönnies und Schmitt, Habermas und Noelle-Neumann, Peters und

Gerhards/Neidhardt. Die Studie zeigt dann, dass sich die Theorieentwürfe zwar auf das jeweilige Mediensystem und den normativen Kern von Öffentlichkeit beziehen, aber nicht ohne den Habitus des Theoretikers zu verstehen sind.

* Die Stadt in Oberbayern wurde ausgesucht, weil die Forscherin von dort stammt und so Zugang zu den lokalen Eliten hatte. Die Studie beschrieb nicht nur plastisch die Macht- und Kommunikationsstrukturen vor Ort, sondern zeigte zugleich, dass die Frage nach den Beziehungen zwischen Medien und Politik nur dann sinnvoll beantwortet werden kann, wenn man die überaus starke Position der Verwaltung und der lokalen Wirtschaftsverbände einbezieht – ein Befund, der über das lokale Beziehungsspiel hinaus auch für die Landes- und die Bundespolitik gelten und weitere empirische Untersuchungen anregen sollte (vgl. Wieland 2008).

Fallstudien sind in der (kommunikationswissenschaftlichen) Forschung allerdings die Ausnahme. Im Alltag dominieren *Quotenpläne*. Ein solcher Plan besteht aus zwei Elementen: aus den Kriterien und aus Größenordnungen. Die Kriterien müssen einerseits garantieren, tatsächlich viele Varianten in die Auswahl zu bekommen, und andererseits ohne großen Rechercheaufwand auflösbar sein. Das Einkommen zum Beispiel, der Besitz oder die Parteizugehörigkeit sind deshalb für Studien mit „normalen Menschen" ungeeignet, weil beide Informationen ein gewisses Vertrauensverhältnis voraussetzen und sich manche Menschen auch an Arbeitsverträge halten, die ihnen verbieten, ihre finanzielle Lage offen zu legen. Geschlecht, Alter, Wohnort, vielleicht noch Beruf und Bildung: dies lässt sich sehen oder über eine kurze Nachfrage klären. Genau wie in der quantitativen Forschung ist mit Quotenplänen die Hoffnung verbunden, dass sich auch bei den Kriterien eine gewisse Gleichverteilung ergibt, die nicht vorgegeben wurden (vgl. Noelle-Neumann & Petersen 2005: 253-262) – nicht nur CSU-Mitglieder oder Politikverdrossene, nicht nur Millionäre oder Habenichtse. Wenn man qualitative Untersuchungen als Spirale konzipiert, lässt sich im Zweifel auch mit neuen Vorgaben gegensteuern.

Auch für die Größenordnungen in einem Quotenplan gibt es Regeln: Die Angaben sollten sich erstens auf die Strukturen der Grundgesamtheit beziehen, die man untersucht, und sollten zweitens berücksichtigen, welchen Zugang zum Feld die Interviewer haben. Studierende rekrutieren am leichtesten Gleichaltrige und Menschen aus ähnlichen Herkunfts- oder Zielmilieus (urbane Mittelschicht, Akademiker). Dies erklärt, warum es in der Studie „Internet im Alltag" eine Obergrenze für junge Leute und Mindestzahlen für Nichtakademiker und Landbewohner gab (vgl. das Beispiel auf S. 72). *Wichtig*: Da es in der qualitativen Forschung nicht um Größenordnungen, Verteilungen und statistische Beweise geht (vgl. Kapitel 2), müssen die Angaben im Quotenplan kein verkleinertes Abbild der Grundgesamtheit sein. Qualitätskriterium ist hier, möglichst alle (theoretisch) denkbaren Handlungsmuster erfasst zu haben – idealer Weise im Forschungsprozess angepasst an die ersten empirischen Befunde (theoretische Sättigung).

Quotenplan (Basis: 16 Interviews)

Geschlecht: jeweils mindestens sechs Männer und Frauen
Lebensphase:
  maximal fünf in Ausbildung (davon höchstens zwei zwischen 14 und 18 Jahren);
  mindestens drei Berufstätige ohne Kinder (davon mindestens einer mit festem Partner);
  mindestens drei Berufstätige mit Kindern (Wunsch: ein Alleinerziehender);
  mindestens ein Berufstätiger mit erwachsenen Kindern;
  höchstens zwei Rentner (= Personen, die 65 Jahre oder älter und nicht mehr erwerbstätig sind).
Bildung: mindestens fünf Nichtakademiker
Beruf: eine Person, die zuhause ist (arbeitslos, Hausfrau, Tagedieb; kein Rentner)
Stadt/Land: mindestens fünf Personen, die auf dem Land leben (in Städten und Dörfern, die weniger als 20.000 Einwohner haben und mehr als 20 km von einer Großstadt entfernt sind)
Sondergruppen: zwei Personen, bei denen eine besondere Beziehung zum Internet vermutet werden kann (Informatiker, Onlinespieler, Internetsüchtige, Wissenschaftler)

Das Kategoriensystem ging davon aus, dass die Internetnutzung vom Habitus (als Opus operatum) und von der sozialen Position abhängt (Herkunft und Sozialisation, Alltagsstrukturen, Wohnung, Familie, Einkommen und Bildung, Bewertung des eigenen Lebens, vgl. S. 37). Für den Quotenplan wurden Kriterien ausgewählt, die leicht von außen erkennbar sind (gilt zum Beispiel nicht für Werturteile, Alltag oder Wohnung). Die Größenordnungen orientieren sich an den Befunden quantitativer Studien (vgl. van Eimeren & Frees 2010). Kriterien und Größenordnungen sollten das gesamte Nutzungsspektrum abdecken und (überspringbare) Rekrutierungshürden aufbauen.

Bei manchen Fragestellungen muss mit einer doppelten Quotierung gearbeitet werden – immer dann, wenn nicht nur die Person selbst Handlungsmuster beeinflusst (etwa über ihren Habitus, wie bei der Internetnutzung), sondern auch die Organisation, zu der ein Mensch gehört (Partei, Verband, Unternehmen, Universität). Die Studie zum Selbstverständnis von Journalisten (vgl. S. 43) ging zum Beispiel davon aus, dass journalistische Praxis von der Position des Unternehmens und der Redaktion im Feld abhängt. Aus dem Wissen um die Feldstrukturen ergaben sich folgende Auswahlkriterien (vgl. Meyen & Riesmeyer 2009: 49-55):

- *Mediengattung*: Fernsehen, Hörfunk, Tagespresse, Publikumszeitschriften, Wochenzeitungen, Online-Medien, Nachrichtenagenturen;
- *Organisationsform*: privatwirtschaftlich, öffentlich-rechtlich;
- *Verbreitungsgebiet*: national, regional, lokal;
- *Marktsituation*: Monopol, Konkurrenz (Marktführer, untergeordnete Position);

- *Ressort*: Politik, Wirtschaft, Kultur, Sport, Lokales, Wissenschaft, Vermischtes, Service.

Bei der Fülle von Kombinationsmöglichkeiten wird schnell klar, dass es hier sehr viele Befragte gegeben haben muss (am Ende 501, rekrutiert über zahlreiche Seminar- und Abschlussarbeiten). Für Studien mit kleineren Fallzahlen ist vor allem wichtig, dass die Kriterien Einseitigkeit verhindern (nicht nur öffentlich-rechtliche TV-Leute oder nur Politikredakteure). Dies gilt auch für den zweiten Kriterienkatalog, der solche Habitus-Bestandteile erfasst, die sich von außen schnell ermitteln lassen:

- *Soziodemografische Merkmale*: Geschlecht, Lebensphase;
- *Anstellungsverhältnis*: Führungsposition, Festanstellung, Freiberufler.

Ganz ähnlich ging Nathalie Huber (2010) bei ihrer Studie über die Professoren der Kommunikationswissenschaft vor. Im Quotenplan gab es dort neben persönlichen Kriterien (Geschlecht, Lebensphase, Herkunftsdisziplin) einen Hinweis auf die Größe und die Reputation der Institute, um nicht nur Kolleginnen und Kollegen aus Ein-Mann- (oder Ein-Frau-) Häusern zu befragen.

Empirische Arbeit IV: Feldzugang

Wie werden aus Quoten Teilnehmer? Wo und wie findet man Menschen, die bei einer wissenschaftlichen Studie mitmachen? *Oberste Regel*: nicht im eigenen Umfeld.

> *Merksatz*: Niemals Freunde und gute Bekannte befragen oder beobachten, niemals Partner oder Familienmitglieder!

Forscher und Untersuchungspersonen sollten sich vorher nicht kennen und zu Beginn sicher sein, dass sie sich unter normalen Umständen auch in Zukunft nicht regelmäßig sehen werden. Was Elisabeth Noelle-Neumann als Ideal für das demoskopische Interview gepriesen hat („die Gelöstheit des Gesprächs zwischen zwei Fremden in einem Eisenbahnabteil", Noelle-Neumann & Petersen 2005: 62), gilt auch für alle reaktiven Methoden der qualitativen Sozialforschung. Vor einem Fremden, den man nicht werben muss (wofür auch immer), wird der Zwang kleiner, sich konform zu verhalten oder zu äußern sowie die eigenen Ängste und Schwächen zu verbergen, und ein Fremder wird schon deshalb nachfragen, weil er die Geschichten nicht kennt, die man zu erzählen hat. Dies ist vor allem dann wichtig, wenn es um Handlungsmotive, Einstellungen und Werturteile geht (wie bei den meisten qualitativen Studien). Wem ein solches inhaltliches Argument nicht genügt: Es ist einfach langweilig, Menschen zu beobachten oder

zu befragen, die man ohnehin schon kennt oder die man am nächsten Tag wieder treffen kann. Geschulte Forscherinnen und Forscher werden Material, das nicht zwischen
Fremden entstanden ist, außerdem sofort erkennen: Wer schon miteinander zu tun
hatte, lässt vieles ungesagt, was früher längst angesprochen wurde, und fragt nicht nach,
weil er die Antwort schon weiß. Als ein Student aus Potsdam in einer Studie über die
Mediennutzung in der DDR entgegen aller Absprachen seine Mutter befragte, bekam
er zu hören, wie eine gebildete Ostdeutsche, Jahrgang 1952, in den Herzen ihrer Kinder
weiterleben möchte: oppositionell oder zumindest kritisch eingestellt, humanistisch
erzogen und mit Sympathie für die 1968er Studentenbewegung, überlebend in einer
Nische voller Bildung und mit Dingen, die in der DDR für „Teufelswerk" gehalten
worden seien – mit Hesses *Steppenwolf*, mit Strindberg und Ibsen, Böll und Dürren-
matt, mit alternativem Theater, Hörspielen und auch sonst mit einem sehr bewussten
(„ausgewählten") Medienumgang. Als Mutter nach einer Stunde genug erzählt hatte,
brach sie das Gespräch einfach ab (vgl. Meyen 2003: 23f.).

Wo und wie man die „Fremden" sucht, hängt auch vom Erkenntnisinteresse und der
eigenen Position ab. Systematisch lassen sich vier Feldzugänge unterscheiden:

- *Direkter Zugang*: Man spricht potenzielle Teilnehmer an – auf der Straße oder in der
  Redaktion, persönlich, per Post oder per Telefon.
- *Gatekeeper*: Die Teilnehmer werden von Insidern vermittelt (von Klassenleitern, Ver-
  bandsfunktionären, Chefredakteuren, Trainern, Meinungsführern).
- *Rekrutierung über Dritte*: Man informiert sein Netzwerk über das Anliegen und bittet
  darum, Teilnehmer zu vermitteln.
- *Selbstrekrutierung*: Aufrufe auf Webseiten, in Anzeigen oder über Aushänge („Wer
  hat Lust, eine Stunde über den *Playboy* zu diskutieren? Teilnehmer für eine wissenschaftliche Studie gesucht. Infos: 0177…").

So verlockend die Idee mit der *Selbstrekrutierung* sein mag (man klebt einfach ein paar
Zettel oder postet ein paar Nachrichten, und schon kommen die Teilnehmer): Sie funktioniert in der Praxis nicht wirklich. Erstens genügt ein unpersönlicher Aufruf nicht,
um die Teilnahmehürden zu überwinden, und zweitens ist die Verbindlichkeit hier sehr
gering. Dorothea Habicht hatte bei ihrer Studie über die Leser der *Bild-Zeitung* nach
zahlreichen Fehlschlägen mit Aushängen (in öffentlichen Verkehrsmitteln, Universitäts-
und Verwaltungsgebäuden) zwar etwas mehr Erfolg mit zwei (kostenlosen) Anzeigen in
der Münchener Lokalausgabe (knapp 20 Menschen mit Namen und Adresse), zu den
Diskussionsterminen erschien am Ende aber nur jeder Zweite (Habicht 2006: 154).
Ganz ähnliche Probleme gibt es beim *direkten Zugang* – vor allem wenn man Menschen
zum Beispiel am Zeitungskiosk oder am Theaterausgang für eine Gruppendiskussion
gewinnen möchte (vgl. Wickert 2006, Zimmermann 2006). Dieser Rekrutierungsweg
setzt bei der Forscherin oder beim Forscher ein erhebliches Maß an Exhibitionismus
voraus sowie eine hohe Frustrationstoleranz. Weniger kompliziert ist der direkte Zu-

gang bei Leitfadeninterviews und Beobachtungen. Hier werden Menschen persönlich angesprochen und kommen so auch schlechter aus der Situation heraus. Claudia von Junker und Bigato, die für ihre Magisterarbeit Lokaljournalisten befragen wollte, fuhr zum Beispiel einfach in die (nach einem Quotenplan ausgewählten) Redaktionen. Drei Anwesende erklärten sich spontan bereit, und die anderen neun Befragten machten mit, nachdem sie das Infoblatt gelesen und die Berichte der Kollegen über den Besuch aus der Universität gehört hatten (Meyen & Riesmeyer 2009: 59). Bei Experteninterviews dürfte ohnehin nur der direkte Zugang möglich sein, eventuell über eine Umleitung (Sekretariat oder Vertraute).

Wenn es sonst einen Königsweg in das Feld gibt, dann ist es die *Rekrutierung über Dritte* – ebenfalls wegen der persönlichen Verpflichtung, die mit einer Zusage verbunden ist, und trotz des (nicht aus der Welt zu schaffenden) Problems, dass der oder die „Dritte" beide Seiten kennt (Forscher und Untersuchungsteilnehmer) und so das Ideal der Fremdheit nicht ganz zu erreichen ist. Nach aller Erfahrung (die sich immerhin auf ein paar Hundert Interviews stützt) interessieren sich die Vermittler in der Regel allerdings nicht für das, was im Interview erzählt wurde. Eine (unvollständige) Liste möglicher Teilnahmemotive (vgl. Fuchs-Heinritz 2009: 235-240, Hermanns 1981: 103f.):

- *Beitrag zur Wissenschaft*: Begründbar mit dem hohen Ansehen, das wissenschaftliches Wissen nach wie vor genießt, und dem Stolz, auch „endlich einmal" befragt oder beobachtet zu werden.
- *Hilfe für den Forscher*: Man kennt die Situation (weil man selbst schon auf ähnliche Hilfe angewiesen war) oder ist vielleicht generell hilfsbereit.
- *Gemeinsames Interesse*: Denkbar etwa bei Computerspielern oder PR-Beratern, weil beiden an einer besseren Reputation gelegen sein dürfte („sagen, wie es wirklich ist"). Auch bei einer Studie über DDR-Journalisten dürfte dies der wichtigste Beweggrund gewesen sein, weil es hier Forschern und Befragten um Dokumentation und Bilanzierung ging (vgl. Meyen & Fiedler 2011).
- *Generationsmotiv* (Aufklärung): Erfahrungen und Tipps für „die Jugend" (repräsentiert zunächst durch den Forscher) und dann für eine breitere Öffentlichkeit.
- *Die Untersuchung selbst*: Dieses Motiv kann sich sowohl auf die Form beziehen (Was passiert da eigentlich genau?) als auch auf den Inhalt. Vor allem nach Leitfadeninterviews sind viele Befragte überrascht, wie viel sie mitgenommen haben – vor allem an Selbsterkenntnis und an Genuss (Wann findet man schon jemandem, der einem eine Stunde oder länger zuhört?).
- *Sozialer Druck*: Durch das Wissen um andere Teilnehmer („der und der haben auch mitgemacht") und natürlich durch die Verpflichtung gegenüber dem Rekrutierer.
- *Gewinn eines Sozialpartners*: Ein Motiv, das vor allem bei älteren und isolierten Menschen anzutreffen sein dürfte und das nach dem Ende der Untersuchung moralische Fragen aufwerfen kann (wenn die Untersuchungspersonen sich immer wieder melden).

Rekrutierungsrezept: Man erzähle im Seminar und in der Sportgruppe, in der Familie, im Freundeskreis und in der Nachbarschaft vom Forschungsproblem und frage, ob all die lieben Menschen um einen herum nicht jemanden kennen, der zur Grundgesamtheit gehört (etwa: alle *Playboy*-Leser), der zu den Quoten passt und mitmachen könne.

Verfeinerung: ein Anschreiben, in dem Thema, Termine und Ansprechpartner benannt werden. Bei der Formulierung sollte man bedenken, warum Menschen (in der Regel unentgeltlich) an wissenschaftlichen Untersuchungen teilnehmen.

Es ist nicht unwichtig, die Teilnahmemotive zu kennen, da sie das Verhalten der Untersuchungspersonen beeinflussen dürften. Diese Aufforderung zur Reflexion steht noch stärker, wenn der Feldzugang nur über *Gatekeeper* möglich sein sollte – weil man in einem Milieu forscht, zu dem das eigene Netzwerk keinen Draht hat. Wie viele unserer Bekannten haben schon Telefonnummern von früheren DDR-Journalisten in der Tasche, von Querschnittsgelähmten oder Gehörlosen, von Lesern der *St. Pauli Nachrichten* („Das Lustblatt Nr. 1") oder *Counterstrike*-Spielern? Gatekeeper sind Menschen, die sich in einem Milieu auskennen und nicht nur Untersuchungspersonen vermitteln können, sondern bei der Kontaktaufnahme auch als Türöffner funktionieren („ich komme von xy"). Dass damit Probleme verbunden sind, liegt auf der Hand: Warum bekomme ich welche Namen und welche bekomme ich vielleicht auch nicht? *Ein Beispiel:* Nathalie Huber hat die zehn Befragten für eine Studie über die Mediennutzung von Blinden über den Geschäftsführer des Bayerischen Blinden- und Sehbehindertenbundes gefunden. In der Stichprobe dominieren folgerichtig „Elite-Blinde" (Huber 2004: 64) – Menschen, die selbstbewusst auftreten, ein selbständiges Leben führen und dem Verband als Werbeträger in eigener Sache besonders geeignet erschienen. Diese Auswahl schlägt sich zumindest teilweise in den Ergebnissen nieder. Keiner von Hubers Interviewpartnern hat das Medienangebot zum Beispiel negativ eingeschätzt – ein Indiz dafür, dass die befragten Blinden mit ihrem Leben insgesamt nicht unzufrieden sind. Verallgemeinerbar ist dies so sicher nicht.

 Empfehlung: Wenn der Feldzugang über Gatekeeper erfolgt, sollte man sich Schritt für Schritt von seinen Empfehlungen unabhängig machen und selbst nach Untersuchungsteilnehmern suchen. Dies dürfte umso leichter fallen, je mehr Zeit man für die Studie hat.

Nicht vollständig umsetzbar ist diese Empfehlung bei *Untersuchungen mit Kindern.* Selbst wenn man den offiziellen Weg meidet, weil dieser Weg oft länger ist als die Bearbeitungszeit (Genehmigung über das Kultus- oder gar über das Justizministerium wie in der Studie von Sandra Müller über jugendliche Strafgefangene plus Unterstützung durch Schul- oder Anstaltsleiter; vgl. Müller 2006) und weil entsprechende Anfragen keineswegs sicher zum Ziel führen (das Bayerische Kultusministerium lehnte es zum Beispiel ab, Susanne Langenohl zu unterstützen, weil es die Schüler nicht weiterbringe, wenn man sie zum Thema Musikstars und Geschlechtsidentität befrage; vgl. Langenohl 2009): Selbst dann benötigt man Erziehungs- und Aufsichtsberechtigte als Gatekeeper. Eine (keineswegs nur ethisch und moralisch gebotene):

> *Empfehlung*: keine Untersuchung ohne Information der Eltern (per Anschreiben, Telefon oder persönlich – jeweils so ausführlich wie möglich, um Misstrauen abzubauen).

Diese Empfehlung wird zu einem Muss, wenn die Kinder jünger als 14 Jahre sind. In der Praxis haben sich mehrere Rekrutierungswege bewährt:

* Eltern, die man persönlich oder über Dritte kennt;
* Lehrer oder Lehrausbilder nach dem gleichen Muster;
* Freizeitheime (vor allem für Hauptschüler, vgl. Achter 2009, Thiemann 2009) und
* Sportvereine.

> *Forschungsprozess*: nicht linear (Schritt für Schritt vorwärts vom Problem bis zu den Befunden), sondern besser vorstellbar als Spirale – man kann (muss) zurück (jetzt mit größerem Wissen als vorher), wenn man merkt, dass die theoretische Fundierung oder Teile des Untersuchungsdesigns (Methode, Instrumente, Stichprobe) noch nicht ausgereift waren.
>
> *Quelle für jede Forschungsfrage*: Widersprüche (neue vs. alte Realität, Forschungsstand vs. Realität, Literatur vs. Literatur oder Norm vs. Realität).
>
> *Reaktive Verfahren* (die Tatsache der Untersuchung beeinflusst das Material, das am Ende ausgewertet wird): Leitfadeninterview, Gruppendiskussion, Tagebuch, Beobachtung, Experteninterview.
>
> *Nicht-reaktive Verfahren* (das Material existiert auch ohne die Untersuchung): Inhaltsanalyse, Dokumentenanalyse.
>
> *Triangulation*: Kombination von Methoden und Quellen. Anwendung abhängig von der Forschungsfrage, von den Kategorien und von der Quellenlage. Notwendig bei Beobachtungen (vgl. Kapitel 5).
>
> *Auswahlverfahren*: theoretische Auswahl, Schneeballverfahren und Vollerhebung;
>
> *Varianten der theoretischen Auswahl*: Quotenplan, theoretische Sättigung, Extremgruppen, Fallauswahl.
>
> *Zugänge zum Feld*: direkter Zugang, Gatekeeper, Rekrutierung über Dritte (Königsweg!), Selbstrekrutierung.

Alexis Mirbach: Rekrutierung abroad. Ein Erfahrungsbericht

„Ich habe da etwas für Sie", meint der Mann vom Ministerium, streckt gewinn-bringend den Zeigefinger in die Höhe – und verschwindet in seinem Büro. Wo eben noch sein Finger hinzeigte, sticht mir nun das metergroße Wappen ins Auge: BUREAU OF PUBLIC AFFAIRS – UNITED STATES OF AMERICA. Die zuvor beschwatzte Sekretärin zwinkert mir zu, und ein Triumphgefühl durchwühlt den Bauch: Endlich habe ich den Mann gefunden, der mich bei den US-Journalisten einführt. Der Gate-keeper.

Ich schreibe meine Doktorarbeit über Online-Journalisten in Deutschland, Argentinien und den USA. Die Nordamerikaner sind dabei das Filetstück. Gerade in den USA werden Trends im Journalismus gesetzt, erst recht im Online-Bereich. Weil das digitale Feld bisher kaum erforscht ist, bieten sich Leitfadeninterviews an. In Deutschland und Argentinien war der Zugang zu Journalisten durch ein Uni-Seminar und meine eigene journalistische Arbeit einfach. Die USA dagegen sind eine Herausforderung: Journalismusforscher aus der ganzen Welt belagern Prestigeobjekte wie die *New York Times* – und persönlich betrete ich Neuland. Journalistische Kontakte? Fehlanzeige!

Der Chief for International Affairs kommt mit einem dicken Buch zurück. „Hier finden Sie alle Telefonnummern von Journalisten", meint Mr. Santana. „Danach dürfen Sie in mein Büro kommen". Etwas zweifelnd setze ich mich in die Bibliothek des National Press Buildings in Washington. Die unzähligen Nummern findet man doch auch im Internet. Mir ging es hier um Kontakte und Vermittlung! Aus Höflichkeit blättere ich noch eine Viertelstunde in dem Wälzer und gehe mit ein paar Notizen zu Mr. Santana. „Das ging ja schnell", meint er lächelnd. „Ich wollte Ihnen nur zeigen, dass die Leute in ihrem Büro nicht gern gestört werden. Benutzen Sie doch lieber ein Telefon." Eine humorvolle Lektion, ja. Aber bei 13.000 Kilometern Anreise und 154 Dollar für ein stinkendes Hotel?

Kurz darauf führen mich Sicherheitskräfte ab. Ich hatte Journalisten angesprochen, vor einem Tennisspiel mit Anna Kournikova. Die Pressesprecherin wollte nicht glauben, dass mich die Veranstaltung selbst gar nicht interessiert. Damit ist auch meine Frusttoleranz überschritten. Am Memorial Denkmal beginnt bei einer Zigarette die Selbstreflexion: Bin ich wirklich nicht in der Lage, ein Telefon zu bedienen? Habe ich mich schlecht vorbereitet?

Noch in meinem Wohnort Buenos Aires hatte ich deutsche Journalisten um Hilfe gebeten: drei Redakteure sowie einen Autor der *Süddeutschen Zeitung*, den Nachrichtenchef von *Focus Online* sowie die *Focus*-Korrespondenten in New York und Washington. Auch zwei US-Verwandte wollten helfen. Am Ende hatte ich ein paar E-Mail-Adressen, aber nur ein Interview. Die Doorkeeper in den Redaktionen waren einfach nicht zu überwinden. „Haben Sie einen Termin? Nein?" Kleiner Erfolg: von der Sekretärin telefonisch durchgestellt werden. Nützt aber nichts, weil der Journalist um eine Mail bittet. Antworten? Fehlanzeige. Journalisten werden mit Mails überschüttet (vor allem Online-Journalisten) – und die Ludwigs-Maximilians-Universität München ist in den USA nahezu unbekannt. Quote: 200 E-Mail-Anfragen, ein Interview. Nein, weiß ich am Ende der Zigarette. Das Klinkenputzen war schon am besten.

„Ich finde die Interviews unglaublich toll. Da sind Fragen dabei, über die man sonst nie nachdenkt", schwärmt Online-Redakteurin Anjali am nächsten Tag in New York City. Anjali wurde mir von einem Professor für Kommunikationswissenschaft von der New York University vermittelt. Sie verspricht mir, bei der Suche zu helfen. Die Realität sieht dann anders aus. In der hektischen Stadt hat keiner Zeit, Freunden von Freunden zu helfen. Der Kontakt muss direkt erfolgen. So wie bei Troy von den *NY Gay City News*. Mein erster Interviewpartner in den USA. In dem kleinen Bürogebäude in der Lower East Side gibt es keinen Doorkeeper, und Troy hofft auf einen romantischen Kaffee. Katrin von der Agentur *Mediabistro* ist an deutschen Kontakten interessiert und vermittelt mir deshalb zwei ihrer Mitarbeiter. Der 60-jährige Paul in der Kleinstadt Trenton freut sich über ein wenig Ablenkung, Simon von *Salon.com* traut sich nicht, nein zu sagen, als ich persönlich vor ihm stehe, und Alex wird mir bei der *Huffington Post* zugewiesen, weil Gründerin Ariana Geburtstag hatte, als ich dort aufkreuzte. Hat man den Schutzwall der Sicherheitskräfte überwunden, trifft man hilfsbereite und interessierte Kollegen.

Zwölf Journalisten sind mir so in acht Wochen ins Netz gegangen, darunter auch Männer und Frauen von den drei größten US-Websites ohne Verlagshintergrund. Für die Traditionsverlage brauchte ich eine Konferenz der Online News Association. Dieser Journalistenverband tagt einmal im Jahr. Für mich eine Goldgrube: 14 neue Interviews in drei Tagen. *New York Times, Washington Post, USA today*. Die letzten Lücken im Quotenplan mit den Kriterien Wirtschaftskraft, Tradition und Region (für die Medienangebote) sowie Alter und Geschlecht (für die Journalisten). Was bleibt? Vor allem die Frage, ob es tatsächlich nötig war, acht Wochen lang zu suchen (und Geld auszugeben), wenn sich alles an einem Ort erledigen lässt. Antwort: sicherlich nicht. Wer zu einer solchen Konferenz kommt, interessiert sich für die digitale Welt. Mein Sample ist jetzt deutlich breiter – durch die vielen verschiedenen Rekrutierungswege. Außerdem habe ich viel über das Land gelernt. Durch Fernsehen, Zeitungslesen und Gespräche in Cafés, in der U-Bahn oder auf Partys. Wissen, das man niemals in der Bibliothek erwerben kann. Gibt es eine spannendere Form des Tourismus? Ein Grund, auch China in die Doktorarbeit einzubeziehen. Morgen geht mein Flieger von New York nach Shanghai.

Alexis Mirbach (links) im Dezember 2010 an „seinem" Zeitungskiosk in Buenos Aires. Mirbach ist dort freier Journalist und promoviert in seiner Freizeit.

Foto: M. Pereira

Susanne Langenohl: Musikstars im Prozess der Geschlechtsidentitätsentwicklung von Jugendlichen. Münster: Lit 2009.

Eine Dissertation vom Rand des kommunikationswissenschaftlichen Feldes: Wie nutzen Jugendliche Musikstars, um eine eigene Geschlechtsidentität zu entwickeln? Was macht ein junger Mann mit den Körper- und Geschlechtskonzepten von *50 Cent* oder Bill Kaulitz (*Tokio Hotel*), und wie sehen Mädchen *Shakira* oder die *Pussycat Dolls*? Mindestens so spannend wie dieses Thema ist die methodische Umsetzung: erstens wegen der Rekrutierung (bei der Forschung mit Minderjährigen immer ein Problem), zweitens wegen der Methodenkombination (Gruppendiskussionen, Leitfadeninterviews und qualitative Inhaltsanalysen von Musikvideos und Postern) sowie drittens wegen der Kreativelemente, die Susanne Langenohl bei den Befragungen eingesetzt hat, um die Jugendlichen aus der Reserve zu locken (vgl. Kapitel 4).

Erster Rekrutierungsschritt war hier ein Fragebogen, der in Schulen und Sportvereinen ausgeteilt wurde. Anschließend wurden die Jugendlichen nach einer Quote ausgewählt (Alter, Geschlecht, Schulform, Herkunft und Musikgeschmack – alles bekannt aus dem Fragebogen). Während es dann in den Gruppendiskussionen um das Aushandeln von Geschlechtsidentitäten in der Peer Group ging, konnte Langenohl in den Leitfadeninterviews individuell auf die gleichen Jugendlichen eingehen. Auch theoretisch ist die Arbeit interessant, weil die Forscherin den Spagat zwischen den Cultural Studies und der kommunikationswissenschaftlichen Nutzungsforschung schafft und ihre analytische Perspektive in Schaubildern visualisiert.

Hannah Wilhelm-Fischer: Warum lesen Menschen Publikumszeitschriften? Eine qualitative Studie. Münster: Lit 2008.

Auch hier gibt es eine Methodenkombination: Gruppendiskussionen (insgesamt 33!) und Leitfadeninterviews (13, vor allem mit speziellen Nutzergruppen, zum Beispiel mit jungen Männern). Wird hier aus zwei Gründen empfohlen: zum einen als Musterbeispiel für die Einsatzgebiete und die Leistungsfähigkeit von Gruppendiskussionen (Zeitschriften sind konkrete Gegenstände, und in einer Abonnentenrunde trifft man ziemlich sicher auf Gleichgesinnte, mit denen man gern eine Stunde redet) und zum anderen als Ideengeber für die Auswahl und die Rekrutierung von Befragten.

Hannah Wilhelm-Fischer nutzte eine doppelte Quote: erstens für die Zeitschriften selbst (abgleitet aus dem Wissen über die Marktstrukturen, angefangen bei den Gattungen und dann noch einmal differenziert nach der Auflage) und zweitens natürlich für die Leser (Geschlecht, Alter, Ausbildung, Beruf, Partnerkonstellation und Lebensform). Der Feldzugang hing dabei auch von der Reichweite (und damit vom Bekanntheitsgrad) der Blätter ab (um tatsächlich die *Brigitte* im Sample zu haben und nicht irgendeine unbekannte Postille). Die Rekrutierung der Teilnehmer erfolgte dann wie im Kapitel vorgeschlagen über Dritte – in Bibliotheken oder Arztpraxen, mit Hilfe von Aushängen, über Online-Chats und durch das Versenden von Mails in Netzwerken.

Maria Löblich: Die empirisch-sozialwissenschaftliche Wende in der Publizistik- und Zeitungswissenschaft. Köln: Herbert von Halem Verlag 2010.

Eine Methodenkombination ganz anderer Art. Maria Löblich hat gefragt, wie und warum sich das Fach in den 1960er Jahren von einer Geistes- zu einer Sozialwissenschaft gewandelt hat. Ihre Quellen: die Fachzeitschrift *Publizistik* (eine quantitative Inhaltsanalyse der Aufsätze, die neben den Themen auch die Methoden erfasste und so die Veränderung der Forschungspraxis nachzeichnen konnte), die Dissertationen, die die späteren Professoren in den 1950er und 1960er Jahren eingereicht haben (eine Dokumentenanalyse, um das Wissenschafts- und das Fachverständnis sowie die methodischen Ansprüche zu ermitteln), Archivalien (eine Dokumentenanalyse mit Blick auf die Wissenschafts- und die Förderpolitik) sowie (biografische) Leitfadeninterviews mit den Protagonisten von damals, in denen es nicht nur um den persönlichen Hintergrund und die jeweilige Idee von Kommunikationswissenschaft ging, sondern auch um die Situation des Fachs im Untersuchungszeitraum (vgl. Meyen & Löblich 2007). Zusammengehalten (und inspiriert) werden all diese Quellen durch ein Kategoriensystem, das Löblich aus der Evolutionstheorie herleitet.

4 Befragung

Dieses Kapitel liefert alles, was man für ein Interview wissen muss – wenn Forschungsfrage, Kategoriensystem und Stichprobe stehen (Kapitel 2, 3). Zunächst werden die Befragungsformen systematisiert (nach der Zahl der Anwesenden, Kanal und Modus), um Tipps für die Methodenentscheidung geben zu können (online oder offline, mündlich oder schriftlich, einzeln oder in Gruppen). Der Erfolg des Interviews selbst hängt dann sowohl von dem Aufwand ab, den man in den Leitfaden steckt, als auch von der Fähigkeit, im Gespräch angemessen zu reagieren. Beides lässt sich üben und beides wird hier (soweit das im Trockentraining möglich ist) vorbereitet. Abgeschlossen ist ein Interview erst daheim am Schreibtisch: wenn das Protokoll geschrieben und das Tonband transkribiert ist.

Interviews machen Spaß. Menschen sind von Natur aus neugierig und interessieren sich am meisten für das, was andere Menschen tun – um die eigenen Fähigkeiten und das eigene Verhalten zu bewerten, um den eigenen Lebensentwurf zu legitimieren und um neue Ideen zu bekommen. Die Interviewer-Rolle ist deshalb mit einer unglaublichen Macht verbunden. Man darf in ein fremdes Leben und oft auch in einen fremden Alltag eintreten und nach Dingen fragen, auf die man unter normalen Umständen erst nach vielen Treffen oder erheblichen Alkoholmengen kommt. „Was ist Ihnen wichtig im Leben? Sind Sie zufrieden? Lohnt es sich finanziell, Journalist zu sein? Können Sie zuhause über Ihre Arbeit reden? Was treibt Sie ins Büro? Wie viel Macht hat ein Journalist, wie viel Macht haben Sie? Würden Sie den Beruf heute wieder wählen, wenn Sie noch einmal von vorn anfangen könnten?" (vgl. Meyen & Riesmeyer 2009: 57f.). Der Spaß ist dabei gleich verteilt. Wann stellt man solche Fragen, und wo gibt es für so etwas einen geduldigen Zuhörer? Vor allem bei Interviews von Angesicht zu Angesicht (weniger bei Gruppendiskussionen, am Telefon oder online) haben solche Gespräche immer etwas von einem Rechenschaftsbericht – jemand zieht vor unseren Augen die Bilanz seines Lebens oder wenigstens seiner Arbeit. Der Interviewer als Beichtstuhl und als Richter: Dies ist ein Grund, warum die Befragung in der qualitativen Sozialforschung dominiert und deshalb auch in diesem Lehrbuch den meisten Platz bekommt.

Dass der Spaß hier am Anfang steht, soll auch einen Werbeeffekt haben: Zieht hinaus in die Welt, liebe Leute, und hört euch an, was andere zu erzählen haben! Jeder neue

Gesprächspartner und jede neue Interviewsituation sind natürlich mit Hemmungen und Ängsten verbunden. Es gibt allerdings kaum etwas Schöneres, als solche Unsicherheiten abzubauen, zumal als Belohnung ein „Blick hinter die Kulissen" winkt. Dies gilt keineswegs nur bei Prominenten oder bei Berufsgruppen, an die man als Normalsterblicher kaum herankommt (etwa Chefredakteure oder Medienpolitiker), sondern auch bei ganz einfachen Menschen – immer vorausgesetzt, dass man sich in Milieus bewegt, die man nicht wie seine Westentasche kennt. Viele Studierende nutzen Interviewprojekte ganz folgerichtig als Testfeld: Was kommt auf mich zu, wenn ich mich als Wirtschaftsjournalistin selbstständig mache? Wie überlebt man als freiberuflicher Auslandskorrespondent? Wie sieht der Alltag einer Pressesprecherin aus und was muss man mitbringen, um in einem solchen Job zu bestehen? Eine Münchener Studentin hatte für ihre Magisterarbeit über die Mediennutzung von Hausfrauen und Hausmännern ein ganz persönliches Motiv: ein wohlhabender Freund, der sie vor allem als Schmuckstück und künftige Mutter sah. Als die Arbeit fertig war (Titel: „So großartig mit Weggehen ist halt nicht"), krempelte die Kandidatin ihr Privatleben um.

Bei allem Spaß sind wissenschaftliche Befragungen eine ernste Sache, die wie jedes Handwerk Arbeit und Übung verlangt, bevor man es zur Meisterschaft bringt. Dieser Satz ist als doppelte Warnung zu verstehen: Erstens gibt es ohne gründliche Vorbereitung keinen Erfolg, obwohl Leitfadeninterviews oder Gruppendiskussionen Situationen ähneln, die man aus dem Alltag kennt. Und zweitens mag dieses Kapitel zwar helfen (weil es Tipps gibt für Formulierungen, für die Komposition von Leitfäden sowie für das Nachfragen und weil es vieles von dem durchspielt, was bei solchen Gesprächen passieren kann), solche Erfahrungen aus zweiter Hand können aber nie und nimmer das Training selbst ersetzen.

Anders formuliert: Das zweite Interview wird normalerweise besser laufen als das erste und das dritte besser als das zweite. Selbst routinierte Forscher sind allerdings nicht vor Überraschungen gefeit. Bei der Interviewserie mit führenden DDR-Journalisten hat Günter Schabowski (erst Chefredakteur des SED-Zentralorgans *Neues Deutschland* und später Politbüromitglied sowie Maueröffner) die Interviewer mehr als irritiert, obwohl beide schon zwei Dutzend ähnliche Termine hinter sich hatten. Schabowski wollte ein Honorar (Wie viel Geld ist angemessen? Wie übergibt man das? Wird die Zusage zurückgezogen, wenn er einen Beleg unterschreiben muss?), führte seine Gäste in ein Zimmer mit nur einem Stuhl und ohne Tisch (Wie zeichnet man ein Gespräch auf, wenn man auf einer Bettkante sitzen muss?), ließ den Fernseher laufen (Ist es unhöflich, einen gesundheitlich angeschlagenen Top-Politiker zu bitten, auf den Knopf zu drücken?), reagierte auf den Einstieg gereizt („Mit solchen Fragen hatte ich nicht gerechnet. Warum wollen Sie das wissen?"), unterbrach das Gespräch dann mehrfach minutenlang wegen Schmerzen und wollte am Schluss unbedingt aus einem Text vorlesen, den er vor Jahren zum Interviewthema geschrieben hatte (vgl. Meyen & Fiedler 2011: 27f.). Gegenpol war hier Hans Modrow, der sich akribisch vorbereitet hatte, nach der Einstiegsfrage knapp zwei Stunden ohne Punkt und Komma sprach und von allein all das beantwortete, was laut Leitfaden eigentlich hätte gefragt werden müssen. Die Moral von der Geschichte: Das beste Lehrbuch schreibt der Forschungsalltag selbst.

Befragungsarten

Eher in den Elfenbeinturm scheint zunächst die Frage zu gehören, welche Formen der Befragung es gibt. Kapitel drei hat bereits vier Methoden genannt (Leitfadeninterview, Gruppendiskussion, Tagebuch und Experteninterview) und sowohl auf die jeweiligen Stärken und Schwächen hingewiesen als auch auf die damit verbundenen Einsatzgebiete (vgl. Abbildung 11, S. 60). Für die weitere Differenzierung gibt es mehrere Kriterien:

* *Zahl der Befragten*: Einzelgespräch, Paarinterview, Gruppendiskussion;
* *Kanal*: persönlich, telefonisch, online, ohne ständigen Kontakt (Tagebuch);
* *Modus*: mündlich, schriftlich.

Die einzelnen Ausprägungen lassen sich dabei in fast jeder Form kombinieren: Eine Gruppendiskussion kann zum Beispiel in einem besonderen Raum stattfinden (ausgestattet mit Videokamera und Mikrofon), aber auch als Telefonkonferenz oder Chat organisiert und im Internet via *Skype* sogar schriftlich geführt werden. Zwei andere Beispiele: E-Mail-Befragungen (einzeln, online, schriftlich) und Gespräche mit zwei Mädchen, die miteinander befreundet sind (persönlich, mündlich). Solche Paarinterviews (wenn man will: Gruppendiskussionen mit genau zwei Befragten) haben sich vor allem in der Arbeit mit Kindern bewährt. Zum einen sammelt man bei einem Termin gleich zwei „Fälle", und zum anderen (wichtiger) lässt sich die mehr als ungewöhnliche Situation (ein Fremder auf meinem Spielteppich) für die Befragten offenbar leichter meistern, wenn ein gleichaltriger Freund dabei ist (vgl. Pfaff-Rüdiger 2011, Behnke & Meuser 2002: 23).

Die Systematisierung von Befragungsarten ist keine akademische Spielerei, sondern als Hintergrund für die eigene Methodenentscheidung unerlässlich. Die Zahl der Anwesenden beeinflusst genau wie Kanal und Modus

* den Kreis der erreichbaren Personen („jede Methode sucht sich ihre eigene Stichprobe", vgl. Kapitel 3),
* den Grad der Reaktivität (am höchsten: einzeln und persönlich bei Themen, die den Intimbereich berühren),
* den (organisatorischen und emotionalen) Aufwand für die Befragten,
* die Informationen, die man über den einzelnen Teilnehmer bekommt, und
* die Vorbereitung der Interviewer.

Viel beschäftigte Personen sind zum Beispiel leichter für ein Telefongespräch zu gewinnen als für einen Hausbesuch (weil sie das Telefonieren gewöhnt sind und annehmen, dass dies schneller geht), die Interviewer wissen aber am Ende nicht, wie die Befragten aussehen, wie sie sich kleiden und bewegen oder in welchen Verhältnissen sie leben. Es ist außerdem schwieriger, einer Frage am Küchentisch auszuweichen oder den Gast gar hinauszukomplimentieren als den Hörer aufzulegen.

> *Faustregel*: Je mehr man über die Person des Befragten wissen muss, desto „näher" sollte man an ihn oder sie heranrücken (keine anderen Anwesenden, Modus und Kanal möglichst persönlich, also mündlich von Angesicht zu Angesicht).

Wie bei jeder Faustregel gibt es auch hier Haken: Manche Menschen sind nur online oder am Telefon zu befragen (weil sie nicht gesehen und erkannt werden wollen wie in der Studie von Sarina Märschel (2007) über magersüchtige Frauen), und oft reichen die Ressourcen nicht, um jeden Befragten zu besuchen.

Was mache ich mit diesem Wissen in der Praxis? Die Entscheidung für eine bestimmte Befragungsform (oder für eine Kombination) sollte von folgenden Kriterien abhängig gemacht werden (in dieser Reihenfolge):

- *Erkenntnisinteresse*: Was will ich wissen?
- *Zielgruppe*: Wen möchte ich befragen?
- *Ressourcen*: Welche Mittel und wie viel Zeit stehen mir zur Verfügung?
- *Persönliche Vorlieben*: Welche Befragungsart liegt mir am besten?

Online oder offline? Online und offline!

Online- oder Telefonbefragungen müssen dabei keineswegs nur mit mangelnden Ressourcen oder eigenen Präferenzen begründet werden. Natürlich spart es Zeit und Geld, wenn man nicht zu jedem Teilnehmer fahren oder keinen Raum organisieren muss, und gerade für Studierende ist es offenbar mehr als angenehm, wenn sich das Gespräch sozusagen von selbst transkribiert (bei E-Mail-Interviews oder Schrift-Chats). Auf den ersten Blick widersprechen solche Kanäle den Idealen qualitativer Sozialforschung, die möglichst tief in die Lebenswelt der Menschen eindringen und möglichst viele Informationen sammeln möchte, um sich der subjektiven Wirklichkeit zu nähern (Kromrey 2006: 32). Während über den Computer meist oberflächlich, unverbindlich und anonym kommuniziert wird (Beck 2006: 31), liefern persönliche Interviews nicht nur mehr Kontextwissen (Habitus, Kleidung, Wohnungs- oder Büroausstattung, Familienverhältnisse, materielle Situation), sondern sind für die Befragten auch ein Signal: Die Forscherin oder der Forscher nimmt sich Zeit, also bin ich wichtig. Dieser Aufwand wird honoriert, erst recht wenn zwei Interviewer kommen und vielleicht sogar noch weit gefahren sind. Telefon- oder Onlinebefragungen haben aber zwei Stärken:

- die Reaktivität ist geringer als bei persönlichen Gesprächen (man wird nicht gesehen, spürt keine nonverbalen Sanktionen wie den „strafenden Blick" und ist später auch nicht so leicht wieder zu erkennen), und
- man kann Menschen befragen, die im realen Leben schwer oder gar nicht erreichbar sind.

Der letzte Punkt gilt zunächst für Experteninterviews, bei denen es ohnehin weniger um die Person oder den Kontext geht (die Stärke persönlicher Gespräche), sondern um exklusives Wissen (vgl. Kapitel 3). Die Träger solchen Wissens sind in der Regel viel beschäftigt, und dass sie in der gleichen Stadt leben wie die Forscherin oder der Forscher, dürfte eher die Ausnahme sein. Auch bei Leitfadeninterviews und Gruppendiskussionen erweitert die Technik den Aktionsradius:

- *geografisch*: Menschen, die weit entfernt leben;
- *sozial*: Ober- und Unterschichtenangehörige (etwa: Arbeitslose) sowie geächtete Minderheiten wie Magersüchtige oder *Counterstrike*-Spieler, die den direkten Kontakt scheuen, dafür keine Zeit haben oder niemanden in ihre Wohnung lassen möchten;
- *körperlich*: Behinderte oder Menschen mit einem Makel, die nicht zu Gruppendiskussionen kommen können oder wollen, sowie
- *psychologisch*: schüchterne oder gehemmte Menschen, die sich anonym eher äußern und es bei Diskussionen leichter haben, wenn sie in ihrer vertrauten Umgebung bleiben dürfen (vgl. Stewart & Williams 2005: 396f.).

Beide Stärken (weniger Reaktivität, größere Auswahl) sind online noch deutlicher ausgeprägt als am Telefon (wo der Schutzwall der Anonymität etwas kleiner ist). Martina Fischer und Senta Pfaff-Rüdiger (2010) haben die Protokolle von Leitfadeninterviews und Gruppendiskussionen verglichen, die zu den gleichen Themen (Internetnutzung, *sueddeutsche.de* sowie *StudiVZ*) und mit ähnlichen Leitfäden sowohl online (schriftlich via *Skype*) als auch offline geführt wurden. Die wichtigsten Ergebnisse (vgl. Meyen & Pfaff-Rüdiger 2009: 31-34):

- Die Online-Varianten kosteten etwa doppelt so viel Zeit. Schreiben dauert länger als Sprechen.
- Die soziale Situation ist im Internet ganz ähnlich wie bei einem persönlichen Treffen. Auch online erzeugte die Rekrutierung über Dritte die größte Verbindlichkeit (vgl. Kapitel 3, S. 74), und die Teilnehmer haben sich keineswegs (wie in der Literatur oft befürchtet) einfach per Mausklick verabschiedet, auch wenn sie hin und wieder nebenbei etwas anderes gemacht haben.
- Von Angesicht zu Angesicht war der Interviewereinfluss größer. Vor allem Männer haben sich im persönlichen Gespräch bemüht, die Interviewerinnen zu beeindrucken.

- Die Online-Protokolle waren zwar kürzer, enthielten aber die gleiche Informations-
menge wie bei den persönlichen Interviews. Im Schriftchat sind die Antworten nicht
nur stärker verdichtet, sondern auch reflektierter. Die Befragten lassen sich etwas
mehr Zeit und verbessern ihre Aussagen teilweise auch.
- Online sprachen die Befragten erheblich offener über Dinge, die man als „guter Bürger" nicht tut oder wenigstens nicht zugibt – über illegale Downloads von Musik und
Filmen, über Trash-Formate im Fernsehen, über Einstellungen, die am rechten oder
linken Rand des politischen Spektrums zu finden sind, über Erfahrungen mit Drogen
und über Schulden, über psychische Probleme und über die Suche nach One-Night-
Stands im Netz.

Dieser Methodenvergleich war dabei nur ein Nebenprodukt. In den Ursprungs-Studien
wurden Online- und Offline-Varianten kombiniert, um sich bei der Suche nach Teilnehmern nicht auf eine Region beschränken zu müssen oder um überhaupt genügend
Menschen zu finden, die mitmachen. Julia Weiß scheiterte zum Beispiel bei dem Versuch, für ihre Gruppendiskussionen über *sueddeutsche.de* Mitglieder des Forums *sued-
cafe* zu gewinnen. Kaum einer der 100 kontaktierten „Heavy-User" war bereit, seine
Identität zu lüften (nicht einmal gegenüber einer Studentin). Die Online-Diskussion
senkte diese Schwelle, zog dafür aber vor allem Menschen mit einer hohen Technik-
Affinität an (unter anderem einen Webdesigner, einen Softwarearchitekten und einen
Softwaretrainer). Im Chat ging es dann viel stärker um technische Details der Seite als
in den Offline-Diskussionen, und die Herren versuchten außerdem, sich gegenseitig
mit Know-how und Wissen um die neuesten Internet-Trends zu übertrumpfen (Weiß
2009a: 237-239).
    Welchen Einfluss Kanal und Modus auf die Stichprobe und die Ergebnisse haben
und warum es sich lohnt, unterschiedliche Befragungsformen zu verbinden, zeigt auch
die Untersuchung von Sandra Löffler über die Internetnutzung von Homosexuellen.
Ein Lehramtsstudent (28 Jahre) sagte den Termin zum Beispiel ab, als er hörte, dass die
Interviewerin zu ihm nach Hause kommen wolle. An einer Onlinebefragung hatte er
dagegen nichts auszusetzen – auch weil das Chatten mit Unbekannten zu seinen Alltagsroutinen gehört. Bei den sechs persönlichen Gesprächen, die Löffler führte, „entwickelten beide Seiten schnell ein Gespür für den anderen und konnten so angemessen
aufeinander eingehen. Mimik und Gestik waren sichtbar, Emotionen offensichtlich.
Das Einschätzen der Befragten fiel dadurch deutlich leichter." Ihre fünf Onlinegespräche
waren zwar „eher unpersönlich" (Löffler 2009: 193), dafür erzählten die Befragten hier
aber Dinge, die in den anderen Interviews entweder vollkommen unter den Tisch gefallen waren (Suche nach Sexualpartnern im Netz, häufig wechselnde Lust-Beziehungen)
oder nur angedeutet wurden (Lesben- und Schwulenhass, Ausgrenzung in der Familie
und im Wohnort). Ohne die schriftlichen Chats hätte Löffler nicht nur einige Teilnehmer verloren (und damit vermutlich Teile der homosexuellen Lebenswelt), sondern
auch nicht so gut herausarbeiten können, wie das Internet beim Coming-out, bei der

Orientierung in der Szene und bei der Integration hilft – ein geschützter Raum, in dem das (tendenziell feindliche) Meinungsklima durch die Anonymität nicht wirkt und den vermutlich auch „andere Gruppen abseits des Mainstreams" so nutzen (Löffler 2009: 207f.).

Wenn hier die Vorteile von Onlinegesprächen hervorgehoben werden, dann soll dies nicht darüber hinwegtäuschen, dass nicht jede Befragungsform für jedes Thema geeignet ist. Für Onlinebefragungen gibt es zwei Voraussetzungen:

- Die Interviewpartner müssen genau wie die Interviewer mit dem Kommunikationskanal vertraut sein, am besten durch regelmäßige Nutzung (conditio sine qua non). Dies dürfte vor allem bei jungen Leuten zu erwarten sein und erst recht bei Onlinespielern, die oft stundenlang im Netz sind und dabei zwangsläufig mit den anderen Gilden- oder Clanmitgliedern kommunizieren. DDR-Journalisten dagegen oder Professoren für Kommunikationswissenschaft sollte man lieber persönlich befragen.
- Geld und Zeit reichen nicht für persönliche Interviews und die damit verbundenen Transkriptionen.

Das Ressourcenargument ist vor allem dann schwach, wenn Erkenntnisinteresse und Kategoriensystem eigentlich direkten Kontakt erfordern. Die Domestizierung des Fernsehens zum Beispiel (der Einzug des Geräts in den Haushalt und seine Integration in das Alltagshandeln und das Medienrepertoire, vgl. Röser 2007) lässt sich schlecht untersuchen, wenn man nicht bei den Befragten daheim gewesen ist. Spieler von *World of Warcraft* dagegen sind durch ihre Leidenschaft oft so stark eingebunden, dass sie überhaupt keine Zeit für Besuch haben. Interviews können sie trotzdem geben: in einem neuen PC-Fenster oder nebenbei am Telefon (vgl. Fischer 2009a). Aus diesem Wissen und aus den Stärken von Onlinebefragungen lassen sich drei Haupteinsatzgebiete ableiten:

- Themen, die mit dem Kommunikationskanal zu tun haben (wie die Nutzung von *World of Warcraft, StudiVZ* oder *sueddeutsche.de*),
- Themen, bei denen es besonders wichtig scheint, die Reaktivität und damit den Anteil sozial erwünschter Antworten zu senken (was neben Onlinerollenspielen oder der Mediennutzung von Homosexuellen sicher auch für andere Gruppen oder Verhaltensweisen mit einem negativen Image gilt), und
- Themen, die die Befragung von anderweitig schwer erreichbaren Menschen erfordern.

Bei Leitfadeninterviews und noch stärker bei Gruppendiskussionen, die online geführt werden, sind die Moderatoren auf besondere Weise gefordert. Ohne social cues (Stimmlagen, Pausen, Betonungen, Lachen), die persönliche Gespräche steuern und auch in die Interpretation einfließen können, ist es weit schwieriger, auf den anderen zu reagieren sowie Aufmerksamkeit und Anteilnahme zu signalisieren (vgl. Keuneke 2005), auch wenn Großbuchstaben und Abkürzungen eingesetzt werden und der Kommunikationsstil so eher an gesprochene Sprache als an Briefverkehr erinnert (vgl. das Beispiel auf dieser Seite). Online-Gespräche haben außerdem weniger „flow" (weil Tippen und Lesen länger dauern als Sprechen und Zuhören) und wirken manchmal chaotisch (weil Fragen und Antworten zum Teil parallel eingehen und die Themen vor allem bei Gruppendiskussionen schnell wechseln, vgl. Kazmer & Xies 2008: 268, Rezabek 2000: 17). Martina Fischer (2009b) hat Moderatorinnen und Interviewerinnen nach ihren Erfahrungen gefragt und folgende Tipps bekommen:

- Emoticons einsetzen;
- in einem Extra-Fenster eine Datei mit ausformulierten Fragen bereithalten, die bei Bedarf schnell kopiert werden können;
- die Teilnehmer von Gruppendiskussionen bitten, immer ein „@Name" einzufügen, damit klar ist, worauf sich der Kommentar bezieht (vgl. das Beispiel für einen Online-Chat zu *StudiVZ*).

 Online-Chat zu StudiVZ (Meyen & Pfaff-Rüdiger 2009: 33f., Wolf 2009)

[20:08:57] Nina: StudiVZ war so ziemlich das Erste, wo alle Komilis, viele Freunde & Abi-Bekannte sind + Fotoalben + gruscheln etc. Deswegen nutze ich es oft und gerne, bei MySpace & wer-kennt-wen bin ich nur sehr selten zu finden.

[20:09:09] Sepp: Also StudiVZ eigentlich nur, weil FB (Facebook) zu Beginn auf den amerikanischen Markt ausgelegt war. Des Weiteren dann noch Netzwerke wie: Xing, Facebook (aber eher passiv) und lokalisten.de (für Personen aus der Nähe).

[20:09:52] Sam: Naja, der StudiVZ-Freundesbegriff ist meiner Meinung nach sehr verwässert. Da bist du ja schon ein Freund von jemandem, den du vielleicht erst 2 Tage kennst. Für ne Beliebtheitsskala total ungeeignet.

[20:09:57] Nina: @Jakob: ja FREUND ist auch im StudiVZ nicht gleich FREUND...aber zum Glück muss man da keine Abstufungen treffen, wäre für den einen oder anderen sicher nicht so toll.

[20:10:21] Sepp: Sofern es ja auch eine Weile gedauert hat, dass StudiVZ nachgezogen ist – immerhin, der große Bruder FB bietet mehr, ist aber, wie Madita bereits gesagt hat, User-unfreundlich, da vollkommen überladen.

[20:10:51] Fritz: @Sam: Sehe ich genauso. Wirkliche Freunde sind da nur die wenigsten.

[20:11:00] Sam: @ Nina und Fritz: jep. Sehe ich auch so.

[20:11:42] Jakob: @Nina, auf jeden Fall, besonders wenn sich Leute neu einloggen, adden sie wirklich erstmal alles, was nicht bei 3 hinterm Haus ist.

[20:11:54] Moderator: fändet ihr es dann gut, wenn man noch Abstufungen machen könnte zwischen Freunden und Bekannten?

[20:11:58] Nina: aber zu sehen wer wen über wen kennt, den man auch kennt ist schon manchmal ganz lustig: die Welt ist klein :)

[20:12:16] Sepp: hehe

Konstruktion des Interviewleitfadens

Egal ob online oder offline, ob einzeln oder in einer Gruppe: Die Qualität von Befragungen steht und fällt mit dem Interviewleitfaden. Gerade Anfänger unterschätzen
die Bedeutung dieses Untersuchungsinstruments häufig. Genau wie der Fragebogen bei
einer quantitativen Studie vermittelt der Leitfaden zwischen Theorie und Empirie. Die
Betonung liegt hier in beiden Fällen auf dem Wort „vermitteln". Forschungsfrage, theoretischer Hintergrund oder Hypothesen sind nicht einfach direkt an die Befragten wei-
terzugeben (also nicht: „Warum klicken Sie Nachrichten-Videos an? Machen Sie das,
weil es schneller geht als bei längeren Texten? Schauen Sie bestimmte Videos an, weil
Ihnen der Inhalt lebendiger, greifbarer und damit intensiver zu sein scheint?"), sondern
müssen operationalisiert werden (vgl. Kvale & Brinkmann 2009: 132f.) – ein Prozess,
der Zeit und Mühe kostet. Bei einem Leitfaden handelt es sich um eine Liste mit Fragen
und Intervieweranweisungen, die ausformuliert sowie in eine bestimmte (nicht belie-
bige) Reihenfolge gebracht worden sind. Diese Liste

- deckt alle Themen ab, um die es bei der Befragung gehen soll (bei einer Interviewserie
  auch nötig, um die Vergleichbarkeit zu sichern),
- gibt dem Interviewer Sicherheit (man kann nichts vergessen und hat etwas, woran
  man sich beim Gespräch festhalten kann), und
- dient zugleich als Wissens-Stütze.

Bei der Studie zu den DDR-Journalisten standen dort zum Beispiel neben den Karrierestationen der Befragten Namen und Amtszeiten von Partei-, Staats- und Verbands-
funktionären oder von Chefredakteuren, auf die das Gespräch vielleicht kommen
würde, und bei Untersuchungen zur Nutzung einzelner Medienangebote ist es sinnvoll,
sich aktuelle Daten aus der Mediaforschung oder die Namen von bestimmten Journalisten zu notieren, um Nachfragen beantworten zu können oder Argumente zur Hand zu
haben. Jeder Leitfaden wird in drei *Arbeitsschritten* konstruiert:

- Festlegung der *Themen* (abgeleitet aus dem Kategoriensystem und damit aus dem
  Erkenntnisinteresse und dem theoretischen Hintergrund, vgl. Kapitel 2),
- *Operationalisierung*: Formulieren von Haupt- und Unterfragen (vgl. die Beispiele ab
  S. 100) sowie Vorbereiten von spielerischen Elementen oder Kreativteilen (vgl. Ab-
  bildung 14 und 15) und (eng damit zusammenhängend)
- *Komposition*: Festlegung der Reihenfolge.

Bei der Studie „Internet im Alltag" diktierte das Kategoriensystem die drei Themenbe-
reiche: Lebenslauf und aktuelle Lebenssituation, Mediennutzung sowie Internet im Alltag (vgl. Kapitel 2, S. 37). Die Beispiele (S. 100) zeigen, wie das Erkenntnisinteresse im
Leitfaden umgesetzt wurde. Zu Beginn jedes Interviews wird dabei eine Art informeller

Vertrag ausgehandelt („Einstieg"). Auch wenn der Befragte bereits bei der Terminabsprache oder von den Vermittlern (bei einer Rekrutierung über Dritte) informiert worden ist, sollte noch einmal erzählt werden,

- wer man ist, worum es geht und wer alles befragt werden soll (Thema, Entstehungskontext: etwa ein Seminar oder die Abschlussarbeit),
- was alles passieren wird (ungefähre Dauer, Aufzeichnung per Tonband, eventuell
  Weitergabe des Protokolls an andere Forscher),
- worauf es ankommt (einfach offen sprechen, keine Angst vor falschen Antworten)
  und
- was nicht zu befürchten ist (Aufhebung der Anonymität, Veröffentlichung ohne Au-
  torisierung).

 Interviewerlegitimation

Prof. Dr. Michael Meyen
Universität München
Institut für Kommunikationswissenschaft und Medienforschung
Schellingstraße 3
80799 München

Bestätigung für Hans Krankl
Hans Krankl studiert am Institut für Kommunikationswissenschaft und Medienforschung der Universität München und arbeitet im Sommersemester 2010 in einem Forschungsseminar mit dem Titel „Medien im Alltag" mit. Jeder Teilnehmer
dieses Seminars führt zwei Interviews, in denen der Alltag des Befragten, die Ausstattung des Haushalts mit Medien (Fernsehgerät, Radios, Zeitungsabonnements
usw.) sowie der Umgang mit den Medienangeboten thematisiert werden. Ich leite
das Seminar und bitte darum, Hans Krankl bei seinen Recherchen zu unterstützen.
Für Rückfragen stehe ich selbstverständlich zur Verfügung.

(Prof. Dr. Michael Meyen)

 Faustregel: vor Beginn des Interviews so viele Informationen wie möglich und wie
vom Gegenüber gewünscht.

Anders formuliert: auf jede Rückfrage eine Antwort und keine Ausflüchte oder Notlügen.
Diese Regel greift schon beim Erstkontakt und wird hier auch deshalb herausgestrichen,
weil Studierende immer wieder fragen, ob das Ergebnis nicht verzerrt werde, wenn die
Befragten sich vorbereiten können (vgl. Thomae 1968: 117). Erstens helfen Informationen, Misstrauen und Ängste abzubauen, zweitens fördert es den Redefluss eher, wenn

die Teilnehmer das Thema schon einmal für sich durchgespielt haben, und drittens ist es mit einem guten Leitfaden trotzdem möglich, die Gesprächspartner zum Nachdenken anzuregen und herauszufordern.

Die konkreten Frageformulierungen sollte man folglich nur im Ausnahmefall herausgeben – wenn man genau diese Person unbedingt befragen möchte und sonst eine Absage droht. Sind die Interviewer unsicher oder die Befragten besonders misstrauisch, kann man auch mit schriftlichen Bestätigungen arbeiten (auf dem Briefpapier der Universität, vgl. das Beispiel auf S. 92) oder ein Kurzexposé zum Projekt herausgeben (vgl. Fuchs 1979).

Abbildung 13: Fragearten

Methodisch (Kriterium: Vorgabe von Antwortmöglichkeiten)
geschlossen (Begrenzung in der Frage enthalten): Wie alt sind Sie? Haben Sie ein Abonnement? Wie lange surfen Sie normalerweise im Internet?
offen (Gefahr: Weitschweifigkeit, Wesentliches übersehen): Was ist Ihnen wichtig im Leben? Stellen Sie sich vor, das Internet wäre eine Person. Wie würden Sie diese Person beschreiben? Muss sich das Fernsehen mit Geschichte beschäftigen? Hat man davon nicht schon in der Schule genug gehört?
Inhaltlich
Sachfragen (Tatsachen, objektive und subjektive Sachverhalte): Waren Sie heute schon im Netz? Seit wann sind Sie in dieser Redaktion?
Problemfragen (kausale Merkmale eines Erkenntnisobjekts): Warum hat der Verleger die Volontäre nicht übernommen? Was würden Sie an seiner Stelle tun, um die Krise zu meistern?
Meinungsfragen (Urteile, Bewertungen): Sind Sie mit Ihrem Leben zufrieden? Fühlen Sie sich durch Ihre Zeitung gut informiert?
Motivfragen (Beweggründe): Was erwarten Sie von einer guten Geschichtssendung? Was würden Sie Ihrer Freundin an *Glamour* empfehlen?

Quelle: eigene Darstellung

Das Wort „Eisbrecher" wurde in die Beispielleitfäden (S. 100) aufgenommen, weil es in keinem Praxisratgeber fehlt. Eigentlich handelt es sich dabei um eine Selbstverständlichkeit, die für jede Begegnung mit anderen Menschen gilt: Man bezieht sich auf die Umgebung („schöner Blick hier"), auf das Wetter („Ist es in Berlin immer so kalt?") oder auf den Alltag („Haben Sie schon gegessen?"), um in ein Gespräch zu kommen. Während dies spontan passiert und kaum vorbereitet werden kann, ist die Formulierung von Fragen ein Handwerk, das man sich als Interviewer unbedingt aneignen sollte. Abbildung 13 nennt nur zwei der vielen Möglichkeiten, Fragearten zu systematisieren. Die Unterscheidung geschlossen vs. offen ist wichtig, weil es hier um den Rhythmus des Gesprächs geht. Wer das Antwortspektrum stets begrenzt, wird sich wie bei einem demoskopischen Interview fühlen, und wer nur ganz allgemein und offen fragt, hat am Ende vielleicht zwei Stunden Tonband gefüllt, aber wichtige Fakten ausgelassen. Wenn in Methodenlehrbüchern vor geschlossenen Fragen gewarnt (weil sie angeblich „einsilbige Antworten provozieren") und behauptet wird, qualitative Interviews „basieren ausschließlich auf offenen Fragen" (Keuneke 2005: 255, 263), dann muss damit eine andere Art von Forschung gemeint sein.

 Empfehlung: abwechselnd offene und geschlossene Fragen stellen. Monotonie vermeiden.

Die Unterscheidung von inhaltlichen Fragearten (Abbildung 13) hat einen anderen Hintergrund. Während Sach- und Problemfragen in der Regel leicht zu beantworten sind (weil man sich auf Fakten beziehen kann oder auf etwas, was andere vorformuliert haben), gehört die Erkundung von Motiven und Bewertungen zu den schwierigsten Forschungsfeldern überhaupt. Beide haben stets ein bestimmtes Image, sind oft unbewusst und liegen außerdem nah am Intimbereich. Beweggründe und Urteile können etwas sehr Persönliches sein – etwas, worüber man mit einem Fremden nicht gern spricht. Dolf Zillmann hat deshalb sogar generell vor Befragungen gewarnt und sich bei seinen Studien zum Mood Management auf Experimente gestützt. Von Befragungen dürfe man keine tief greifenden Einsichten erwarten, weil der Mensch normalerweise gar nicht wisse, warum er über einen Witz lache oder warum ihn ein Musikstück in gute Stimmung versetze, und so wahrscheinlich nur das sagen werde, was ihm früher einmal an Motiven beigebracht worden sei. Wenn er doch eine Ahnung habe, warum ihm etwas gefällt, sei er entweder zu gehemmt, um seine Beweggründe preis zu geben, oder neige dazu, akzeptablere Motive zu nennen. So käme dann zum Beispiel heraus, dass die Leute Horror und Action wegen der Spezialeffekte sehen und Erotikfilme, um sich über Sexualität zu informieren (Zillmann 1994: 42f.).

Diese Zweifel lassen sich leicht verallgemeinern: Egal ob es um Mediennutzungsmotive geht, um die Ziele von Journalisten und PR-Beratern oder um die Antriebsmotoren der Internetpolitik: Da die Befragten immer versuchen werden, ihr Handeln und ihre Ansichten vor sich selbst und vor den Interviewern zu legitimieren, ist stets eine „Verzerrung zugunsten des Vernünftigen und sozial Anerkannten" eingebaut (Meyen 2004: 71f., Staab & Hocker 1994: 162f.).

Qualitative Sozialforschung hat für diese Herausforderung zwei Lösungen. Zum einen stützt sich jede Studie auf ein theoretisches Konzept, das Interpretationen erlaubt, die über das hinausgehen, was die Befragten erzählen (und dabei oft auch über das, was sie über sich selbst wissen, vgl. Kapitel 2), und zum anderen kann man die Fragen so formulieren, dass die Hürden der sozialen Erwünschtheit sinken. Dafür gibt es mehrere Möglichkeiten (vgl. auch Kvale & Brinkmann 2009: 135f.):

- *Motive, Einstellungen oder Bewertungen vorgeben, um den Druck des Meinungsklimas abzubauen*: „Man kennt Journalisten, die ein politisches Ziel verfolgen. Andere sagen, sie arbeiten nur wegen des Geldes, oder verweisen auf die Zufälle des Lebens, die den Beruf bestimmen. Was treibt Sie ins Büro?";
- *indirekt fragen*: „Wo sollte sich Ihrer Meinung nach jemand bewerben, der heute Journalist werden will?" – eine Frage, die nicht nur auf die Bewertung der eigenen Ausbildung zielt, sondern auch auf eine Einschätzung der gegenwärtigen Arbeitsmarktsituation;
- *Gegenargumente in die Frage bringen* (Projektivtechnik): „Nun habe ich von Leuten gehört, die Journalisten für eitel halten und meinen, dass es im Beruf eigentlich nur darum gehe, seinen Namen gedruckt zu sehen oder sogar auf der Straße erkannt zu werden."

Wichtigstes Qualitätskriterium für eine Frage ist dabei, dass sie den Interviewpartner zum Reden anregt. Wenn man nach zwei Terminen merkt, dass auf bestimmte Formulierungen kaum reagiert wird, sollte nachgebessert werden. *Gute Fragen*

- beziehen sich auf den Interviewpartner und dessen Erfahrungen,
- sind kurz, konkret, nicht mehrdeutig und leicht zu verstehen (enthalten also weder Verschachtelungen noch Fachbegriffe oder Fremdwörter),
- regen den Befragten zum Nachdenken an, fordern ihn heraus und schockieren ihn vielleicht auch,
- suggerieren die Antwort nicht („Es stimmt doch, dass Ihr Verleger seine Leute ausbeutet?") und
- werden taktvoll sowie mit Einfühlungsvermögen gestellt (nicht kumpelhaft oder leutselig).

Der letzte Punkt ist über die Formulierungen im Leitfaden nur bedingt abzusichern. Ob ich eine Frage stelle, die mein Gegenüber schockieren könnte, hängt zum Beispiel immer auch davon ab, wie ich die „Chemie" zwischen den Gesprächspartnern gerade einschätze. Drei Beispiele für *gute Fragen*:

- Ist *Glamour* etwas für Männer?
- Wenn Sie morgen Chefredakteurin wären: Was würden Sie ändern und was nicht?
- Welchen Wunsch würden Sie sich erfüllen, wenn Geld keine Rolle spielen würde?

Alle drei Fragen sind kurz, unerwartet und spannend: Es lohnt sich, darüber nachzudenken, und die Antworten geben Einblick in Nutzungsmuster, Motive und Identität. Ein junger Wissenschaftler erzählte zum Beispiel, dass er sich einen Mercedes-Oldtimer kaufen würde – ein Auto, das ewig halten werde, das sonst niemand habe und mit dem er ruhig durch die Landschaft rollen werde, die Frau seines Lebens an der Seite. Dieser

Mann liest jeden Morgen anderthalb Stunden in einer Qualitätszeitung und sagte, eines Tages werde er sicher der letzte Abonnent sein. Das Interesse an dem einen großen Wunsch war viel besser geeignet, den Zusammenhang zwischen konservativer Orientierung, Distinktionsanspruch und Medienrepertoire herauszuarbeiten, als jede direkte Frage (etwa: „Welchen Werten fühlen Sie sich eigentlich verpflichtet?"). Vielleicht noch zwei Beispiele für *schlechte Fragen* (die so in Transkripten standen):

- Die erste Frage klingt sehr allgemein. Das wäre einfach die Frage, woran Sie zurzeit arbeiten. Und das würde ich aber gerne noch in drei Hinsichten spezifizieren. Welche Probleme wollen Sie lösen, was sind Ihre Forschungsgegenstände und welche Methoden nutzen Sie? Soweit ich sehe, arbeiten Sie auch experimentell?
- Wie war das eigentlich mit Herrn x, der zwar nicht in den Sonderforschungsbereich gekommen war, aber was sowohl von Ihrer Seite als auch von seiner Seite geplant war, ganz am Anfang (vgl. Gläser & Laudel 2009: 141)?

Frage eins ist viel zu lang, beginnt mit einer unnötigen Entschuldigung und endet mit einer Suggestion. Worauf genau soll der Befragte hier antworten? Ganz abgesehen von den Sprüngen und von den Formulierungen: Da es sich offensichtlich um einen Wissenschaftler handelt, wäre für diese Frage kein Interview nötig gewesen. Themen und Methoden dürften über die Webseite und über Veröffentlichungen erschließbar sein. Wenn der Befragte unter Zeitdruck steht und schlecht gelaunt ist, beendet er an dieser Stelle das Gespräch. Besser einfach nur: „Woran arbeiten Sie zurzeit?" Frage zwei ist fast noch schlechter. Offenbar weiß der Interviewer hier schon alles (er kennt jedenfalls die früheren Pläne des Befragten) und sucht nur nach Bestätigung. Besser: „Ist Herr x beim Sonderforschungsbereich an seinem Parteibuch gescheitert?" Oder: „Warum wollten Sie damals eigentlich unbedingt Herrn x holen?"

Um das Frage-Antwort-Spiel zu unterbrechen und das Interview aufzulockern, bieten sich *Kreativelemente* an – Passagen, in denen die Teilnehmer auf etwas reagieren müssen (Medienangebote, Fotos von Personen oder historischen Ereignissen, Kärtchen) oder selbst etwas gestalten (auf Papier und Leinwänden oder mit Spielzeug). Der Phantasie sind dabei kaum Grenzen gesetzt:

- Einfach einbauen lassen sich TV-Ausschnitte oder Zeitschriften- und Zeitungsausgaben, über die dann gesprochen werden kann (vor allem in Gruppendiskussionen).
- In der Studie „Internet im Alltag" wurden den Befragten zwei Listen mit Medienangeboten und Internetanwendungen vorgelegt. Auch die Beobachtung am Schluss war ein Kreativelement (vgl. S. 100-102).
- Carmen Heubuch (2007) wollte mit Acht- bis Elfjährigen über ihre Lieblingszeitschrift reden, ließ die Befragten dafür vorab eine Collage basteln und schlug so zwei Fliegen mit einer Klappe: Zum einen waren die Kinder gezwungen, sich mit dem Thema zu beschäftigen, und zum anderen hatte man etwas, worüber man leicht

reden konnte. Ganz nebenbei entstanden so noch Hilfsmittel für die Interpretation sowie Illustrationen für den Forschungsbericht (vgl. Abbildung 14).

- In einer Seminarstudie zum Thema „Identität und Mediennutzung" sollten die Befragten Kärtchen nach ihrer Wichtigkeit sortieren, auf denen verschiedene Lebensbereiche genannt wurden („Welcher Bereich bedeutet Ihnen sehr viel und welcher eher nicht so viel?", vgl. Abbildung 15).
- Um etwas über die Programmpräferenzen zu erfahren, bekamen die Teilnehmer an Gruppendiskussionen zum Thema „Geschichte im Fernsehen" eine ganze Palette mit Kärtchen, auf denen (reale und fiktive) Sendungstitel standen. Jeder Teilnehmer sollte den Titel ziehen, den er besonders spannend fand („Wenn Ihr Lieblingsthema nicht dabei sein sollte, dann gibt es hier auch weiße Kärtchen, wo Sie einfach einen Titel eintragen können", vgl. Meyen & Pfaff 2006).
- Sonia Livingstone (2007) ließ Kinder ihr Wunschzimmer zeichnen. Auf den Bildern dominierten dann technische Geräte und Bildschirme für fast jeden Zweck.

 Empfehlung: Kreativelemente unbedingt einbauen, aber den Einsatz nicht übertreiben.

Auch wenn in der Praxis sehr unterschiedliche Leitfadenformen genutzt werden und sich der Grad der Verbindlichkeit unterscheidet (abhängig auch von der jeweiligen Schule qualitativer Sozialforschung, vgl. Kapitel 1), kann man auch für die Komposition Tipps geben:

- *Umfang*: 15 Hauptfragen (Richt- und Erfahrungswert);
- *Narrativer Einstieg*: Es hat sich bewährt, mit einer offenen Frage zu beginnen, die dem Befragten die Möglichkeit gibt, über sich selbst zu erzählen. Beispiele: Vielleicht kommen wir am Anfang kurz zum Biografischen: Wann und wo sind Sie geboren, was haben Sie gelernt, wie ist es dann weiter gegangen? Stellen Sie sich vor, ein Lexikon würde zu Ihrer Person einen Eintrag aufnehmen. Was würde dort stehen?
- *Wichtiges hervorheben*: Hauptfragen (die unbedingt zu stellen sind) durch Stütz- oder Unterfragen sowie durch Informationen zum Thema ergänzen (hilfreich vor allem bei wortkargen Partnern, bei denen ad hoc neue Fragen formuliert werden müssen, um das Gespräch am Laufen zu halten, vgl. S. 103f.);
- *Reihenfolge*: vom Allgemeinen (Biografie, Karrierestationen, Alltag) zum Besonderen (Medien- oder Internetnutzung, Arbeitsbedingungen, berufliches Selbstverständnis), von Sach- und Problemfragen zu Meinungs- und Motivfragen;
- *Kreativelemente* einbauen;
- *Offenes Ende*: Sowohl bei Leitfadeninterviews als auch in Gruppendiskussionen hat es sich bewährt, den Ball zum Schluss an die Befragten zurückzuspielen und die Tür für spätere Nachfragen (Telefon, Mail) nicht zu schließen (vgl. Beispiele, S. 100-104).

Abbildung 14: Kreativelement I – Meine Lieblingszeitschrift

Margit, 9 Jahre, *Wendy. Quelle:* Heubuch 2007

Timo, 10 Jahre, *Bravo Sport. Quelle:* Heubuch 2007

Leitfadenbeispiel I – Internet im Alltag

I. Ziele:
- Nutzungsmuster, Nutzungsmotive und Bewertung der Internetangebote
- Bedeutung des Internet im Alltag der Menschen

II. Focus:
Jetzt-Zeit (im Idealfall wird der/die Befragte selbst auf Veränderungen im Zeitablauf eingehen – etwa: „Bis ich ausgezogen bin, habe ich die Zeitung regelmäßig online gelesen, meine Frau hatte dann aber ein Abo. Seitdem lese ich abends gemütlich auf dem Sofa.")

III. Interviewthemen:
1. Eisbrecher; Einstieg: Erklärungen zum Projekt, zur Aufzeichnung und zur Anonymität
2. Lebenssituation („narrative Phase"): Alltagsstrukturen (Arbeit, Freizeit), Wohnung, Familie, Einkommen/Bildung (materielle Lage), Bewertung des eigenen Lebens

   Vielleicht erzählen Sie zu Beginn etwas über sich, damit ich mir ein Bild von Ihnen machen kann.
   Was machen Sie, wenn Sie nicht arbeiten?
   Was ist Ihnen wichtig im Leben?
   Sind Sie mit Ihrem Leben zufrieden?
3. Mediennutzung: Ausstattung, Nutzungsmuster, Motive, Bewertung
   Jetzt interessiere ich mich für Ihre Mediennutzung, für die Zeitungen, die Sie lesen, für Radiohören, für Fernsehen, also für das, was es schon vor dem Internet gab. Ich habe hier eine Liste, auf der einige solcher Angebote stehen. Vielleicht können wir uns das zusammen anschauen, was Sie besonders gern mögen und was für Sie überhaupt nicht in Frage kommt.

   Liste vorlegen: *Bayern 3, Deutschlandfunk, Radio Gong, Tagesschau (ARD), RTL aktuell, Wiso (ZDF), Anne Will (ARD), CSI Miami, Gute Zeiten, schlechte Zeiten (RTL), Richterin Barbara Salesch (SAT.1), Rosamunde Pilcher (ZDF), Wer wird Millionär? (RTL), Sportschau (ARD), Germany's Next Topmodel, Schlag den Raab (ProSieben), Musikantenstadl (ARD), Bildzeitung, Münchener Merkur, Frankfurter Allgemeine Zeitung, Spiegel, Brigitte, Schöner Wohnen.*

   immer: nach Motiven und nach typischen Nutzungssituationen fragen (allein, in Familie usw.)
   wichtig: am Ende sollte man ein Bild von den oben genannten Punkten haben
   Beispielfragen:
   Mein Nachbar sagt, dass man gar keine Tageszeitung mehr brauche. Ihm reichen die *Tagesschau* und die Lokalnachrichten im Radio oder in den Anzeigenblättern.
   Es gibt ja verschiedene Gründe, die *Tagesschau* einzuschalten: die einen wollen Informationen oder wenigstens den Wetterbericht, andere sehen gern den Poli-

tikern ins Gesicht und wieder andere wollen sich nur vor dem Abwasch drücken. Wie ist das bei Ihnen?

Normalerweise dürften Bewertungsfragen schon eine Rolle gespielt haben, da es kaum möglich scheint, sich etwa mit einem *Bild*-Leser über das Blatt zu unterhalten, ohne zugleich ein Urteil herauszufordern. Trotzdem ist es gut, noch einige allgemeine Einschätzungs-Fragen zu stellen:

Sind Sie mit dem zufrieden, was Ihnen die Medien liefern? Fühlen Sie sich gut informiert?

Jeder TV-Haushalt muss fast 20 Euro Gebühren pro Monat zahlen. Halten Sie das für richtig?

4. Internet im Alltag

   Lassen Sie uns jetzt zum Internet kommen. Können Sie sich noch vorstellen, ohne Internet zu leben?

   Waren Sie heute schon im Netz? (wenn nicht: Wann waren Sie das letzte Mal online?) Zu welchen Tageszeiten, bei welchen Gelegenheiten, an welchen Orten sind Sie normalerweise online?

   Im Internet gibt es viele Möglichkeiten, mit anderen Menschen Kontakt zu haben. Mit wem haben Sie online zu tun?

   Haben Sie so etwas wie eine Lieblingsseite? (Ankündigen der Beobachtung: Vielleicht können Sie mir ja nachher die Seite noch schnell zeigen)

   Ich habe hier wieder eine Liste, diesmal mit Internetseiten. Vielleicht können wir wieder zusammen schauen, was Sie besonders gern mögen und was für Sie überhaupt nicht in Frage kommt.

   Liste vorlegen: *Google, Spiegel Online, sueddeutsche.de, Wikipedia, ebay, Amazon, Expedia, Flickr, Youtube, My Space, Facebook, StudiVZ, Skype, World of Warcraft,* Online-Banking, Blogs, Newsgroups, Chats/Foren, Wetter, Routenplaner

   wieder: Fragen nach Motiven und nach typischen Nutzungssituationen!

   Beispielfragen:

   In Netzwerken wie *Facebook* oder *Xing* gibt man ja viel von sich preis. Haben Sie keine Angst, am Ende sozusagen als gläserner Mensch dazustehen?

   Können Sie Lehrer verstehen, die Ihren Schülern verbieten, *Wikipedia* zu nutzen?

   Wenn Sie für *Facebook* (*Wikipedia, Opodo, Ebay* etc.) Werbung machen müssten: Was wäre Ihr stärkstes Argument?

   Vielleicht noch eine letzte Frage zum Thema Internet: Stellen Sie sich vor, das Internet wäre eine Person. Wie würden Sie diese Person beschreiben? Welche Eigenschaften hätte diese Person?

5. Beobachtung / Foto

   Wir haben vorhin schon über Ihre Lieblings-Webseite gesprochen. Können wir uns das jetzt zum Abschluss noch zusammen ansehen?

   Noch eine letzte Bitte: Darf ich ein Foto von Ihrem Internet-Platz machen?

6. „Ausstieg"

Wir haben jetzt lange über das Internet und über Ihren Alltag gesprochen. Haben wir etwas vergessen? Möchten Sie noch etwas ergänzen?
Und: Falls ich etwas vergessen habe: Dürfte ich Sie noch einmal anrufen / anmailen etc.?

Leitfadenbeispiel II – Glamour *(Gruppendiskussion, vgl. Wilhelm 2004)*

1. Einstieg:
Jede Teilnehmerin stellt sich kurz vor (mit Vor- und Nachnamen) und erzählt, seit wann sie *Glamour* liest, wie oft und wo.

2. Nutzungsmuster:
- Wie sind Sie auf die Zeitschrift aufmerksam geworden?
- Manche Frauen lesen *Glamour* in der U-Bahn auf dem Weg zur Arbeit, andere dagegen abends unter der Bettdecke, um Ruhe zu haben. Wie ist das bei Ihnen?

3. Image der Zeitschrift:
- Während Zeitschriften wie *Glamour* sehr erfolgreich sind, verkaufen sich feministische Frauenzeitschriften eher schlecht. Woran liegt das Ihrer Meinung nach?
- Lernt man etwas aus *Glamour*? Wie informieren Sie sich zum Beispiel über Politik und Wirtschaft?
- Ist *Glamour* im Trend?
- Ist *Glamour* etwas für Männer?
- *Glamour* wird oft vorgeworfen, nur ein Shoppingkatalog zu sein. Ist in dem Blatt zu viel Werbung oder gehört das dazu?

4. Nutzungsmotive:
- Ist Ihnen eigentlich wichtig, dass wahr ist, was in *Glamour* steht?
- Was würden Sie Ihrer Freundin an *Glamour* empfehlen? Lesen Ihre Freundinnen *Glamour*? Reden Sie darüber?
- Wenn Sie ab morgen Chefredakteurin von *Glamour* wären: Was würden Sie ändern und was nicht?
- Nun ist es ja so, dass Frauenmagazine vor allem positive Artikel schreiben. Der Ernst des Lebens bleibt oft außen vor. Ist das gut so oder wäre es besser, auch andere Themen zu behandeln?
- Ich kenne einige, die sagen, sie finden sich in den Frauen nicht wieder, die in Frauenzeitschriften dargestellt werden. Wie sehen Sie das bei *Glamour*?
- Manche Frauenmagazine machen einem ja ein ganz schlechtes Gewissen, mit Diäten etc. Wie geht Ihnen das mit *Glamour*?

5. Schlussfrage (jede Teilnehmerin einzeln):
Jetzt haben wir so viel über *Glamour* geredet, gibt es irgendetwas, was Sie noch loswerden wollen oder was wir vergessen haben?

Leitfadenbeispiel III – Journalisten (Meyen & Riesmeyer 2009)

I. Ziele
- Selbstverständnis: Rollenselbstbild/Aufgabenbeschreibung, Arbeitsziel, Publikumsbild, Ethik, Medienwirkungsvorstellung, Mediennutzung
- Einflussfaktoren: Sozialisation, Motive für die Berufswahl/Anziehungspunkte, Ausbildung, Berufseinstieg, Arbeitsbedingungen, privates Umfeld, Weltanschauung

II. Focus: Jetzt-Zeit

III. Interviewthemen

1. *Lebenslauf und Karriere:* Herkunft, Sozialisation, Ausbildung, Berufsstationen, Alltagsstrukturen (Arbeit, Freizeit, Familie), materielle Lage, Werte, Bewertung des eigenen Lebens
- Wie kommt man zum *Deutschen Sportfernsehen*? Wie sind Sie hierher gekommen? (Beispiel für Einstiegsfrage, Ziel: biografische Informationen)
- Sind Sie familiär vorbelastet?
     Gab es Journalisten in der Verwandtschaft?
     Hatten Sie in der Jugend Vorbilder?
     Viele Journalisten haben früh angefangen – in der Schülerzeitung, als freie Mitarbeiter für das Heimatblatt.
- Was würden Sie jemandem raten, der heute in den Journalismus will?
     Soll er den gleichen Weg gehen wie Sie?
     Was muss man können, wenn man beim *DSF* bestehen will?
     Muss man studiert haben, um Journalist zu sein?
- Wenn Sie sich heute einen Arbeitsplatz aussuchen könnten: Wo würden Sie hingehen?
     Wo sehen Sie sich 2020?
     Wie wichtig ist es Ihnen, gerade beim *Deutschen Sportfernsehen* zu arbeiten?
     Was glauben Sie: Welches Image hat das *Deutsche Sportfernsehen*?
- Sind Sie mit Ihrem Leben zufrieden? Was ist Ihnen wichtig im Leben?
     Was machen Sie nach Feierabend?
     Hat man als Journalist Zeit für ein Hobby?
- Können Sie zu Hause über Ihre Arbeit reden? Sieht Ihre Frau (sehen Ihre Eltern) Ihre Beiträge?

2. *Arbeitsbedingungen:* Tätigkeiten, Themen, Arbeitszeiten, Gehalt, Ressourcen, redaktionelle Vorgaben, Verhältnis zu den Kollegen, Arbeitszufriedenheit
- Man hat als KW-Studentin zwar eine Ahnung, was ein Redakteur zu tun hat, vielleicht wäre es aber trotzdem ganz gut, wenn Sie mir einen typischen Arbeitstag schildern könnten. Was genau sind Ihre Aufgaben?
     Wer arbeitet noch in diesem Feld?
     Wie viele Personen sind das in der Abteilung?
     Was machen Sie am liebsten?

- Wissenschaftliche Studien haben immer wieder bestätigt, dass Journalisten sehr eifrige Mediennutzer sind. Gibt es ein Medienangebot, ohne dass Sie sich Ihre Arbeit nicht mehr vorstellen könnten?
    Orientiert man sich da an anderen Journalisten?
    Haben Sie noch Vorbilder?
    Welche Angebote nutzen Sie privat?
- An der Uni diskutieren wir viel über innere Medienfreiheit, über das Eingreifen von Eigentümern oder Chefs. Ist das im Alltag ein Thema?
    Können Sie schreiben, was Sie wollen?
- Lohnt es sich finanziell, Journalist zu sein?
- In letzter Zeit kommt kein Bericht über den Journalistenberuf mehr ohne einen Hinweis auf die Medienkrise aus. Ist Ihr Arbeitsplatz in Gefahr?
- Sind die Kollegen nur Kollegen oder mehr? Sieht man sich nach Dienstschluss?

3. *Selbstverständnis/Arbeitsziel:* Anziehungspunkte des Journalismus, Rollenselbstbild, Image, Publikumsbild, Ethik, Wirkungsvorstellungen
- Wenn Sie für den Beruf werben müssten: Was wäre Ihr stärkstes Argument?
    Wenn man sich die Berufswünsche von Abiturienten ansieht, scheint der Journalismus ein Traumjob zu sein. Stimmt das Image?
- Man kennt Journalisten, die ein politisches Ziel verfolgen. Andere sagen, sie arbeiten nur wegen des Geldes, oder verweisen auf die Zufälle des Lebens, die den Beruf bestimmen. Was treibt Sie ins Büro?
    Nachfragen: Nun habe ich von Leuten gehört, die Journalisten für eitel halten und meinen, dass es im Beruf eigentlich nur darum gehe, seinen Namen gedruckt zu sehen oder sogar auf der Straße erkannt zu werden.
- Sportjournalisten werden von den Kollegen gern bemitleidet: zuständig für alte Männer mit Bierbäuchen, die unterhalten werden wollen, abhängig von der Gunst irgendwelcher Jungprofis, die keine zwei Sätze sprechen können. Stört Sie das?
    Alternativbeispiel: Onlinejournalisten sind in den Augen der Kollegen keine richtigen Journalisten, sondern Leute, bei denen es zum Sprung in den echten Journalismus nicht gereicht hat. Stört Sie das?
- Können Sie Kollegen verstehen, denen eine Sache wichtiger ist als Objektivität und Neutralität?
    Können sie Kollegen verstehen, die Geld zahlen, um an Informationen zu kommen, oder die dafür Gesetze übertreten?
- Man sagt ja immer, dass kreative Leute sich eine konkrete Person vorstellen, für die sie arbeiten, sich sozusagen ein Publikum konstruieren. Wer sieht (liest, hört) Ihre Sachen?
    Erfährt die Redaktion, was der Verlag (der Sender) an Publikumsforschung betreibt? Bekommen Sie manchmal Ergebnisse in die Hand?
- Was ist für Sie guter Journalismus?
- Wie viel Macht hat ein Journalist? Wie viel Macht haben Sie?

4. *Schluss:*
Wir haben jetzt lange über Ihre Arbeit geredet. Habe ich etwas vergessen?

Abbildung 15: Kreativelement II – Kärtchen mit Lebensbereichen

Partnerschaft und Familie	Freunde, Nachbarn und Bekannte	Freizeit und Hobbys
Arbeit (Beruf, Ausbildung, Studium, Haushalt)	**Politik und Gesellschaft**	**Aussehen und Ausstrahlung**
Persönliche Wurzeln (Herkunft, Traditionen, Religion etc.)		

Frage: Wenn Sie sich die folgenden Kärtchen anschauen. Ich habe hier verschiedene Lebensbereiche und bitte Sie, die Kärtchen nach ihrer Wichtigkeit zu sortieren. Welcher Lebensbereich bedeutet Ihnen sehr viel und welcher eher nicht so viel?

Quelle: eigene Darstellung

Die drei Beispiel-Leitfäden auf den Seiten 100 bis 104 sollen einen Einblick in das Gestaltungsspektrum geben. Bei der Studie „Internet im Alltag" konnten die Befragten (mit Hilfe der Listen) die Themen mitbestimmen. Dadurch hatten die Interviewer sehr viel Freiheit. An der Reihenfolge der drei großen Blöcke (2 bis 4) war zwar nicht zu rütteln, ob aber eher über kommerzielles Fernsehen oder über Leitmedien wie den *Spiegel* oder die *Süddeutsche Zeitung* gesprochen wurde, musste von Fall zu Fall neu entschieden werden. Für die Nutzungsmotive nennt der Leitfaden deshalb genau wie dann in Block 4 bei der Internetnutzung lediglich Beispielfragen.

Vorbereitung des Gesprächs

Jedes Interview beginnt mit dem ersten Kontakt – möglicherweise lange vor dem eigentlichen Gespräch. Damit der Befragte weiß, worauf er sich einlässt, sollte man schon gegenüber der Vermittlungsperson und erst recht dann bei der Terminabsprache den Rahmen für den bereits skizzierten informellen Vertrag abstecken: Ziel der Untersuchung, Bedingungen, Teilnehmer, Ablauf, Dauer, Verwertungspläne. Fuchs-Heinritz (2009: 248f.) hat darauf hingewiesen, dass es in manchen Sozialmilieus bereits einen Unterschied macht, ob man ein „Interview" ankündigt (und damit möglicherweise falsche Erwartungen weckt) oder ein ganz normales „Gespräch". Mindestens genauso wichtig ist die Wahl des Ortes, da die Umgebung beeinflusst, was und wie erzählt wird.

Empfehlung: Den Befragten zwar Vorschlagsrecht und Heimvorteil lassen (weil sie dort am meisten reden, wo sie sich wohl fühlen), aber trotzdem versuchen, so nah wie möglich an das heranzukommen, was untersucht werden soll.

Geht es um das Selbstverständnis von Professoren, Journalisten oder PR-Beratern, ist das Büro am besten (weil dort gearbeitet wird), und bei der Erkundung von Mediennutzungsmotiven die Wohnung (weil die Angebote zum Alltag gehören). Wenn das nicht funktioniert, bieten sich ruhige (!) öffentliche Orte an. Als Interviewer sollte man dafür Vorschläge parat haben, den Ort um die entsprechende Tageszeit vorher besuchen und sich auch nicht scheuen, den Kellner wegen des Geräuschpegels anzusprechen. Trotzdem sind nicht immer alle Wünsche erfüllbar. Angelika Unterlauf zum Beispiel (früher Sprecherin der TV-Nachrichtensendung *Aktuelle Kamera*) ließ sich zwar zunächst auf ein Park-Gespräch ein, bestellte die Interviewer dann aber einen Tag vor dem Termin zum Mittag in das Berliner Nobelrestaurant *Borchardt* – sehr voll und so zwar eine gute Möglichkeit, gesehen zu werden, aber kaum geeignet für ein zweistündiges Gespräch über den Journalismus in der DDR (ganz abgesehen von den Mühen der Transkription).

Dass man bei der Verabredung nach einem Honorar gefragt wird (wie von Günter Schabowski), ist bei akademischen Forschungsprojekten eher ungewöhnlich und mit einem dezenten Hinweis auf das Budget auch schnell erledigt. Sollten Töpfe da sein (weil die Projektkalkulation das vorsieht oder weil es einen Geldgeber mit einem wirtschaftlichen Interesse gibt), hilft dies bei der Rekrutierung. Ein Richtwert: In der kommerziellen Marktforschung bekommen Teilnehmer von Gruppendiskussionen je nach Zeitaufwand im Durchschnitt 30 bis 50 Euro. Die Institute stützen sich dabei in der Regel auf den gleichen Kreis – auf Menschen, die einmal in der Datenbank stehen und dann immer wieder eingeladen werden.

Bei studentischen Abschlussarbeiten zahlen Kandidatinen und Kandidaten in großer Rekrutierungsnot manchmal aus der Privatkasse zehn oder 15 Euro (vor allem an Hauptschüler oder andere Studenten, die sonst schwer zu gewinnen sind). Ein Stück *Forschungsethik*: Wenn Geld fließt, muss dies im Ergebnisbericht (wie andere denkbare Teilnahmemotive) auf jeden Fall thematisiert werden. Damit nicht gemeint sind der Capuccino, den man aus Höflichkeit bezahlt hat (wobei es in der Regel umgekehrt läuft und gerade ältere Interviewpartner die Rechnung oft komplett übernehmen), oder die kleine Aufmerksamkeit, die man wie bei anderen Besuchen an der Haustür abliefert (Blumen, Pralinen, regionale Souvenirs). Maueröffner Günter Schabowski bekam am Ende 200 Euro – weil er billiger nicht zu haben war und weil er als zentrale Figur im Medienlenkungssystem der DDR nicht einfach durch andere Gesprächspartner ersetzt werden konnte.

Bei *Gruppendiskussionen* ist vorab zu entscheiden, wie viele Menschen man zu einem Termin einlädt. In der Methodenliteratur gibt es unterschiedliche Tipps mit zum Teil großen Spannbreiten:

- „zwischen drei und zehn Personen" (Schäffer 2005: 308),
- „die überwiegend favorisierte Gruppengröße liegt wohl bei 8 bis 12 Teilnehmern" (Wagner & Schönhagen 2008: 296),
- „3 bis über 20 Personen" (Mangold 1973: 210),
- „will man gleichwohl eine allgemeinere Richtschnur haben, so könnte man die optimale Gruppengröße zwischen 5 und 12 Teilnehmern ansetzen" (Lamnek 2010: 396).

Welche dieser Empfehlungen umgesetzt wird, hängt erstens vom Raum ab (wie viele Menschen haben überhaupt Platz), zweitens vom Selbstvertrauen des Moderators (der zwölf oder gar 20 Personen bändigen muss) und drittens manchmal auch von den Teilnehmern selbst. Lena Wickert (2006) war bei ihrer Studie über Theaterbesucher auf zwei Volkshochschulkurse angewiesen und kam so zwar auf viele Befragte (insgesamt 50), musste dafür aber zweimal in vollen Klassenzimmern diskutieren.

> *Empfehlung*: Ideal sind Gruppen mit vier bis sechs Personen. Wird der Kreis kleiner, stockt das Gespräch schneller, wird er größer, verliert man leicht die Übersicht.

Da es auch bei einer Rekrutierung über Dritte fast immer zu kurzfristigen Absagen kommt (Erkrankung, unvorhersehbare Termine), sollte man sich mit sieben oder acht Personen verabreden. Selbst wenn alle kommen, ist so noch eine reibungslose Diskussion möglich.

Auch in Sachen Gruppen-Zusammensetzung gehen die Meinungen in der Literatur auseinander: natürliche Gruppen (die es auch ohne Forschung gibt) oder künstliche (Menschen, die sich das erste Mal sehen), homogene Gruppen (nur Männer, nur Jugendliche, nur Akademiker) oder heterogene? Natürliche Gruppen wie Fußballteams, Schulklassen oder Cliquen bieten sich vor allem dann an, wenn es um Themen geht, die normalerweise nicht in dieser Runde besprochen werden (etwa Rundfunkgebühren oder die Qualität der Regionalpresse). Wichtigster Vorteil: Die Rekrutierung ist einfacher, und es gibt weniger Absagen. Nachteile: Hierarchie und Sprechrollen stehen bereits fest (weshalb es besonders wichtig ist, tatsächlich mit einem „neuen" Thema zu kommen), und das Meinungsklima wirkt anders als bei einem Gespräch mit lauter Fremden.

> *Empfehlung*: homogene (künstliche) Diskussionsgruppen bilden.

Ein einzelner Akademiker fühlt sich in einer Bauarbeiter-Gruppe genauso unwohl wie eine Hausfrau mit fünf Musikerinnen. Überhaupt nicht funktionieren heterogene Gruppen bei geschlechtsspezifischen Medienangeboten. Ist eine Frau dabei, distanzieren sich Männer selbst dann vom *Playboy*, wenn sie ihn abonniert haben, und in Gegenwart eines Mannes sprechen Frauen nicht über Cellulite, Diäten und Kosmetik. Das

Gebot Homogenität gilt hier eigentlich auch für den Moderator. In der Praxis trotzdem funktioniert hat eine Gruppendiskussion über die Männerzeitschrift *GQ*, bei der die beiden Interviewerinnen die vier Teilnehmer (Akademiker um die 30) auch mit Hilfe von Prosecco zum Reden brachten.

Die Ortskenntnis ist bei Gruppendiskussionen fast noch wichtiger als bei Leitfadeninterviews an öffentlichen Orten. Unbedingt die Technik ausprobieren! Also: Kamera und Tonband testen, Ersatzbatterien bereithalten, einmal eine Datei downloaden. Nichts ist fataler, als sechs oder sieben Menschen sagen zu müssen, es sei zwar ganz nett gewesen, aber die Festplatte habe leider nicht mitgespielt. Weiter: den Raum etwas schmücken (Getränke, vielleicht Süßigkeiten) und Namensschilder aufstellen (damit sich die Teilnehmer gegenseitig ansprechen können). Dies erleichtert später genauso die Transkription wie die Videoaufzeichnung, die bei den meisten kommunikationswissenschaftlichen Themen zwar inhaltlich nicht nötig wäre (weil es kaum auf Körperhaltung und andere nonverbale Signale ankommt und weil so etwas im Bildmaterial ohnehin oft kaum zu erkennen ist), aber später hilft, die einzelnen Aussagen zuzuordnen. Dieses Argument überzeugt in der Regel auch die Teilnehmer. Da die Kamera die Reaktivität erhöht, sollte man bei Einzelinterviews darauf verzichten – es sei denn, es handelt sich um wichtige Zeitzeugen oder Personen der Zeitgeschichte, die für Lehre oder Nachwelt dokumentiert werden sollen.

Stehen Termin, Ort und Technik, kann der Interviewer oder die Interviewerin an sich selbst arbeiten: den Leitfaden verinnerlichen, möglichst viele Informationen über die Menschen sammeln, die man in Kürze treffen wird (über die Kontaktperson oder über Veröffentlichungen), mit anderen über diese Leute sprechen und so Antworten durchspielen, Testgespräche mit Bekannten führen. Besonders bei sehr flexiblen Leitfäden wie in der Studie „Internet im Alltag" (vgl. S. 100-102) helfen solche Probe-Interviews, die eigenen Operationalisierungs-Fähigkeiten zu schulen. Qualitative Befragungen stellen an Interviewer und Moderatoren hohe Anforderungen, weil sie in der Lage sein müssen, allgemein formulierte Forschungsfragen spontan auf die Situation und den Befragten anzuwenden.

 Empfehlung I: im Vorfeld lieber einen Bekannten mehr nerven als einen zu wenig. *Empfehlung II*: immer wieder gute Interviews lesen – entweder aus dem eigenen Forschungsumfeld oder aus dem Journalismus (etwa: *Spiegel*-Gespräche).

Nach wie vor unerreicht: die Interviews von Günter Gaus „zur Person", die sich vor allem deshalb zur Vorbereitung eignen, weil sie im Original-Wortlaut veröffentlicht worden sind und so nicht nur Ideen für den Leitfaden liefern, sondern auch in die „Kunst der zweiten Frage" einführen (vgl. Kvale & Brinkmann 2009: 138-140).

Interviewablauf und Interviewerverhalten

Wer bis hierher gekommen ist, weiß das meiste eigentlich schon: Was muss und was darf ich vorher erklären und verraten (möglichst viel und vor allem das, was der Befragte wissen will und was ihm hilft, Teilnahmehürden und Ängste abzubauen), was muss ich mitnehmen (Leitfaden und Stift, Technik, die funktioniert, vielleicht eine Aufmerksamkeit), wie bereite ich mich vor (lesen, lesen, lesen). Anfänger fragen oft auch, was sie anziehen sollen.

> *Empfehlung*: gepflegt und seriös auftreten. Nicht das Brautkleid oder den Konfirmationsanzug, aber vielleicht auch nicht das T-Shirt vom letzten Konzert.

Neben dem Smalltalk zur Begrüßung („Eisbrecher") gibt es bei jedem Interview zwei Knackpunkte: das Einschalten und das Ausschalten des Tonbands. Auf beide Handlungen muss man ausdrücklich hinweisen („Von mir aus können wir anfangen. Wenn das okay ist, drücke ich jetzt hier auf den Knopf"). Das Gerät sollte sichtbar sein und so stehen, dass die Aufzeichnung gut funktioniert. Bewährt hat sich auch, den Leitfaden auf den Tisch zu legen (als Gedächtnisstütze, für Notizen oder zur Überbrückung von Verlegenheitspausen). Mit dem Ende der Aufzeichnung ist das Interview nicht vorbei. Manchmal werden jetzt Dinge ergänzt, die der Befragte nicht auf Band sprechen wollte, und in jedem Fall gibt es eine Verabschiedung. Was hier gesagt wird, kann (möglichst bald) in einem Gedächtnisprotokoll festgehalten und an das Transkript angehängt werden (vgl. Kvale & Brinkmann 2009: 128f.).

Wenn das Tonband läuft, gibt es eigentlich nur ein *Erfolgsrezept*: neugierig sein. Wer sich auf die Befragten einlässt, wer wissen möchte, was sie zu erzählen haben, und sein Gegenüber nicht als Erziehungsobjekt oder gar als einen Gegner sieht, der mit Argumenten aus dem Boxring zu treiben ist, wird die „richtigen" Nachfragen stellen und alle Signale aussenden, die für ein gutes Gespräch nötig sind. Die Listen in Abbildung 16 sind deshalb eher zur Selbstbeobachtung geeignet – wenn man wieder daheim ist und überlegt, warum manches funktioniert hat und anderes nicht. So wichtig ein guter Leitfaden auch sein mag: Mit dem Ablesen der Fragen ist es nicht getan. Gut ist ein qualitatives Interview immer dann, wenn es zu einem Gespräch kommt (Frage, Antwort, Nachfrage, Antwort) und die eigenen Beiträge zeigen, dass man verstanden hat, was der Befragte sagen wollte. Nichts ist peinlicher (und für die Motivation tödlicher) als ein Interviewer, der einen Satz vom Blatt abliest, der längst besprochen wurde.

Neugierig sein: Diese Formel schließt Respekt und Interesse genauso ein wie Bestätigung („Das hätte ich wahrscheinlich auch so gemacht") und Stimulierung durch eigene Erfahrungen („Bei meinem ersten Online-Einkauf hat aber alles wunderbar geklappt"). Auch wenn es manchmal schwerfällt: Die Rolle des Interviewers oder Moderators sieht nicht vor, die Befragten zu belehren („So etwas tut man nicht") oder sich gar auf Streitgespräche einzulassen. Man kann und darf keine weiße (oder „leere") Wand sein, sollte seine Einstellungen und Überzeugungen aber so weit wie möglich außen vor lassen. Manchmal geht das natürlich nicht: Als in einer Gruppendiskussion über Geschichtssendungen im Fernsehen plötzlich Parallelen zwischen Hitler, Saddam Hussein und Georg W. Bush gezogen wurden und einige Teilnehmer sich anschickten, den Raum unter Protest zu verlassen, zog die Moderatorin mit einem Grundbekenntnis zur Demokratie und der Bitte, die Haltung der anderen einfach zu akzeptieren, das Gift aus der Debatte.

Generell ist es gut, sich vorher zu überlegen, wie man auf ungewöhnliche Situationen reagiert – etwa auf einen (möglichen) Rückzug des Befragten oder auf Abschweifen. Zunächst vielleicht (nonverbal) leichtes Desinteresse signalisieren, dann aber auch an den „Vertrag" erinnern („Wie wollten ja eigentlich über Ihren Alltag und das Internet sprechen") oder aber die Unstimmigkeit direkt ansprechen („Habe ich jetzt etwas falsch gemacht?"; „Mir scheint, dass das Gespräch gerade aus dem Ruder läuft"). Dies ist auch deshalb möglich, weil die Führung beim Interviewer oder beim Moderator liegt (was hier auch deshalb betont wird, weil manche Lehrbücher das Gegenteil behaupten und dazu raten, sich den Befragten mehr oder weniger auszuliefern).

 Wichtigste Regel: sich nicht aus der Ruhe bringen lassen.

Dieser Führungsanspruch lässt sich allerdings nicht immer durchsetzen, und manchmal scheitern Befragungen auch an den „impliziten Kämpfen" zwischen Forschern und Befragten (Fuchs-Heinritz 2009: 247). Solche Kämpfe sind vor allem dann zu erwarten, wenn es einen deutlichen Statusunterschied gibt und wenn die Teilnehmer nicht bereit sind, sich auf die soziale Situation Interview einzulassen. Der Auszug auf S. 112 zeigt ein Beispiel für diesen zweiten Fall: ein E-Mail-Interview mit einem (bekannten) Künstler, der seine Verweigerung sogar zugab und das Gespräch lediglich als Gefäß für seine Selbstdarstellung auffasste. Für die Auswertung war das Protokoll nicht zu gebrauchen. Beim Lesen wird schnell klar, dass sich hier vermutlich jeder Interviewer die Zähne ausgebissen hätte, auch wenn die Forscherin nicht versucht hat, dass Missverständnis zu thematisieren. Ähnlich erging es Barbara Höfler bei einem Interview über den Münchener Diplomstudiengang Journalistik (vgl. Meyen & Höfler 2008). Als sie einen älteren Professor vorsichtig auf seine (mögliche) Verantwortung für das Scheitern des Modells ansprach, wurde der Kollege laut und ausfallend (die Interviewerin sei das beste Beispiel, was bei dem Studiengang herauskomme, weil sie wie alle Journalisten nicht nachdenke, bevor sie frage, und auch nicht recherchiere) und war nur nach längerer Unterbrechung und unter Aufbietung von Überredungskünsten bereit, das Gespräch fortzusetzen.

Die „Kunst der zweiten Frage" lässt sich am besten lernen, wenn man selbst Interviews führt oder gelungene Gespräche liest. Trotzdem einige Tipps:

- aufnehmen, was gerade angesprochen worden ist („Sie haben gesagt, dass Sie oft in Bukarest sind"),
- bohren, wenn etwas nicht zu Ende geführt wurde oder unklar wirkt („Was meinen Sie mit locker? Die Arbeitszeiten? Den Umgang miteinander?"),
- Widersprüche thematisieren („Wie kommt jemand mit Ihrer Herkunft ausgerechnet auf Rumänien?")
- eigene Erfahrungen ansprechen („Als ich in Bukarest gearbeitet habe …")
- Gegenmeinungen äußern (am besten projiziert auf Dritte): („Man hört immer wieder, dass das Arbeitsklima in rumänischen Redaktionen furchtbar sein soll").

Wichtig bei solchen Projektionen: auf Rückfragen eine Quelle nennen können („Von wem haben Sie das gehört?" – „Von meinem Professor, im Seminar"). Der Auszug auf S. 112 ist hier ein schlechtes Beispiel, das man der Interviewerin allerdings nicht anlasten kann, da es sich um ein E-Mail-Gespräch handelt (wo die vorbereiteten Fragen verschickt wurden). Auch das Beispiel auf S. 113 dient dem Prinzip „Lernen aus Fehlern". Die Interviewerin hat zwar nachgehakt, die Befragte dabei aber so unter Druck gesetzt, dass das Gespräch fast versiegt. Neugier, Respekt und Bestätigung sehen anders aus.

Abbildung 16: Nonverbale Signale

positiv	negativ
Körperliche Zuwendung (über die Sitzhaltung und eine gleichberechtigte Position)	Sich körperlich abwenden
Ruhige, nicht starre Körperhaltung	Motorische Unruhe, Ablenkung
Blickkontakt	Blickkontakt meiden oder abbrechen
Freundlicher Ton	Unfreundlicher Ton (distanziert, überlegen, bewertend)
Zunicken, Lächeln, „Ah ja"; „Mmh"	Langeweile, Desinteresse, Zweifel zeigen (Brauen hochziehen, Stirnrunzeln)
Ruhe vermitteln, Schweigepausen zulassen und aushalten	„Tempo machen", unterbrechen, auf die Uhr sehen

Quelle: Helfferich 2004

Was bisher gesagt wurde, gilt für alle Befragungsformen. Gruppendiskussionen sind für die Moderatoren noch etwas anstrengender als Einzelgespräche (da auf mehrere Personen eingegangen werden muss). Der Führungsanspruch lässt sich über Handzeichen (Arm heben, in die Hände klatschen) und zur Not auch durch Aufstehen signalisieren. Gutes Studienobjekt sind dabei TV-Talkshows, die auch die Teilnehmer von qualita-

Interviewverweigerung (Auszug, E-Mail-Gespräch)

Erzähl doch mal ein bisschen über Dich, damit ich mir ein Bild von Dir machen kann.
Damit fangen die Probleme doch an. Dass wir denken, dass man über Schulbildung, Herkunft und Vergangenheit Menschen einordnen kann. Ich lehne das ab. Ich lebe Träume, keine Realitäten.

Wenn es einen Lexikoneintrag zu Deiner Person geben würde: Was würde da stehen?
Der Mann, der das Christentum, den Islam und den Kapitalismus endgültig abgeschafft hat.

Was ist Dir wichtig im Leben?
Freiheit. Ideen. Wissen. Chaos und Ordnung.

Bist Du zufrieden damit, wie Dein Leben gerade ist? Wenn nein: Was würdest Du gern ändern?
Ich hätte gerne einen längeren und dickeren Penis. Nicht viel. 1 cm jeweils. Das wäre perfekt.

Was machst Du, wenn Du nicht arbeitest?
Frauen an. Handys aus. Grundsätzlich vermeide ich jegliches Tun.

Bist Du mit dem zufrieden, was Dir die Medien liefern? Fühlst Du Dich gut informiert?
Ich finde, dass zuwenig gute freie Pornographie existiert (…). Medien sind immer so gut, lehr- oder hilfreich, wie der Mensch sie benutzt. Grundsätzlich sind wir (die Menschheit im Durchschnitt) gerade einmal in einem Larvenstadium, was unser Wissen um uns und den Kosmos angeht.

Wie definierst Du Street Art? Welchen Begriff nutzt Du für das, was Du tust?
Ich versuche, wie gesagt, mich in NICHTSTUN zu üben. Ich bin kein Street Artist. Ich tue so, als wäre ich Künstler, und dadurch bin ich Künstler. Ich benutze JEDES Medium für mich. Auch dieses Interview.

Wie bist Du zu Street Art gekommen?
Street Art ist zu mir gekommen. (…)

Was war Dein schönstes Street Art-Erlebnis?
Groupies.

Und Dein schlimmstes?
Groupies.

Wie ist der Kontakt zu anderen Street Artists?
Ich find alle anderen Scheiße. Ich finde mich selber auch nicht toll. Street Art ist grundsätzlich total überbewertet. Zufälligerweise habe ich in dieser Szene halt ein paar Saufkumpane.

Interviewerdominanz (Auszug, persönliches Gespräch)

Projekt: Internet im Alltag. Die befragte Hausfrau (Anfang 60, PC im Keller) hat die Liste mit Anwendungen in der Hand (vgl. S. 101) und schon erklärt, dass sie weder *ebay* nutzt noch online Zeitung liest.

Suchen Sie keine Nachrichten im Internet?
Nö. Da reicht mir doch die Zeitung. Mir reicht das, was ich weiß. (...). *Ebay*. Da bin ich jetzt noch nicht so drangegangen. Ich kenne das, aber ich mache das nicht. *Amazon*. Habe ich noch nie gemacht. Der Tim (Sohn der Befragten), der ordert gern Bücher. Er liest viel englische und französische Bücher. Die kriegt er dort wohl günstiger.

Haben Sie denn generell schon irgendetwas online eingekauft?
Ja, aber was war das denn? Einmal habe ich. Ich bin nicht der Online-Einkäufer. Nein, ich wollte. Ich habe es mir angeguckt und dann doch gelassen.

Ach so. Woran ist es letztlich gescheitert?
Die Informationen waren mir nicht gut genug. Das ging um Gartenmöbel. Ich war mit diesen Kataloginformationen nicht zufrieden.

Viele haben ja auch Bedenken, dass es nicht sicher genug ist.
Gerade *Ebay*. Als das anfing, hat unser Jens da ganz schlechte Erfahrungen gemacht.

Klar. Andererseits kann man auch viel sparen und sehr ausgefallene Produkte finden.
Ja. Aber man braucht auch viel Zeit zum Suchen. Das sowieso. Viele von diesen Angeboten nutze ich nicht, weil mir das zu lange dauert.

Aber ist nicht das Internet das schnellste Medium, das es gibt?
Ja. Aber wenn ich was nachgucke, dann habe ich 16 Seiten zum gleichen Begriff. Aber das, was ich suche, finde ich nicht. Ist mir jedenfalls schon öfter passiert. Viele Sachen wiederholen sich. Das ist Müll. Dann gehe ich doch lieber in ein Geschäft. Vielleicht bin ich schon ein bisschen zu alt. [lacht] *Expedia* kenne ich gar nicht. Was ist das?

Da kann man Reisen buchen. Haben wir jetzt noch nicht gemacht. (…)
Also sind Sie eher ein passiver Nutzer? Eher ja. Würde ich so sagen. (6 s) Wetter, Routenplaner. Ja. Das nutzen wir schon (…).

Es gibt aber auch andere Anbieter. Kraut und Rüben zum Beispiel (ein Gartenmagazin). Ich glaube nicht, dass da jemand Mist schreibt.
Nein, überhaupt nicht. Das wäre etwas, was ich mir vorstellen könnte.

Und warum haben Sie die Seite dann bisher noch nicht genutzt?
Habe ich doch gesagt. Wegen der Zeit. Und dass ich im Keller hocken muss. Das geht doch nicht.

Interviewprotokoll

Datum:	20. Juni 2008
Ort:	Ludwigshafen
Dauer:	01:05:06
Jahrgang:	1947
Geschlecht:	weiblich
Personen im Haushalt:	wechselnd (drei bis vier)
Familienform:	verheiratet, 4 Kinder
Bildung:	Hauptschulabschluss
Beruf:	nicht berufstätig (Hausfrau)

Wohnsituation:
Die Befragte wurde über eine gemeinsame Bekannte rekrutiert (Ex-Lehrerin der Interviewerin und Nachbarin der Befragten). Sie lebt in einem eigenen Reihenhaus in einem Stadtteil von Ludwigshafen. Das Haus ist geräumig und hat mehrere Stockwerke. Sie lebt dort mit ihrem Mann.

Die Kinder sind im Prinzip ausgezogen, kehren jedoch hin und wieder temporär ins Elternhaus zurück (im Moment sind je nach Wochentag ein oder zwei der Kinder daheim bei den Eltern). Das Haus ist ordentlich und sauber. Alles macht einen angenehmen und guten Eindruck. Die Einrichtung ist schlicht und eher bürgerlich (*Ikea*-Möbel, aber auch einige höherwertige Stücke). Der Stil ist nicht unbedingt einheitlich, sondern eher zusammengewürfelt. Dennoch scheint alles wohnlich und gemütlich.

Technische Geräte: Computer, Fernseher, Telefon, mehrere Radios und eine große Stereoanlage.

Interviewsituation:
- Störungen oder Zwischenfälle: keine. Während der Beobachtung kam einer der Söhne. Beide sprachen kurz über den Tag und über die frühe Rückkehr nach Hause.
- Die Gesprächsatmosphäre war zwar entspannt, die Befragte wirkte aber verschlossen, und es schien nicht so, als rede sie gern. Die Antworten waren meist knapp, und auch längeres Schweigen veranlasste sie nicht, weiter zu sprechen, so dass viel nachgefragt werden musste. Mit fortschreitender Zeit wurde die Befragte immer ungeduldiger. Sie fiel mir oft ins Wort und reagierte teilweise patzig.
- Persönlichkeit: Die Befragte scheint zwar ziemlich redegewandt und auch sehr von sich überzeugt zu sein, jedoch dabei trotzdem nicht unbedingt selbstbewusst.
- Verhalten: Die Befragte hat die Fragen verstanden, in der Regel auch zielgerichtet und nicht um den Kern herum geredet, jedoch immer sehr knapp geantwortet, so dass das Gespräch eher zäh war. Nachfragen nahm sie mit einem unangenehmen Blick auf, so dass man vermuten konnte, sie fühle sich gestört, noch mehr sagen zu müssen.

tiven Untersuchungen kennen und deshalb akzeptieren, wenn man sich wie Maybrit Illner oder Frank Plasberg verhält. Bewährt hat sich neben dem Start mit einer Vorstellungsrunde der Einsatz einer Helferin oder eines Helfers: jemand, der sich um Technik und Versorgung kümmert oder mit dem man sich sogar die Moderation teilt. Wenn man sich diesen Luxus leisten kann: Auch Leitfadeninterviews funktionieren zu zweit am allerbesten (vgl. Meyen & Fiedler 2011, Meyen & Löblich 2007).

Nach dem Interview: Protokoll und Transkription

Obwohl jede Befragung schlaucht, sollte man daheim möglichst schnell zwei Dinge erledigen. Sofort zu schreiben: das Interviewprotokoll (vgl. S. 114). Hier wird nicht nur festgehalten, was nach Abschalten des Tonbands noch erzählt wurde, sondern auch all das, was zur Interpretation des Gesprächs nötig ist – vor allem für diejenigen, die nicht persönlich dabei waren. Ohne ein solches Protokoll ist ein Transkript nicht viel wert. Neben Angaben zur Person und zur Situation (Datum, Dauer, Ort) ist hier zu vermerken, wie der Befragte rekrutiert wurde (um den Grad der Fremdheit abschätzen zu können), wie die Atmosphäre war und was während des Gesprächs alles passiert ist. Das Beispielprotokoll auf der vorherigen Seite ist sehr ausführlich, weil es im Projekt auch um den Alltag und um Persönlichkeitsmerkmale ging (vgl. auch den Interview-Auszug auf S. 113). Warum ein solches Protokoll sofort zu schreiben ist, liegt auf der Hand: Nach ein paar Tagen hat man das meiste vergessen, erst recht wenn mehr als ein Interview geführt werden muss.

Die Transkription steht eigentlich nicht unter Zeitdruck. Dass hier trotzdem zu Tempo geraten wird (und dazu, diesen Arbeitsschritt nicht zu delegieren), hat einen einfachen Hintergrund: Da der Inhalt kurz nach dem Interview noch sehr präsent ist, geht es viel schneller, wenn man dies ausnutzt und sich sofort selbst ans Abtippen macht. Studierende sind oft unsicher, wie ein Transkript auszusehen hat – auch weil es in der Methodenliteratur sehr unterschiedliche Empfehlungen gibt (vgl. Fuchs-Heinritz 2009: 285). Hier greifen das Wissenschaftsverständnis, das in diesem Lehrbuch vertreten wird (vgl. Kapitel 1 und 2), sowie das jeweilige Erkenntnisinteresse. Um die intersubjektive Nachvollziehbarkeit zu gewährleisten, sollte man erstens Tonbänder und Videos aufbewahren, die Schriftfassung zweitens so gestalten, dass andere keine Probleme beim Lesen haben, und dort drittens alles aufnehmen, was für das Forschungsziel und die Interpretation wichtig ist. Für kommunikationswissenschaftliche Fragen ist es normalerweise nicht nötig, Dialekte, Füllwörter (äh, mmh) und gesprochene Sprache 1:1 zu erfassen. Im Gegenteil: All dies erschwert die Lektüre genau wie das minutiöse Erfassen parasprachlicher Äußerungen ungemein. Also nicht „mmh, mir ham jestern ins Kino gewesen, ne (kichern), weil das da so, äh, na billiger ist (kichern)", sondern „wir waren gestern im Kino, weil das billiger ist". Dieses Plädoyer für „normales Schriftdeutsch" (Fuchs-Heinritz 2009: 285) weiß natürlich um die Verluste, die mit jeder Transkription verbunden sind, der Aufwand sollte aber erstens immer an das Ziel angepasst werden und zweitens steht in Zweifelsfällen ja immer noch das Originalmaterial zur Verfügung. Zur Reduktion des Aufwands gehört auch, minutenlange Passagen, die erkennbar nichts mit dem Thema zu tun haben, nicht wortwörtlich abzuschreiben, sondern sinngemäß zusammenzufassen (etwa: „X beklagte sich minutenlang über die Folgen der Gesundheitsreform für sein Haushaltsbudget und griff dabei besonders die CDU an"). Beispiele für die Form von Transkripten bieten die Auszüge auf den Seiten 112 und 113. Außerdem ist es sinnvoll, sich in jedem Forschungsprojekt auf einige Grundregeln zu einigen, um den Austausch des Materials zu erleichtern. Ein Vorschlag:

- Pausen: (6 sec), (längeres Schweigen), (Unterbrechung durch Anruf), (Befragter geht auf Toilette und kommt nach zwei Minuten wieder)
- Unverständliche Passagen: (?)
- Anmerkungen, die für die Interpretation wichtig scheinen: [SCHWEIFT AB], [BEIDE LACHEN], [ÜBERLEGT].

Sinnvoll ist es außerdem, Fachbegriffe oder ungewöhnliche Eigennamen in Fußnoten kurz zu erläutern. Wem das alles zu kompliziert klingt oder wer sich bei einer konkreten Entscheidung unsicher ist: Das Transkript muss anderen Forschern am Ende erlauben, das Interview ohne Probleme nachzuvollziehen. Geteilter Spaß ist schließlich doppelter Spaß.

Befragungen sind reaktive Verfahren. Sie zielen auf die Biografie, den Alltag, die Familie oder den Job.

Befragungsarten: unterscheidbar über die Zahl der Befragten (Einzelgespräch, Paarinterview, Gruppendiskussion), den Kanal (persönlich, telefonisch, online, ohne ständigen Kontakt) oder den Modus (mündlich, schriftlich).

Die *Entscheidung* für eine bestimmte Befragungsart hängt vom Erkenntnisinteresse, der Zielgruppe, den Ressourcen und den persönlichen Vorlieben ab.

Stärken der Methode: Qualitative Befragungen sind nah am Menschen (Sinn) und erlauben einen Blick hinter die Kulissen (Kontext).

Grenzen der Methode: Die Befragten sind sich nicht immer ihrer Handlungsmotive bewusst und antworten zum Teil sozial erwünscht.

Instrumente: Leitfaden (vermittelt zwischen Theorie und Empirie) und Kreativelemente (lockern auf, zweiter Zugang zu Antworten).

Gute Fragen beziehen sich auf den Interviewpartner, sind kurz, konkret, nicht mehrdeutig und leicht zu verstehen, regen den Befragten zum Nachdenken an, suggerieren die Antwort nicht und werden mit Einfühlungsvermögen gestellt.

Gute Interviewer sind neugierig, zeigen Respekt, bestätigen den Interviewpartner, bringen eigene Erfahrungen ein und lassen sich nicht aus der Ruhe bringen.

Wiebke Möhring, Daniela Schlütz: Die Befragung in der Medien- und Kommunikationswissenschaft. Eine praxisorientierte Einführung. 2., überarbeitete Auflage. Wiesbaden: VS Verlag für Sozialwissenschaften 2010.

Sozusagen das Nachbarbuch in der VS-Lehrbuchreihe und Pate für den Untertitel dieses Buchs. Konzentriert sich auf standardisierte (quantitative) Befragungen. Mit Praxistipps und Beispielstudien, didaktisch gut aufbereitet.

Werner Fuchs-Heinritz: Biographische Forschung. Eine Einführung in Praxis und Methoden. 4. Auflage. Wiesbaden: VS Verlag für Sozialwissenschaften 2009.

Ein Klassiker: Die erste Auflage ist von 1984. Da Fuchs-Heinritz ein weites Verständnis von biografischer Forschung hat (alle Forschungswege, die „als Datengrundlage (oder als Daten neben anderen) Lebensgeschichten haben, also Darstellungen der Lebensführung und der Lebenserfahrung", S. 9), gibt es einen Link zur Kommunikationswissenschaft: Lebensgeschichten werden sowohl in der Mediennutzungsforschung erhoben als auch in der Journalismusforschung oder für die Fachgeschichtsschreibung. Stärke des Buchs sind die Praxistipps. Auf den 402 Seiten wird im Detail erklärt, was bei einem Interview zu beachten ist und welche Hürden es zu umschiffen gilt: von der Auswahl der Befragten über den Feldzugang, die technische Vorbereitung und die Rolle des Interviewers bis zum Aushandeln der Befragungssituation, zur Gesprächsführung und zur Nachbereitung. Illustriert mit vielen anschaulichen Beispielen aus der Forschung. Macht Lust auf Lebensgeschichten.

Elisabeth Noelle-Neumann, Thomas Petersen: Alle, nicht jeder. Einführung in die Methoden der Demoskopie. 4., überarbeitete und aktualisierte Auflage. Berlin: Springer 2005.

Auch ein Klassiker (Erstauflage von 1963), der auf den ersten Blick gar nicht in ein Lehrbuch über qualitative Methoden passen will, da es um standardisierte und repräsentative Befragungen geht. Trotzdem für jeden Sozialwissenschaftler ein Muss – nicht nur wegen des starken Plädoyers für empirisches Arbeiten oder wegen der „Hundert Stolperfallen" im Forschungsprozess (S. 191-208). Wer einen Leitfaden konstruieren oder sich auf die Interviewsituation vorbereiten will, findet hier zahlreiche Anregungen für Formulierungen und Kreativelemente (Listen, Bilder oder Karten) sowie eine Vorstellung von dem, was einen beim Gespräch dann erwartet – geschöpft aus dem Erfahrungsschatz des Instituts für Demoskopie Allensbach. Außerdem ein Lektüregenuss.

Armin Scholl: Die Befragung. Sozialwissenschaftliche Methode und kommunikationswissenschaftliche Anwendung. 2., überarbeitete Auflage. Konstanz: UVK 2009.

Noch kein Klassiker, aber vielleicht auf dem Weg dorthin (Erstauflage 2003, gestützt auf die Dissertation von Scholl zum gleichen Thema von 1993). Behandelt sowohl quantitative als auch qualitative Befragungen (Eigenwerbung: „pragmatisch und neutral"). Teil eins: Grundlagen und Theorie der Methode (historischer Abriss, Verfahren, Formen und Varianten, Fragebogenentwicklung, Planung und Ablauf von

Untersuchungen, Probleme). Teil zwei: die Befragung in der Kommunikationswissenschaft. Scholl stellt hier rund 50 deutschsprachige Studien vor und möchte so
die „Vielfalt der Befragungsverfahren und -varianten" zeigen (S. 12). Geordnet nach
Forschungsthemen.

5 Beobachtung

Die Beobachtung fristet in der Kommunikationswissenschaft ein Mauerblümchen-Dasein und wird (wenn überhaupt) vor allem in der Redaktionsforschung eingesetzt (Abläufe und Arbeitsalltag). Das Motto in diesem Kapitel: Wasser für das Blümchen. In der Gießkanne: Akzeptanzprobleme und Anwendungsgebiete, Beobachtungsarten und Tipps am Beispiel. Schwerpunkt sind dabei direkte und natürliche Beobachtungen: Die Forscher sind vor Ort und wollen das sehen, was auch ohne sie passieren würde. Da Beobachtungen nichts über den subjektiven oder praktischen Sinn sagen, den Menschen mit Handlungen und Strukturen verbinden, sind sie für Methoden-Triangulationen prädestiniert und werden in der Forschungspraxis meist mit Befragungen gekoppelt.

Dieses Kapitel ist auch als Werbung zu verstehen – für eine Methode, die in der Kommunikationswissenschaft Seltenheitswert hat. Warum schwanken Studierende zwischen Befragung und Inhaltsanalyse, wenn sie ihre Abschlussarbeit planen, ohne überhaupt daran zu denken, dass es auch einen „dritten Weg" geben könnte? Wie kommt es, dass zwischen 1956 und 2003 nur 4,4 Prozent der *Publizistik*-Beiträge, die empirische Forschungsergebnisse präsentierten, mit Beobachtungen gearbeitet haben (Inhaltsanalyse: 54,8 Prozent, Befragung: 50 Prozent), und dass zwischen 1986 und 2003 in der führenden deutschsprachigen Fachzeitschrift nicht ein einziger methodischer Beitrag aus diesem Bereich erschienen ist (Lauf 2006: 182, 187)? Fünf Erklärungsversuche, jeweils verdichtet auf ein Schlagwort:

- *Aufwand*: Beobachtungen kosten Zeit und sind sowohl körperlich als auch emotional anstrengend. Wer einen ganzen Arbeitstag neben einem Redakteur sitzt, wird das Wort „Nähe" anders buchstabieren als eine Interviewerin, die nach einer Stunde wieder geht. Julia Weiß (2009b) sagte nach ihrer Studie über den Arbeitsalltag von Onlinejournalisten, dass sie gar nicht in der Lage gewesen sei, nach Feierabend noch die geplanten (kurzen) Leitfadeninterviews zu führen. Da es den Redakteuren genauso gegangen sei, habe man sich meist am nächsten Morgen noch einmal getroffen. Der Aufwand reduziert zugleich die Fallzahl (und damit die Legitimation von Generalisierungen): Mögen an einem Tag zwei oder drei Leitfadeninterviews möglich sein, scheidet dies bei Beobachtungen normalerweise aus. Die Kosten für Reisen und Übernachtungen sind dabei noch gar nicht einkalkuliert.

- *Ethik*: Muss man einem Menschen sagen, dass man ihn beobachtet? Und wenn man es gesagt hat: Wie geht man mit Dingen um, die man eigentlich nicht sehen sollte (etwa private *Skype*-Nachrichten auf dem Flachbildschirm einer Online-Redakteurin)?
- *McKinsey-Effekt*: Wer garantiert den Teilnehmern bei Untersuchungen in der Arbeitswelt, dass der Beobachter nicht von der Unternehmensleitung geschickt wurde oder (wenn nicht) dass die Ergebnisse am Ende doch gegen ihn verwendet werden (weil jetzt zum Beispiel wissenschaftlich belegt ist, dass der eigene Job eigentlich überflüssig ist oder der Kollege im Nachbarbüro doppelt so schnell schreibt)?
- *Alltagsnähe*: Andere zu beobachten, ist fast ein Synonym für menschliches Leben (vgl. Schütz 1971: 7). Wie hebt man das, was man ohnehin permanent tut, auf eine wissenschaftliche Ebene? Anders formuliert: Wie lässt sich Intersubjektivität sichern und damit verallgemeinerbares Wissen?
- *Dokumentation*: eng mit dem Punkt Alltagsnähe verbunden. Wie schreibt man das, was man sieht, hört und vielleicht auch riecht, so auf, dass es für andere nachvollziehbar wird?

Vor allem die letzten beiden Punkte nähren den „Verdacht", dass Beobachtungen die „harten Kriterien der Wissenschaftlichkeit" nicht erfüllen (Quandt 2005: 167) – und folglich weder den Aufwand lohnen noch das Nachdenken über das, was forschungsethisch vertretbar ist. Wenn in diesem Kapitel für Beobachtungen geworben wird, muss folglich auch gezeigt werden, wie sich der Beliebigkeitsvorwurf entkräften lässt. Vorher sei noch einmal an die beiden Stärken der Methode erinnert (vgl. Kapitel 3): Erstens können Menschen in Befragungen viel über Handlungen und Strukturen erzählen – solange man sie nicht in Aktion gesehen hat.

Dazu kommt zweitens das, was in Interviews oder Gruppendiskussionen unter den Tisch fällt, weil es (in einem bestimmten Milieu) so alltäglich ist, dass niemand mehr darüber spricht. Jakob Vicari (2008: 47) verzichtete in seiner Untersuchung über den Wissenschaftsjournalismus in der Tagespresse auf eine lange Argumentation pro Beobachtung und zitierte einfach einen Befund aus der Pionierarbeit von Manfred Rühl (1969): „Politische Redakteure verfügen selbst über keine Schreibmaschine." Dieser „fast triviale Satz" beschreibe einen „Zustand, wie er durch eine Inhaltsanalyse nie erhoben werden kann" – und durch eine Befragung vermutlich auch nicht. Der (kategoriengeleitete) Blick des Forschers sieht Details, die auch in langen Interviews nicht erwähnt werden, weil sie entweder habitualisiert sind (und damit nicht erinnert werden) oder den Befragten banal erscheinen.

Anwendungsgebiete und Grenzen

Aus diesen Stärken lassen sich zugleich die Themengebiete und Fragestellungen ableiten, für die sich Beobachtungen in einem kommunikationswissenschaftlichen Kontext besonders eignen:

- *Herstellung von Medienangeboten*: Arbeit in journalistischen Redaktionen oder in PR-Abteilungen – wenn die Kommunikationswissenschaft mit Beobachtungen arbeitet, dann vor allem hier (vgl. Riesmeyer 2007, Quandt 2005, Altmeppen 1999, Hienzsch 1990, Koller et al. 1988, Gruber 1975, Dygutsch-Lorenz 1973).
- *Mediennutzung*: Vor allem an Orten oder in Kontexten, über die man wenig weiß oder die per Befragung nur schwer zu erschließen sind. Dies gilt zum Beispiel für Public Viewing (vor Großleinwänden, in Kneipen oder in Bahnhofshallen, vgl. Krotz 2001, Krotz & Eastman 1999) oder in der Forschung mit Kleinkindern (Böcking 2002, Charlton & Neumann 1988), aber auch bei habitualisierten Nutzungsmustern (Zapping, Internetsuche), an die man sich nur schwer erinnern kann (vgl. Bilandzic & Trapp 2000, Wirth & Brecht 1999).
- *Medienaneignung*: Verarbeitung von Sendungen direkt beim Fernsehen oder anschließend bei „Tischgesprächen" in der Familie (vgl. Hepp 1998, Keppler 1994).

Beobachtungen zielen auf Handlungen, auf Beziehungen zwischen Menschen sowie auf die Strukturen und Kontexte, in denen sie sich bewegen (und damit auch auf Büros ohne Schreibmaschine). Volker Gehrau (2002: 26) hat in einer sehr weiten Definition auch „Körperreaktionen" zum Beobachtungsgegenstand gemacht (Hautleitwiderstand, Blutdruck, Pupillengröße, erfassbar mit Technik aus der Medizin, zum Beispiel beim Fernsehen). Die entsprechenden physio-psychologischen Messverfahren (vgl. Fahr 2010) dürften aber eher im Lager der quantitativ-empirischen Sozialforschung anzusiedeln sein. Dort wird im Moment auch diskutiert, ob die Beobachtung im Internetzeitalter nicht die bessere Befragung ist – weil einerseits Rücklaufquoten und Akzeptanz bei Interviews sinken (egal ob persönlich, online oder am Telefon), und wir andererseits auf Netzwerkseiten, in Blogs oder in Foren (freiwillig) zahlreiche Spuren hinterlassen, die die Forschung für ihre Fragen nutzen kann (Angaben zur Person: Alter, Interessen, Lieblingsmedien; Meinungen zu Produkten oder politischen Vorgängen; Reaktionen auf Meinungen anderer).

Da diese Debatte hier nicht bis in die letzte Verästelung nachgezeichnet werden kann (vgl. Jackob et al. 2010, Zerfaß et al. 2008, Welker & Wenzel 2007), sei nur darauf verwiesen, dass die Beobachtung in der Terminologie dieses Lehrbuchs zu den reaktiven Verfahren gehört (die Tatsache Forschung konstruiert oder verändert den Gegenstand, weil die Untersuchungspersonen auf die Wissenschaftler reagieren). So spannend die Auswertung der Daten ist, die man im Internet finden kann, und so notwendig die methodische Diskussion zu sein scheint (vor allem zur Frage, ob diese

Daten Befragungen ersetzen können): Eigentlich handelt es sich hier genau wie bei Internet-Nutzerprotokollen (oder: History-Files, vgl. Altmann 2007) um Inhalts- oder um Dokumentenanalysen und damit um nicht-reaktive Methoden.

Bei aller Werbung für die Methode: Beobachtungen können nicht alles. Sie sagen nichts über den subjektiven oder praktischen Sinn, den Menschen mit Handlungen und Strukturen verbinden (und damit auch nichts über Meinungen und Einstellungen), und werden deshalb in der Forschungspraxis meist mit (oft kurzen) Leitfadeninterviews gekoppelt, wo es einerseits um den persönlichen Hintergrund der Beobachteten geht (etwa um ihren Habitus und um die soziale Position) und andererseits um das, was gerade beobachtet wurde.

Eine Spezialform solcher Leitfadeninterviews ist das „Laute Denken" (das in manchen Veröffentlichungen auch als „Methode" bezeichnet wird) – eine „Forschungsstrategie" (Gehrau 2002: 119), bei der die Beobachtungspersonen ihre Handlungen (etwa Fernsehen) direkt kommentieren (natürlich in ein Aufzeichnungsgerät) oder das Ganze später noch einmal vorgespielt bekommen (hier: vom Videorekorder) und dann die Frage beantworten sollen, warum sie dort umgeschaltet haben und hier hängen geblieben sind oder was sie bei dieser und bei jener Szene gedacht und gefühlt haben (vgl. Bilandzic & Trapp 2000, Weidle & Wagner 1994). Das „Laute Denken" ist damit ein klassisches Beispiel für eine Methoden-Triangulation: Beobachtung plus Befragung. Wenn man die Zuschauer nicht über ihr Verhalten reden lässt, ergeben die Aufzeichnungen des Videorekorders (oder von Kameras und Mikrofonen) keinen Sinn.

> *Merksatz*: Jede Beobachtung muss mit einer Befragung kombiniert werden, wenn man (auch) Einstellungen, Motive oder Werturteile untersuchen will.

Dies führt zu einer zweiten Einschränkung: Beobachtungen sind selbst dann nicht immer der beste Weg zur Erkenntnis, wenn man den Wunsch hat, sich über die Methode von den Kommilitonen abzugrenzen. Die Internet- oder Mediennutzung im Alltag etwa lässt sich viel besser über Befragungen erheben. „Alltag" ist erstens ermüdend lang und oft etwas anderes als kommunikationswissenschaftliche Beobachter suchen würden, zweitens gibt es dort Momente, wo die Erkenntnisobjekte in jedem Fall allein oder „in Familie" sein möchten, und drittens bleibt zu fragen, ob man überhaupt noch von „Alltag" sprechen kann, wenn Besuch kommt (erst recht aus der Universität) oder ein Aufzeichnungsgerät installiert wurde. Ein Beispiel für gut gemeint (weil mit dem Ziel verbunden, der „Realität" näher zu kommen und die Glaubwürdigkeit von Interviewaussagen zu testen), aber trotzdem falsch entschieden: ein paar Tage lang jeden Morgen bei Senioren klingeln und die ganze Zeit bei ihnen bleiben, um der Bedeutung von Medienangeboten in der letzten Lebensphase auf die Spur zu kommen. Welcher Rentner wird sich nach dem Frühstück (wie sonst immer) zwei Stunden mit der Regionalzeitung auf den Balkon setzen, wenn eine junge Frau zu Gast ist? Wer wird an einem solchen Tag schon mittags den Fernsehapparat einschalten? Und: Welcher Rentner hätte solche Rituale ausgespart, wenn ihn die gleiche Frau danach gefragt hätte?

Beobachtungsarten

In der Literatur gibt es mehrere Versuche, Beobachtungsarten zu systematisieren (vgl. Gehrau 2002: 28). Lothar Mikos unterschied zum Beispiel „grundsätzlich" zwischen „teilnehmender" und „reiner" Beobachtung (wo der Forscher sich nicht „offenbart" und „quasi als Voyeur tätig" ist; Mikos 2005: 315). Mikos erwähnt zwar selbst die „ethischen Probleme", die mit der Heimlichtuerei verbunden sind, sein Gegensatzpaar überzeugt aber vor allem deshalb nicht, weil das Kriterium („Intervention in das Forschungs-feld") nicht trennscharf ist. War Günter Wallraff ein „teilnehmender" oder ein „reiner" Beobachter, als er Mitte der 1970er Jahre unter dem Namen Hans Esser knapp vier Monate in der Hannoveraner Redaktion der *Bild-Zeitung* arbeitete, um Arbeitsweise und Machenschaften der Boulevardpresse und hier vor allem der Blätter aus dem *Axel Springer Verlag* zu entlarven (vgl. Wallraff 1977)? Kann man überhaupt beobachten, ohne die Situation zu verändern? Auf das Beispiel gemünzt: Hätten die Journalisten damals genauso gearbeitet, wenn „Hans Esser" nicht dabei gewesen wäre?

Am ehesten ist die Idee der „reinen" Beobachtung noch bei Studien zur Mediennutzung in öffentlichen Räumen umsetzbar (Public Viewing). Da das Verhalten des Publikums allein wenig sagt, „enttarnen" sich die Forscher aber auch hier spätestens bei den Kurzinterviews, mit denen auch solche Beobachtungen in der Regel kombiniert werden, um Motive ermitteln und Unterschiede erklären zu können (vgl. Krotz & Eastman 1999, Krotz 2001). Dass auch seine Vorstellung von „Teilnahme" problematisch ist, zeigt ein Gedankenspiel von Lothar Mikos, bei dem die Beobachtung direkt in eine Art Eingriff oder in ein Experiment übergeht (wenn die Forscherin die Leute in einer Sport-Bar zum Trinken animiert, um die TV-Nutzung unter Alkoholeinfluss unter-suchen zu können, Mikos 2005: 316). In diesem Lehrbuch wird deshalb auf den Begriff „teilnehmende Beobachtung" verzichtet: Irgendwie ist die Forscherin oder der Forscher immer dabei – auch wenn sie oder er still in der Ecke sitzt, dort lediglich ein Mikrofon abgestellt oder sogar nur die Anweisung gegeben hat, den Videorekorder mitlaufen zu lassen.

Wie bei den Spielarten der Befragung ist das Nachdenken über Beobachtungsarten keine akademische Selbstbefriedigung. Wie man beobachtet, beeinflusst die Stichprobe (Wer macht mit?), den Grad der Reaktivität (Wie stark verändert der Forscher das Verhalten?) und die Möglichkeiten, das Geschehen zu dokumentieren:

- *Transparenz*: offen vs. verdeckt. Wer um den Beobachter weiß, wird sich anders verhalten, und der Forscher, der sich zu erkennen gibt, kann ohne Probleme mit Beobachtungsbogen oder Tagebuch arbeiten.

- *Teilnahme*: aktiv (der Forscher als Teil des Settings, zum Beispiel als Praktikant) vs. passiv (der Forscher als Forscher, also mit Distanz zum Geschehen). Wer in einer Redaktion mitarbeitet und „nebenbei" beobachtet, senkt zwar die Reaktivität, sieht aber weniger und anderes als ein „Vollzeit"-Beobachter und muss sich auch bei der Dokumentation zwangsläufig beschränken (weil er in das Team einbezogen wird und Arbeitsaufgaben zu erledigen hat, die dort anfallen).
- *Anwesenheit*: direkt (der Forscher oder die Forscherin sind dabei) vs. indirekt (Kamera, Tonband, digitale Speicherung). Technik zeichnet das Geschehen dauerhaft auf, verschafft anderen Wissenschaftlern so leichter Zugang und wird schneller „vergessen" als Menschen, ist aber genau deshalb auch mit größeren ethischen Problemen verbunden (man denke nur an die Diskussionen um das Container-Fernsehen) und dürfte bestimmte Untersuchungsgruppen von vornherein ausschließen (wer holt sich Big Brother schon gern ins Haus?).
- *Eingriff*: natürlich (keine Regieanweisungen durch die Wissenschaftler) vs. künstlich (Aufgaben stellen oder Menschen in einem Labor oder in ihrer Lebenswelt mit Medienangeboten konfrontieren, die sie normalerweise in dieser Situation nicht nutzen würden). Künstliche Beobachtungen sind effektiver und manchmal der einzige Zugang zum Gegenstand (vermutlich würde das Kind sonst nie die Hörspielkassette einlegen, wenn Forscher dabei sind), aber wie jede experimentelle Situation mit Validitätsproblemen verbunden (vgl. Brosius et al. 2009: 219-221).

Abbildung 17: Beobachtungsarten

Merkmal	Ausprägungen	Beispiele
Transparenz	offen vs. verdeckt	*verdeckt*: Wallraff 1977 *offen*: Weiß 2009b, Meyen & Pfaff-Rüdiger 2009, Bilandzic & Trapp 2000
Teilnahme	aktiv vs. passiv	*aktiv*: Wallraff 1977 *passiv*: Weiß 2009b, Meyen & Pfaff-Rüdiger 2009, Riesmeyer 2007, Bilandzic & Trapp 2000
Anwesenheit	direkt vs. indirekt	*direkt*: Wallraff 1977, Meyen & Pfaff-Rüdiger 2009, Weiß 2009b, Riesmeyer 2007, Altmann 2007 *indirekt*: Bilandzic & Trapp 2000
Eingriff	natürlich vs. künstlich	*natürlich*: Weiß 2009b, Bilandzic & Trapp 2000, Riesmeyer 2007, Wallraff 1977 *künstlich*: Meyen & Pfaff-Rüdiger 2009, Altmann 2007

Quelle: eigene Darstellung

Diese acht Beobachtungsarten sind in der Forschungspraxis (fast) beliebig kombinierbar:

- Wallraffs „Untersuchung" war verdeckt, aktiv, direkt und natürlich,
- die Onlinejournalisten-Beobachtung von Julia Weiß (2009b) offen, passiv, direkt und natürlich,
- der (kurze) Beobachtungsteil, der zur Studie „Internet im Alltag" gehörte (vgl. Kapitel 3, S. 66), offen, passiv, direkt und künstlich (da auf Anweisung der Interviewer der PC hochzufahren war), und
- die Beobachtung beim Fernsehen, die Helena Bilandzic und Bettina Trapp (2000) mit der Methode des „lautens Denkens" verbunden haben, offen, passiv, indirekt und natürlich (die Jugendlichen konnten selbst entscheiden, wann sie den Videorekorder mitlaufen ließen – Hauptsache, sie waren allein).

Abbildung 18: Redaktionsbeobachtung

Foto: Daniel Volkmann

Die Entscheidung für ein bestimmtes Untersuchungsdesign sollte dabei (wie generell) vom Erkenntnisinteresse diktiert werden.

Faustregel I: eher keine verdeckten und keine aktiven Beobachtungen – schon aus forschungsethischen Gründen, aber auch wegen der Einschränkungen, die damit bei der Informationsgewinnung und der Dokumentation verbunden sind.

Kommunikationswissenschaftler sind keine Ethnografen, die über Jahre in einer bestimmten Gemeinschaft leben wollen und müssen. Und als Praktikant abends ein Beobachtungsprotokoll zu schreiben, mag zwar effizient sein (zwei Fliegen mit einer Klappe), selbst bei sehr einfachen Untersuchungskategorien dürfte es aber kaum möglich sein, die intersubjektive Nachvollziehbarkeit zu gewährleisten.

 Faustregel II: künstliche Beobachtungen nur bei Untersuchungsgegenständen, die sich nicht „natürlich" und direkt beobachten lassen – weil die Handlungen normalerweise nicht oder anders ausgeführt werden, wenn ein Fremder dabei ist.

Dass es schwierig ist, einen Menschen bei der Nutzung von Medienangeboten im Alltag zu beobachten, dürfte schon deutlich geworden sein. Myrian Altmann (2007: 49) hat den Senioren, die sie zum Internet befragt hat, deshalb „drei kleine Aufgaben" gestellt (einen Mail-Anhang öffnen, einen Weg von A nach B in München finden und ein Foto vom Marienplatz in der gleichen Stadt suchen). Auf diese Weise konnte die Forscherin neben der Internetkompetenz (Umgang mit Maus und Tastatur, „Lösen" der Aufgaben) zugleich die technische Ausstattung beobachten (PC, Tempo der Datenübertragung) und auch feststellen, dass eine ältere Dame ihre Tastatur mit Großbuchstaben beklebt hatte. Problematisch bei solchen Aufgaben: die Versagensangst und das Prüfungsgefühl auf Seiten der Beobachteten sowie die (fehlende) Vergleichbarkeit. Wer in München wohnt, war genauso im Vorteil wie jemand, der im Internet nichts weiter macht als Routen zu suchen oder Attachements zu öffnen. In der Studie „Internet im Alltag" wurde deshalb (offener) einfach nach der Lieblingswebseite gefragt (mit dem gleichen Erkenntnisziel, vgl. Kapitel 2). Dass in der Kommunikatorforschung direkte Beobachtungen kein Problem sind, kann man auch mit dem Alltag in den Redaktionen begründen: Dort wimmelt es von Praktikanten, die den Journalisten über die Schulter schauen.

 Faustregel III: direkte Beobachtungen, wenn der Akteur die Untersuchungseinheit ist (der Redakteur, der Fernsehzuschauer) und wenn Abläufe untersucht werden sollen, die durch die Anwesenheit eines Forschers nur wenig beeinflusst werden (die Zeitung muss am Abend fertig sein, und die Eltern müssen mit dem Kleinkind spielen – egal ob noch jemand dabei ist oder nicht), und indirekte, wenn es um Interaktionen und Prozesse in Gruppen geht oder um habitualisierte Verhaltensmuster, die von „Dritten" empfindlich gestört werden würden (Zapping, Surfen im Internet).

Indirekte Beobachtungen

Da im Fach direkte Beobachtungen dominieren, konzentrieren sich die Tipps für Instrumente und Vorgehen auf diesen Normalfall. Vorher soll ansatzweise (an zwei Beispielen) gezeigt werden, wo und wie man mit indirekten Beobachtungen arbeiten kann. Andreas Hepp (1998) wollte in seiner Dissertation wissen, was Zuschauer vor dem TV-Gerät machen. Konkreter: Wie ist die Rezeption in die Alltagsroutinen eingebettet? Wie werden die Inhalte mit der Lebenswirklichkeit verbunden – mit dem, was gerade in der Wohnung passiert, sowie mit den Themen und Problemen, die uns sonst umtreiben?

Abbildung 19: Fernsehaneignung im Alltag – Transkriptauszug

```
16 Ton        +++++++++++++++++++++++++++++++++++++++++++++++++++++++++
   Sprecher „D"  schlappe für verbraucherschutz                    test the
   Tanja                                              wir ham noch
   Rudi       zeit net zu kaufen damit se rumliegt w' blöd gee ((lacht))

17 Ton        +++++++++++++++++++++++++++++++++++++++++++++++++++++++++
   Sprecher „D"  west • eigentum verpflichtet
   Tanja      zeit bis morgen          und dann geht se in'n schnelldurchgang und
   Rudi                      naja ((lt.))

18 Ton        +++++++++++++++++++++++++++++++++++++++++++++++++++++++++
   Armin           = ja abber • =verstehst de=       du mußt •• es is
   Tanja      kommt ins altpapier
   Rudi              ich glaub die geht schnell

18 Bild                                              → HT
   Ton        +++++++++++++++++++++++++++++++++++++++++++++++ ]
   FKK-lerin                                              wir
   Armin      auch ne art übung • dich von zwängen zu lösen     (du kannst
   Kom                        • 1 •

18 Bild       (FKK-lerin)
   Ton        [Musik +++++++++++++++++++++++++++++++++++++++++++++
   FKK-lerin  sind das normale volk •• und wir werden hier baden gehen •• und hier
   Armin      mit einem)      vor allem wenn de dich in vier wochen prüfen was de
   Kom              • 1 •
```

Lesehilfe: Die ersten Zeilen stehen für den Fernsehinhalt (Bild einschließlich Bildschnitt und Einstellungen, Ton, Sprecher, Akteure wie die „FKK-lerin"), die gefetteten Personennamen für die Zuschauer vor dem Gerät und die „Kom"-Zeilen für Anmerkungen der Transkribierer. *Abkürzungen und Hervorhebungen*: HT – Halbtotale, • 1 • – eine Sekunde Pause, •• – längere Pause, zwäng – betont gesprochen, =ja= – schnell gesprochen, (und) – unsichere Transkription, ((lacht)) – Parasprachliches, ++ – andauernd (etwa Musik)

Quelle: Hepp 1998: 57

Hepp beobachtete dazu (offen) zwei Familien (eine mit Kleinkind und eine mit zwei Kindern) sowie fünf natürliche Gruppen (meist Studierende, dazu einmal junge Sozialarbeiterinnen und einmal Kinder) – per Videorekorder (alle TV-Sendungen) und über ein Mikrofon, das alles aufgezeichnet hat, was während des Fernsehens gesagt wurde. Dass für das Projekt Drittmittel zur Verfügung standen (Förderung durch die Deutsche Forschungsgemeinschaft), ist neben den Untersuchungszielen sicher ein Grund für die aufwändige Transkription (vgl. Abbildung 19) und für die Materialmenge, die am Ende zur Verfügung stand (in zwei Wochen ein Gesamtkorpus von mehr als 150 Stunden, vgl. Hepp 1998: 16).

Auch wenn nur „exemplarische Stellen transkribiert" und die Reste lediglich „protokolliert" wurden (was immer das heißen mag, Hepp 1998: 16), dürfte die Auswertung ein besonderes Vergnügen gewesen sein. Da in Hepps Buch kein Kategoriensystem steht, ist der folgende Versuch eine Rekonstruktion aus der Lektüre, die zeigen soll, was man aus solchen Beobachtungen herausholen kann:

• Nutzungsrahmen (räumliche und zeitliche Einbettung in den häuslichen Raum);
• Kommunikationskreise (zwischen Medienakteuren, zwischen Zuschauern und Sendung, die Zuschauer untereinander);
• Art der Äußerung (Ausruf, Kurzverweis, Phantasie, Scherz, Bewertung, Lästern, Erzählung etc.), Themen (Medieninhalte und Zuschauerthemen);
• Formen des Vergnügens, Lesarten, Kontext.

Kern ist hier sicher das, was die Zuschauer mit den TV-Inhalten machen. Hepps wichtigste Ergebnisse: Das Gespräch sei eine Art „Katalysator" bei der Fernsehaneignung und helfe, das Gesehene in der Alltagswelt zu lokalisieren. Der „Fernsehtext" biete ständig neue Themen (auch Anlässe zum Lästern) und öffne zudem Raum für Erinnerungen. Bei einem Dokumentarfilm über das DDR-Auto Trabant sprach ein junger Mann über Ost-Reisen in seiner Kindheit, Harald Schmidt regte drei Frauen dazu an, über den Mann ihrer Träume nachzudenken, und vier Kinder amüsierten sich über die Schuhe von Pippi Langstrumpf und machten aus der Figur eine „Pippi Schlappfuß". Da Kategorien zur sozialen Position (Einkommen, Beruf) genauso fehlen wie zum Medienrepertoire oder zum Freizeitverhalten jenseits des Fernsehens und da die beobachteten Lebensgemeinschaften sehr homogen waren (Mittelschicht, meist Mitte bis Ende 20), sind diese Befunde bei allem Respekt für den empirischen Aufwand allerdings nur bedingt auf andere Milieus übertragbar (etwa: Arbeitslose, Alleinstehende, Rentner).

Das Beispiel zeigt die beiden Vorzüge indirekter Beobachtungen: Aufzeichnungstechnik kann erstens auch dort eingesetzt werden, wo die Forscher stören oder den Ablauf völlig verändern würden, und spart zweitens Aufwand (Zeit, Reisekosten). Hepps Untersuchungsteilnehmer thematisierten zwar zu Beginn jeweils das Tonbandgerät (Hepp 1998: 17), die Transkripte belegen aber, dass sie die Technik sehr schnell vergessen haben. Nach zwei Wochen hatte die Forschungsgruppe außerdem ein Fülle an Material, ohne dass man selbst jeden Abend in einer fremden Wohnung verbringen und hoffen musste, dass heute der Fernseher eingeschaltet wird.

Auch in der Kommunikatorforschung kann mit indirekten Beobachtungen gearbeitet werden. Jakob Vicari interessiert sich in seinem Dissertationsprojekt für die Komposition von Zeitungstitelblättern: Nach welchen Kriterien und in welchem Verfahren entscheiden Journalisten, wie die einzelnen Themen gewichtet, zusammengestellt und illustriert werden, und wie passt dieser Selektions- und Aufbereitungsprozess zu dem Wissen über Nachrichtenfaktoren? Da die entsprechenden Entscheidungen in Redaktions- und Abteilungskonferenzen fallen, ist dies der angemessene Ort für eine Beobachtung – offen (die Teilnehmer wissen Bescheid), passiv (der Forscher ist nicht Teil der Redaktionen), natürlich (die Sitzung findet ohnehin statt) und indirekt per Tonband, da es schon aus Kostengründen (Reisen, Übernachtungen) nicht möglich wäre, all die Verlage persönlich aufzusuchen, die zu einem Sample gehören, das nach dem Verfahren der theoretischen Sättigung zusammengestellt wird (vgl. Kapitel 3). Vicari braucht bei dieser Untersuchung natürlich Helfer: Redakteure vor Ort, die das Tonband einschalten, ihm den Mitschnitt schicken und neben Hintergründen zum Arbeitsablauf und den Redaktionsstrukturen auch erklären, wer jeweils zu hören ist.

Beobachtungseinheiten und Beobachtungsinstrumente

Egal ob indirekt oder direkt: Um den „Verdacht" zu entkräften, subjektiv und damit beliebig zu arbeiten, muss die Selektivität des Beobachters sichtbar gemacht werden – am besten über ein Kategoriensystem, mit dessen Hilfe jeder nachvollziehen kann, wonach gesucht worden ist (vgl. Kapitel 2). Die Arbeit mit Kategorien ist dabei nicht zu verwechseln mit dem Gegensatz zwischen unstrukturierten und strukturierten Beobachtungen, der in manchen Lehrbüchern aufgemacht wird (vgl. Gehrau 2002: 37-39). Ganz abgesehen davon, dass die Vorstellung, jemand könne irgendetwas „frei" protokollieren, um vor allem bei neuen Forschungsgegenständen einen „authentischen Eindruck" zu bekommen und „möglichst alles" zu erfassen, genauso abenteuerlich anmutet wie die Hoffnung, dass der Beobachter nach etwas Schulung „Wichtiges behält und lediglich Unwichtiges vergisst" (jede Wahrnehmung ist theorieabhängig, und Wissenschaft hat nichts mit „Zufall" und Glück zu tun, sondern mit Systematik und intersubjektiver Nachvollziehbarkeit, vgl. Kapitel 2): Die Operationalisierung des Kategoriensystems ist immer erst der zweite Schritt. Genau wie bei Interviews und Gruppendiskussionen (Leitfaden) oder Inhaltsanalysen (Codebuch) gibt es bei Beobachtungen Untersuchungsinstrumente, die je nach Untersuchungsziel und Umständen stärker oder schwächer standardisiert sein können.

Bevor diese Instrumente entwickelt werden, sind die Beobachtungsobjekte, die Beobachtungsfälle und das Beobachtungsfeld festzulegen (Gehrau 2002: 65-69). Bei den Objekten nennt Gehrau drei „Varianten":

- Einzelpersonen (ein Journalist, ein Mediennutzer),
- Gruppen (die gesamte Redaktion, die Fanrunde beim Bayern-Spiel) und
- Objekte, auf die sich Handlungen beziehen (eine Reportage, an der mehrere Personen schreiben oder über die verschiedene Gremien diskutieren).

 Empfehlung: In der Forschungspraxis hat es sich bewährt, einen Akteur in den Mittelpunkt zu rücken.

Abbildung 20: Beobachtungsbogen

Nr.	Ort	Externer Akteur	Handelndes Zusammenwirken

Nr.	Ort	Externer Akteur	Handelndes Zusammenwirken
1	3	C	Chefredakteur macht Tagesplanung und verteilt Aufgaben auf einzelne Redakteure
2	3	C	Chefredakteur geht in Redaktionskonferenz und bittet A1, den Agentur-Ticker zu übernehmen
3	1	N	Einlaufende Agenturmeldungen im Ticker durchgesehen
4	1	U	Klickzahlen überprüft
5	1	N	Einlaufende Agenturmeldungen im Ticker durchgesehen → Meldung im CMS eingepflegt
6	1	KM	Eigenes Angebot gelesen (Ressortseiten) → Meldung für die Startseite übernommen (Absprache mit C)
7	1	N	Einlaufende Agenturmeldungen im Ticker durchgesehen
8	1	KM	Eigenes Angebot gelesen (Ressortseiten) → Meldung für die Startseite übernommen (Absprache mit C)
9	1	KK	tz-online wird gelesen

A1 – Akteur 1. Andere Codes: Abbildung 21, S. 133. *Quelle:* Weiß 2009b

Andreas Hepp platzierte seine Mikrofone zwar in Lebensgemeinschaften (anders hätte sich das Thema „Gespräche" über Fernsehinhalte gar nicht umsetzen lassen) und erfasste so gleich mehrere Personen gewissermaßen „in einem Rutsch", Auswertung und Ergebnisse bezogen sich aber in aller Regel zunächst auf einzelne Teilnehmer. Etwas komplizierter ist die Entscheidung in Sachen Beobachtungsfall: Wann beginnt und wann endet eine „Einheit", die zu protokollieren ist? Was ist diese „Einheit" (oder der „Fall") überhaupt? Die beiden Antwortmöglichkeiten: eine (abgrenzbare) Handlung oder eine Zeitspanne. Entweder man dokumentiert jede neue Aktion (bei einem Redakteur: Gespräch mit Kollegen, Recherchetelefonat, Lesen von E-Mails, Toilettenpause) oder all das, was in einem bestimmten Zeitraum passiert ist (alle fünf Minuten, alle halbe Stunde).

Empfehlung: die Handlung zum Beobachtungsfall machen und trotzdem jeweils die Dauer protokollieren (die Zeit sagt immer auch etwas über den Stellenwert von Handlungen).

Der Begriff Beobachtungsfeld zielt auf Raum und Zeit: Wo soll überall beobachtet werden (hoffentlich nicht auch auf der Toilette) und wie lange dauert das Ganze? Beim Thema Fernsehnutzung könnten Beginn und Schluss einer Sendung sowie der Raum, in dem das Gerät stehen, das Feld begrenzen, beim Thema Medienaneignung vielleicht noch das anschließende gemeinsame Essen in der Küche und bei Beobachtungen in Redaktionen oder anderen Produktionsstätten der Arbeitstag und das Büro.

Empfehlung: das Feld auf jeden Fall vorher festlegen. Dann weiß man, ob man in die Kantine oder zur Zigarettenpause mitgehen muss und ob man die Einladung zum Feierabendbier auch ablehnen kann.

Für die Erfassung und die Dokumentation des Geschehens vor Ort gibt es mehrere Beobachtungsinstrumente:

- *Beobachtungsbogen*: Gehört hier zwingend an die erste Stelle. Funktioniert wie der Codebogen bei einer Inhaltsanalyse. Die Beobachtungsfälle (zum Beispiel: die einzelnen Handlungen) werden nummeriert und katalogisiert (wo passiert was, wer ist mit dabei, wie lange dauert es, vgl. Abbildung 20). Die Kategorien können dabei entweder deduktiv gebildet werden (aus der Theorie, aus der Forschungsliteratur) oder induktiv (Besichtigung, Wissen über den Gegenstand) und hängen sowohl vom Untersuchungsziel ab als auch von der Beobachtungsart.
- *Codebuch*: Gehört zum Beobachtungsbogen und enthält neben den Definitionen für die Beobachtungskategorien die Abkürzungen, die „im Feld" benutzt werden (vgl. Abbildung 21). Sollte man im Kopf haben, wenn es ernst wird.

- *Beobachtertagebuch*: Auch wenn man noch so viel gelesen und jede mögliche Situation vorher durchgespielt hat: Es werden Dinge passieren, für die im Beobachtungsbogen keine Spalte vorgesehen ist. Genau diese Dinge kommen in das Tagebuch (das tatsächlich am besten als Büchlein auf dem Tisch oder auf dem Schoß liegt und die ganze Untersuchung begleiten sollte). In diesem Tagebuch kann neben den Kontaktdaten der Beobachtungsobjekte auch all das notiert werden, was (möglicherweise aus theoretischen Gründen) keinen Platz im Beobachtungsbogen bekommen hat, aber für die Interpretation hilfreich sein könnte (etwa: Ordnung am Arbeitsplatz, Atmosphäre im Büro, Stil der Wohnungseinrichtung, Eigenheiten des Beobachtungsobjekts).
- *Gedächtnisprotokoll*: Die Beobachtung des Beobachters. Aufzuschreiben, wenn man wieder allein ist, am besten unmittelbar nach der Beobachtung: Wie habe ich die Situation erlebt? Wie war das Verhältnis zu meinem Beobachtungsobjekt? Hat sich dieses Verhältnis im Laufe der Zeit geändert? Wenn ja: warum? Gab es etwas, was meine Aufmerksamkeit (zeitweilig) abgelenkt hat? Haben der Beobachtungsbogen und das Codebuch funktioniert oder sollten diese Instrumente modifiziert werden? Was muss ich (oder meine Forschergruppe) bei der Interpretation unbedingt beachten?
- *Flankierende Dokumentation*: Informationsmaterial über das Beobachtungsfeld: Gebäude- und Bürogrundrisse, die von den Beobachtungsobjekten zur Verfügung gestellt werden (vgl. Abbildung 22), oder Fotos (Büroräume, PC-Platz, Wohnzimmeraltar), die sowohl während der Beobachtung gemacht werden können als auch davor (etwa bei der Terminvereinbarung und einer ersten Besichtigung) oder danach (bei einem Nachgespräch). Die Dokumente helfen zum einen bei der Interpretation (vor allem bei der Arbeit im Team, wenn nicht alle Mitglieder vor Ort waren) und sind zum anderen für die Illustration des Forschungsberichts (und damit für die Verständlichkeit) unentbehrlich.

Die Abbildungen 20 und 21 stammen aus der Arbeit von Julia Weiß (2009b), die zehn Online-Redakteure in bayerischen Tageszeitungsverlagen jeweils einen Arbeitstag lang beobachtet hat. Forschungsfrage: Wer oder was beeinflusst hier die Nachrichtenauswahl? Da Onlineredakteure durch Klickzahlen („Quote in Echtzeit") und durch die Kommentarseiten genau wissen, was ihr Publikum will, unterliegen sie ständig der Versuchung, den Lesern auch genau das zu geben, um die Nutzerzahlen (und damit letztlich den Werbewert) zu maximieren. Sind diese Journalisten nur noch „Klickhuren", die durch „übergeigte Riesenschlagzeilen" und „nackte Frauen" auffallen wollen und so ihre öffentliche Aufgabe vernachlässigen (vgl. Niggemeier 2008)?

Die Studie von Julia Weiß stützte sich auf den Ansatz der Akteur-Struktur-Dynamiken von Uwe Schimank (2010). Dort werden einzelne Handlungen zwar als Grundelemente jeden sozialen Geschehens gesehen (weshalb sich die Theorie gut für Beobachtungen eignet), zugleich weist Schimank aber darauf hin, dass sich individuelle Akteure (wie zum Beispiel Onlinejournalisten) nicht im luftleeren Raum bewegen, sondern in bestimmten Akteurskonstellationen (man nimmt sich gegenseitig wahr, beeinflusst sich möglicherweise und verhandelt manchmal auch miteinander) und innerhalb von sozialen Strukturen (deshalb „Akteur-Struktur-Dynamik"). Zu diesen Strukturen gehören neben den Beziehungen zu anderen Akteuren auch Erwartungen (etwa normative Anforderungen an Medieninhalte) und Bewertungen (Wer macht „guten" Journalismus? Was ist das überhaupt?). Die Anwendung von Schimanks Begriffen auf den Untersuchungsgegenstand von Julia Weiß lief in zwei Schritten:

- Zunächst (im theoretischen Teil) wurde systematisch zusammengestellt, welche Akteure für Onlineredakteure relevant sein könnten: auf der journalistischen Seite die Kollegen in der eigenen Redaktion und in der Printredaktion im gleichen Verlag, der Chefredakteur und der Abteilungsleiter sowie die Kollegen bei der Konkurrenz, bei der Recherche dann Nachrichtenagenturen, Öffentlichkeitsarbeiter sowie Interviewpartner und schließlich natürlich das Publikum (vgl. die Codes in Abbildung 21).
- Bei der Beobachtung in der Redaktion selbst ist dann (nicht standardisiert) das „handelnde Zusammenwirken" mit diesen unterschiedlichen Akteuren erfasst worden (vgl. Abbildung 20).

Abbildung 21: Abkürzungen im Codebuch

Ort	Externer Akteur
1 eigener Arbeitsplatz	U User
2 Arbeitsplatz eines Kollegen	K Kollege (eigene Redaktion)
3 Gespräche über den Schreibtisch	KM (Kollege (vom Muttermedium)
4 Büro des Chefredakteurs	C Chefredakteur
5 Konferenzraum	KK Konkurrenzmedium
6 Konferenzraum des Muttermediums	Ö Öffentlichkeitsarbeiter
7 außen	N Nachrichtenagentur
8 sonstige (notieren)	S sonstige (notieren)

Quelle: Weiß 2009b

Beobachtungsfeld war dabei die ganze Redaktion, um sich nicht auf den Schreibtisch des einen (beobachteten) Journalisten beschränken zu müssen und auch Absprachen im Haus mitzubekommen (vgl. die Codes in Abbildung 21). Lehrbuchreif hat Julia Weiß

außerdem ein Beobachtungstagebuch geführt und die Journalisten in Leitfadeninterviews befragt:

- nach Deutungsstrukturen (Was muss ein Artikel haben, damit er geklickt wird, und
  wann waren Sie letzte Woche besonders zufrieden oder besonders unzufrieden?),
- nach Erwartungsstrukturen (Gibt der Verlag Klickzahlen vor? Beeinflusst das die Auswahl? Gelten hier andere Qualitätsmaßstäbe als bei Printprodukten?) sowie nach
- Konstellationsstrukturen (Welche Rolle spielt die Konkurrenz?).

Nicht ganz so lehrbuchreif war der Verzicht auf Zeitangaben, weil die Forscherin am
Ende zum Beispiel nicht wusste, welchen (zeitlichen) Stellenwert die Recherche oder
das Produzieren eigener Geschichten haben. Auch so zeigt die Studie aber, welche Rolle
die Marktführer *Spiegel Online* und *bild.de* spielen („Taktgeber") und (vielleicht noch
wichtiger) dass die Publikumsorientierung von zahlreichen Faktoren beeinflusst wird
(von der Redaktionsgröße und von den Ressourcen, vom Ressort, von der Ausbildung
und von Persönlichkeitsmerkmalen). Natürlich gibt es in den Onlineredaktionen die
„Unterhalter" („Für sie lautet die Devise: Klicks, Klicks, Klicks"), Julia Weiß hat aber
auch neben Journalisten gesessen, die das auswählen, „was sie für wichtig halten", und
„ihre Leser aufklären und erziehen wollen" (Weiß 2009b: 96).

Abbildung 22: Redaktionsskizze

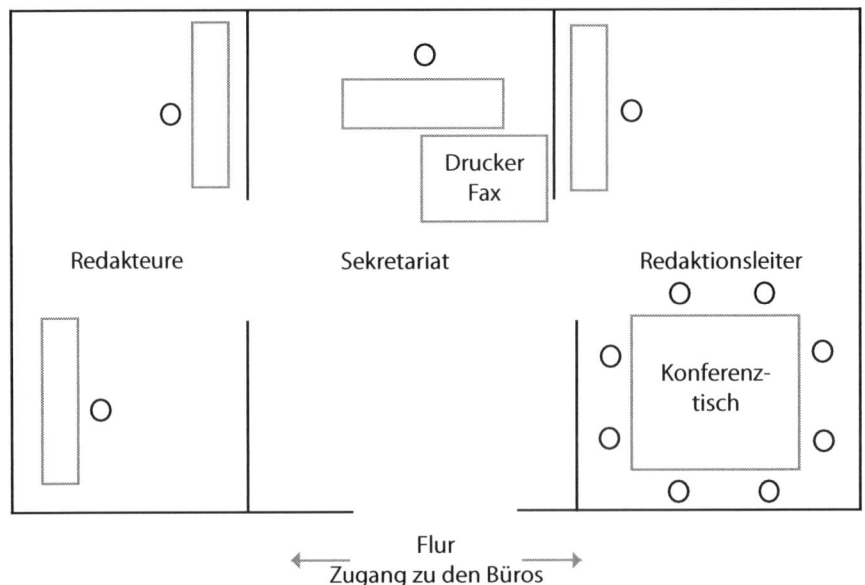

Quelle: eigene Darstellung

Praktische Tipps: Vorbereitungsgespräche und Beobachterrolle

Die Studie wurde hier auch deshalb so ausführlich vorgestellt, weil Julia Weiß vieles von dem berücksichtigt hat, was in einem Beobachtungs-Ratgeber stehen könnte: Sie hat sich auf jeweils einen Akteur konzentriert und jedes „Beobachtungsobjekt" genau einen Arbeitstag begleitet, sie hat einen übersichtlichen Beobachtungsbogen und Abkürzungen vorbereitet, die es ihr erlaubt haben, sich tatsächlich auf ihren Gegenstand zu konzentrieren (und nicht auf die Instrumente), und sie hat neben einem Tagebuch auch Leitfadeninterviews geführt, die helfen sollten, das Gesehene einzuordnen und zu erklären.

Zwei wichtige Punkte wurden dabei noch nicht angesprochen: die Rekrutierung und das Verhalten bei direkten, natürlichen Beobachtungen: Wie überzeuge ich einen Redakteur davon, sich von mir auf Schritt und Tritt begleiten zu lassen? Und wenn ich das geschafft habe: Wie viel „Abstand" ist angemessen – zum einen ganz wörtlich verstanden (in Metern), zum anderen aber auch sozial. Was mache ich, wenn das Beobachtungsobjekt mich anspricht? Bleibe ich stumm oder wenigstens einsilbig? Erzähle ich von mir, wenn ich danach gefragt werde? Darf ich sofort selbst Fragen stellen, wenn ich etwas nicht verstehe, oder verändere ich damit nicht die gesamte Untersuchungsanlage (Stichworte „Natürlichkeit" und „Passivität")? Bei der Kontaktaufnahme und der Vorbereitung gelten für (offene) Beobachtungen die gleichen Regeln wie bei Befragungen (vgl. Kapitel 4): Die Untersuchungspersonen sollten in jeder Hinsicht wissen, worauf sie sich einlassen.

> *Empfehlung I*: ein ausführliches Vorgespräch, möglichst nicht am Tag der Beobachtung selbst, sondern vorher, eventuell bei der Terminabsprache.

Inhalt dieses Vorgesprächs: Person des Forschers, Untersuchungsziel, mögliche Befürchtungen (in der Arbeitswelt die Nähe zum Controlling und in jedem Fall der Einbruch in die Privatsphäre, die es auch im Büro gibt), Beschreibung der Situation. Was genau wird passieren und wie wird das aussehen, wenn ich Sie beobachte? Da es keineswegs alltäglich ist, wenn ein Journalist oder eine Privatperson in unmittelbarer Nähe von einem Forscher begleitet werden, der alle Handlungen protokolliert, ist im sozialen Umfeld mit Irritationen zu rechnen. Daraus ergibt sich

> *Empfehlung II*: Wenn zu erwarten ist, dass man bestimmte Personen bei der Beobachtung trifft, dann sollten diese Menschen vorher ebenfalls informiert werden.

Solche Vorgespräche ersparen lästige Rückfragen und Erklärungen und sind zumindest bei Beobachtungen in der Arbeitswelt sogar ein Muss. Der Redaktions- und der

Abteilungsleiter sowie die Kollegen an den Nachbar-Schreibtischen sind einzuweihen. Gerade hier ist es ohne Zustimmung der Chefs ohnehin nicht möglich, irgendetwas zu beobachten.

Auch in Sachen Forscherrolle kann man sich zunächst an den Empfehlungen orientieren, die im vierten Kapitel für Interviewer gegeben wurden: Respekt und Interesse ja, Belehrungen und Streitgespräche nein. Die Beobachterin oder der Beobachter kann (leider) nicht Harry Potters Tarnumhang nutzen: Man ist da und sollte sich folglich so verhalten, wie das Menschen normalerweise tun, wenn Sie mit anderen Menschen zusammen sind.

> *Empfehlung III*: Zurückhaltung (dezente Begleitung).

Dazu gehört, dass man Sachfragen stellt, wenn etwas passiert, was man nicht sofort versteht (Wer war das gerade am Telefon? Warum lachen Sie?), und dass man selbst (knapp) reagiert, wenn man auf die Situation angesprochen wird (Ist das für Sie okay, wenn ich so sitze?) oder auf die „Dinge des Lebens" (Müssen sie eigentlich nie austreten?).

> *Letzte Empfehlung*: Um eine Beobachterposition zu finden, die eine optimale Sicht erlaubt, sollte man den Ort des Geschehens vorher besichtigen und diesen Punkt dabei vielleicht schon mit dem Untersuchungsobjekt klären.

Beobachtungen sind reaktive Verfahren. Sie zielen auf Handlungen, auf Beziehungen zwischen Menschen sowie auf Strukturen und Kontexte, in denen sie sich bewegen.

Einsatzgebiete in der Kommunikationswissenschaft: Herstellung von Medienangeboten (Redaktionsforschung, PR-Forschung), (habitualisierte) Mediennutzung, Medienaneignung.

Beobachtungsarten: unterscheidbar nach der Transparenz (offen vs. verdeckt), der Teilnahme (aktiv vs. passiv), der Anwesenheit (direkt vs. indirekt) und dem Eingriff (natürlich vs. künstlich). Empfehlungen: Verzicht auf verdeckte Beobachtungen (Forschungsethik!); Konzentration auf direkte und natürliche Beobachtungen.

Stärke der Methode: Beobachtungen bieten einen Zugang zu habitualisierten Handlungen (Routinen).

Grenze der Methode: Beobachtungen sagen nichts über den subjektiven oder praktischen Sinn, den Menschen mit Handlungen verbinden, und müssen deshalb mit Befragungen kombiniert werden.

Instrumente: Beobachtungsbogen (mit Codebuch), Beobachtertagebuch, Gedächtnisprotokoll, Fotos und Skizzen des Feldes.

Volker Gehrau: Die Beobachtung in der Kommunikationswissenschaft. Konstanz: UVK 2002.

Das Pendant zum Befragungsbuch von Armin Scholl (vgl. Kapitel 4). Erst ausführliche Einführungen in Methodologie und Untersuchungsschritte, dann Beispiele aus dem Fach (Redaktionsforschung, Medien im Alltag, Medienwirkung). Am Ende noch knapp 40 Seiten über „apparative Beobachtungsverfahren" (Mediennutzung: Tele- und Radiometrie, Logfile-Analyse; Kaufverhalten; Blickrichtung und Blickverlauf; physiologische Körperreaktionen: unter anderem Hautleitwiderstand und Blutdruck) sowie zehn Seiten über „Kommunikationsmodalitäten (nonverbale Kommunikation, Stimm- und Interaktionsanalyse). Zwar mit einer stark quantitativ-empirischen Orientierung, aber durch die Systematik und die Verwurzelung in der Kommunikationswissenschaft ein Muss für jeden, der mit Beobachtungen arbeiten möchte. Der Umfang (mit 200 Seiten nur halb so dick wie Scholls Buch) sagt dabei auch etwas über den Stellenwert der Methode.

Thorsten Quandt: Journalisten im Netz. Wiesbaden: VS Verlag für Sozialwissenschaften 2005.

Preisgekrönte Studie (Dissertationspreis der *Deutschen Gesellschaft für Publizistik- und Kommunikationswissenschaft* 2006), die nicht nur als Anschauungsbeispiel für Redaktionsbeobachtungen genutzt werden kann (sechs Onlinejournalisten wurden jeweils eine Woche lang begleitet), sondern auch als Lehrbuch. Quandt fasst alle Beobachtungen zusammen, die es bis dahin in der Kommunikatorforschung gegeben hat, und diskutiert ausführlich die Probleme, die mit der Methode verbunden sind. Auch deshalb interessant, weil die Studie zeigt, wo Quantifizierungen gewinnbringend sind: Der Arbeitsalltag der beobachteten Redakteure lässt sich wunderbar visualisieren, wenn man mit der Stoppuhr neben ihnen gesessen hat. Für Studenten außerdem hilfreich: im Methodenteil gibt es eine Kurzfassung der wichtigsten Systhemaisierungen von Gehrau.

Jakob Vicari: Unter Wissensmachern. Eine Untersuchung journalistischen Handelns in Wissenschaftsredaktionen. Diplomarbeit. München: Ludwig-Maximilians-Universität 2008. http://epub.ub.uni-muenchen.de/2114/1/DA_Vicari_Jakob.pdf (Abruf: 5. Dezember 2010).

Fast könnte man sagen: der Quandt für Abschlussarbeiten. Für eine „normale" Diplom-, Master- oder Magisterarbeit ist der empirische Aufwand aber fast schon zu groß. Jakob Vicari hat 18 Wissenschaftsjournalisten in vier Redaktionen je einen Tag beobachtet (*Berliner Zeitung, Frankfurter Rundschau, Badische Zeitung* und *Frankfurter Allgemeine Sonntagszeitung*) und dabei wie Quandt Codebogen, Stoppuhr und Tagebuch genutzt. Neben der Weiterentwicklung und der (thematischen) Anpassung der Vorbildstudie ist hier auch der theoretische Hintergrund interessant, weil es Vicari gelingt, die (in der Journalismusforschung dominierende) Systemtheorie empirisch fruchtbar zu machen. Dazu gut lesbar und vor allem: kostenlos als Volltext verfügbar.

Claudia Riesmeyer: Wie unabhängig ist Journalismus? Zur Konkretisierung der Determinationsthese. Konstanz: UVK 2007.

Das Plädoyer, die Beobachtung mit anderen Methoden zu kombinieren, wird in dieser Dissertation eins zu eins umgesetzt. Die Studie verknüpft die Beobachtung des Redaktionsalltags der *Thüringer Allgemeinen* (Lokal- und Landespolitikredaktion wurden jeweils eine Woche beobachtet) mit Leitfadeninterviews (befragt wurden Journalisten beider Redaktionen) und einer Inhaltsanalyse, um die Frage nach dem Umgang mit PR-Informationsquellen durch die Journalisten zu beantworten. Mehrwert der Studie: Die Methodenkombination ermöglicht nicht nur den Vergleich zwischen der Fremd- und Selbstwahrnehmung der Journalisten und ihrer Berichterstattung, sondern zeigt auch, dass die Vorstellung, der Journalismus werde durch Public Relations determiniert, nur bedingt zutrifft (abhängig vom Ressort und vom Status der Informationsquelle).

6 Inhaltsanalyse

Dieses Kapitel behandelt die Untersuchung von Medienangeboten und unterscheidet zwischen solchen (genuin kommunikationswissenschaftlichen) Inhaltsanalysen und Dokumentenanalysen, die sich auf Transkripte, Sitzungsprotokolle oder Archivalien beziehen und in Kapitel 7 behandelt werden. Nachdem diese Abgrenzung begründet wurde, werden die Besonderheiten qualitativer Inhaltsanalysen (Materialauswahl, Arbeit am Text) mithilfe von Beispielen diskutiert.

Um falschen Erwartungen vorzubeugen: Hier findet man keine Kurzfassung des Standardwerks *Qualitative Inhaltsanalyse* von Philipp Mayring, das 2010 bereits in der elften Auflage erschienen ist (erste Ausgabe 1983). Zum einen gibt es diese Kurzfassungen genau wie eine Praxisanleitung mit Beispielstudien (Mayring & Gläser-Zikuda 2008) und eine allgemeine „Einführung in die qualitative Sozialforschung" (angelegt als „Anleitung zu qualitativem Denken", Mayring 2002) vom Autor selbst (vgl. Mayring 2010, Mayring & Hurst 2005), und zum anderen (wichtiger) wird der Begriff „Inhaltsanalyse" in diesem Lehrbuch enger ausgelegt. Während Mayring seine Ablaufmodelle und Qualitätskriterien für die Auswertung von Gesprächsprotokollen entwickelte (konkret: offene Interviews mit arbeitslosen Lehrern, vgl. Lamnek 2010: 469f.), konzentriert sich dieses Kapitel auf die Untersuchung von Medienangeboten und grenzt sich damit auch von anderen textanalytischen Verfahren ab (Semiotik, Hermeneutik, Diskursanalyse).

Diese Methoden wurden vor einem geisteswissenschaftlichen Hintergrund entwickelt (Linguistik, Geschichtswissenschaft) und werden zwar manchmal auch für Untersuchungen von Medieninhalten eingesetzt (vor allem die Diskursanalyse, vgl. exemplarisch Ruchatz 2005), die theoretischen Begründungen zielen aber auf die Subjektivität des Forschers und vernachlässigen die wissenschaftlichen Gütekriterien intersubjektive Nachvollziehbarkeit, Generalisierbarkeit und Werturteilsfreiheit, auf die sich dieses Lehrbuch stützt (vgl. Kapitel 2). Die Diskursanalyse geht zum Beispiel davon aus, dass Sprache Welt konstruiert, folglich mit Macht verbunden ist und (vor allem von Eliten) eingesetzt wird, um andere zu beherrschen (Classen 2008, Foucault 1999). Der theoretische Hintergrund (oft Michel Foucault, aber auch Niklas Luhmann oder Jürgen Habermas) wird dabei in den Untersuchungsberichten in aller Regel ebenso ausgeblendet wie die (gesellschaftskritische) Stoßrichtung oder die konkrete methodische Umsetzung, für die es ohnehin keinen ausgearbeiteten und in Lehrveranstaltungen verwendbaren Methodenkanon gibt (Donati 2006: 152). Wenn in diesem Kapitel von Inhaltsanalysen die Rede ist, dann sind damit auch die Stärken solcher (diskurstheoretischen) Untersuchungen gemeint (Stilmittel sowie die Zusammenhänge zwischen Sprache, gesellschaftlichen Strukturen und Interessen) – angepasst an sozialwissenschaftliche Qualitätsstandards.

Den Link liefert in diesem Kapitel das Framing-Konzept (vgl. Dahinden 2006, Scheufele 2003, Scheufele 1999). Frames sind ganz im Wortsinn „Rahmen": Interpretationen und Bewertungen, die um eine Information oder um ein Thema herum platziert werden und manchmal so fest damit verwoben sind, dass man das „Framing" gar nicht mehr bemerkt. Weihnachten zum Beispiel wird mit Einkaufen, Essen, Harmonie und Glück assoziiert, mit der Familie, mit Geschenken und mit einer Auszeit im Arbeitsalltag, (zumindest in Mittel- und Nordeuropa) mit Kälte, Schnee und Dunkelheit – „legitime" Interpretationen eines Ereignisses oder eines Problems, die bestimmte Aspekte ausklammern (wer würde bei Weihnachten zuerst an Joggen denken oder an Amokläufe), uns so im Alltag die Orientierung erleichtern und bei Inhaltsanalysen helfen, auch komplexe Argumentationsmuster zu erfassen und zu beschreiben. Frames sind die „zentralen, organisierenden Ideen" in der Berichterstattung (Gamson & Modigliani 1987: 143) und damit genau das, wonach qualitative Inhaltsanalysen suchen. Das Framing-Konzept ist anschlussfähig an Diskurstheorien, schlägt eine Brücke zwischen Theorie und Empirie, bietet ein ausgearbeitetes methodisches Instrumentarium zur Analyse von Medieninhalten und gehört nicht zuletzt (im Unterschied zur Diskursanalyse) zu den etablierten Ansätzen in der Kommunikationswissenschaft – eingesetzt sowohl in der Kommunikator- als auch in der Medienwirkungsforschung.

Um dies noch einmal deutlich zu machen: Die Unterscheidung zwischen Angeboten für die aktuelle öffentliche Kommunikation und anderen Texten ist nicht banal und auch keine Wortklauberei. An Transkripte, Akten oder Gedichte stellt die Forscherin oder der Forscher andere Fragen als an Leitartikel oder Fernsehsendungen. Auf der einen Seite geht es darum, den Autor selbst oder bestimmte Einstellungen, Handlungen sowie Strukturen zu verstehen und zu erklären (etwa: wie bewältigen Lehrer Krisen und wie konnte es überhaupt zu einer Krise kommen?), auf der anderen Seite dagegen wird nach Wirkungen gefragt. Medienangebote werden untersucht, weil wir annehmen, dass sie die Einstellungen und das Verhalten von Menschen und damit letztlich gesellschaftliche Strukturen verändern (können).

Kommunikationswissenschaftliche Inhaltsanalysen „vermessen" zwar genau wie Mayring & Co zunächst nur „Texte" (ein Begriff, der audiovisuelle Angebote, Fotos, Werbeplakate oder Comics einschließt), zielen aber letztlich auf „mehr" – auf das Selbstverständnis der Kommunikatoren (weil diese in der Öffentlichkeit Themen setzen und auf bestimmte Weise konstruieren) sowie auf die Gesellschaft, weil Medienangebote Normen und Werte transportieren und den Zeichenvorrat mitbestimmen, an dem sich

Selbstverständigungsdebatten orientieren. Das Framing-Konzept setzt an dem Punkt an, wo solche Schlüsse problematisch werden: Wie kann man aus einem Inhalt etwas über das Selbstverständnis seiner Macher ableiten oder gar über mögliche Wirkungen? Antwort: mithilfe der Interpretations- und Bewertungsrahmen und über die Annahme, dass Kommunikator-, Medien- und Rezipientenframes miteinander verknüpft sein müssen (vgl. Dahinden 2006: 16f.). Was bei Inhaltsanalysen im Zentrum steht, spielt überhaupt keine Rolle, wenn man mit Texten arbeitet, die nicht in die aktuelle öffentliche Kommunikation eingehen (Aufzeichnungen von Leitfadeninterviews, Gruppendiskussionen und Beobachtungen, Tagebucheinträge oder Überlieferungen in Archiven). Solche Dokumentenanalysen werden im nächsten Kapitel genau wie computergestützte Textanalysehilfen (*atlas.ti, maxqda*) unter der Überschrift „Auswertung" behandelt.

Wer die Trennlinie zwischen beiden Verfahren noch nicht sieht: Bei Transkripten und Akten macht es weder Sinn, systematisch Stichproben zu ziehen, noch würde jemand auf die Idee kommen, formale Kriterien zu erheben (bei Zeitungsartikeln zum Beispiel Größe, Aufmachung, Platzierung oder Bebilderung und bei Filmen Schnitttechniken, Ausschnitte, Helligkeit oder musikalische Untermalung). Was wichtig wird, wenn man von wenigen (ausgewählten) Medienangeboten auf die Grundgesamtheit schließen möchte (etwa: auf die veröffentlichte Meinung über die Onlineaktivitäten öffentlich-rechtlicher Rundfunkanstalten) oder wenn man sich für Wirkungen interessiert (die von Platzierung, Schriftgröße oder Musik sehr wohl beeinflusst werden), das spielt überhaupt keine Rolle, wenn man vor einem Ordner mit den Protokollen aus einem Befragungsprojekt sitzt oder vor den Überlieferungen der SED-Agitationskommission im Bundesarchiv Berlin.

Abbildung 23: Inhaltsanalyse – Begriffsdefinitionen

Definition nach Werner Früh	Definition nach Klaus Merten
„Wir definieren die Inhaltsanalyse als eine empirische Methode zur systematischen, intersubjektiv nachvollziehbaren Beschreibung inhaltlicher und formaler Merkmale von Mitteilungen; (meist zum Zwecke einer darauf aufbauenden, interpretativen und/oder durch Zusatzkriterien gestützten Inferenz)".	„Die Inhaltsanalyse ist eine Methode zur Erhebung sozialer Wirklichkeit, bei der von Merkmalen eines manifesten Textes auf Merkmale eines nicht-manifesten Kontextes geschlossen wird."
Quelle: Früh 2007: 119	*Quelle:* Merten 1995: 59

Claudia Wegener (2005: 200) hat (ganz ähnlich wie hier) zwischen „primärer" und „sekundärer" Inhaltsanalyse unterschieden, ihr Kriterium aber führt am Kern vorbei.

Der Begriff „primäre Inhaltsanalyse" (die „eigentliche Form der Medienanalyse") wird von Wegener für Texte reserviert, die „ohne Einwirken des Forschers entstanden sind". Dies gilt aber keineswegs nur für „Fernsehsendungen" (oder Leitartikel, Reportagen etc.), sondern auch für Bundestags- oder Ausschussprotokolle und natürlich für Akten jeder Art. Richtig ist immerhin, dass das, was Wegener „sekundäre Inhaltsanalyse" nennt (die Auswertung von Transkripten oder Beobachtungsbögen), „in der Medien- und Kommunikationsforschung wohl weitaus häufiger" vorkommt – sogar so häufig, dass Philipp Mayring und Alfred Hurst (2005) in ihrem Beitrag „Qualitative Inhaltsanalyse" für das Handbuch *Qualitative Medienforschung* von Lothar Mikos und Claudia Wegener nur eine einzige Studie nennen, die tatsächlich „Medienprodukte" mit einem qualitativen Verfahren untersucht hat (Beck & Vowe 1995). In ihrem (für Medienforscher gedachten) „Anwendungsbeispiel" stellen die beiden Autoren dann einfach eine klassische Interviewuntersuchung vor (das Dissertationsprojekt des Pädagogen Hurst, das in einem „Hochschulprojekt mit Neuen Medien" angesiedelt war und so immerhin einen kleinen Bezug zum Fach hatte).

Stärken der Methode

Dass qualitative Inhaltsanalysen in der Kommunikationswissenschaft eine Rarität sind (vgl. Nawratil & Schönhagen 2008: 333), lässt sich rational kaum begründen. Natürlich kann man erstens auf die Dominanz des quantitativ-empirischen Lagers im Fach verweisen (vgl. Kapitel 1), die zum Beispiel dazu führt, dass „Inhaltsanalyse" und „quantitativ" im Lehrbuch *Methoden der empirischen Kommunikationsforschung* von Hans-Bernd Brosius, Friederike Koschel und Alexander Haas (2009: 142) Synonyme sind. Auch Marcus Maurer und Carsten Reinemann beschränken sich in ihrem Lehrbuch *Medieninhalte* „ausschließlich auf die Darstellung von Forschungsergebnissen (…), die mithilfe quantitativer Inhaltsanalysen gewonnen wurden", und stellen qualitative Studien auf einer halben Seite in die Ecke „Einzelfälle" (Maurer & Reinemann 2006: 66, 68).

Man kann zweitens die Persönlichkeitseigenschaften erwähnen, die für qualitative Sozialforschung nötig sind (vgl. Kapitel 2). Wenn dort „Neugier auf Menschen und ihre Geschichten" ganz oben steht (S. 50), mag dies eher zu Befragungen oder Beobachtungen führen als zu intensiver Textlektüre. Einige Wissenschaftler sind drittens der Meinung, dass gerade diese „intuitive Form" des „close reading" nicht weiter erklärt werden könne (Wester et al. 2004: 496) – Gift für das Gütekriterium intersubjektive Nachvollziehbarkeit. Und viertens ist die normative Kraft des Faktischen nicht zu unterschätzen. Da die Kommunikationswissenschaft (quantitative) Inhaltsanalysen wie keine andere Methode „kultiviert und auch weiterentwickelt hat" (Brosius et al. 2009: 139), gibt es hier mittlerweile so ausgefeilte Codebuch-Vorlagen, Verfahren zur Qualitätssicherung (Codiererschulungen, Messen der Intercoderreliabilität, getestete Skalen) sowie einen Ideenreichtum, die es bei aller Quantifizierung erlauben, in die Domäne qualitativer

Sozialforschung vorzudringen (Bedeutung und Sinn) und dabei zugleich große Textmengen zu verarbeiten.

Trotzdem hat der (weitgehende) Verzicht auf qualitative Inhaltsanalysen Folgen für die Analysefähigkeit der Kommunikationswissenschaft. Was bei quantitativen Untersuchungen in einem Meer von Zahlen verschwindet, kann bei einem qualitativen Zugang an die Oberfläche geholt werden:

- die journalistische Aufmachung oder die aufeinander abgestimmte Komposition von Text, Bild und Musik;
- der Inhalt einzelner Texte, die möglicherweise eine gesellschaftliche Debatte entscheidend geprägt haben, aber bei einer systematischen Zufallsauswahl leicht übersehen werden können (etwa: programmatische Artikel aus der Redaktion, Grundsatzkommentare oder die Ergebnisse einer investigativen Recherche);
- Metaphern und andere rhetorische Figuren sowie die Mehrdeutigkeit von Begriffen, die bei quantitativen Analysen zwangsläufig auf einen Kern reduziert werden müssen (Brosius et al. 2009: 177);
- versteckte Bezüge, Sprachspiele oder „sequentielle Aspekte" (Inhalte, die sich über mehrere Sätze hinweg aufbauen, Brosius et al. 2009: 178);
- aufeinander abgestimmte Argumentationsketten (etwa: Frames) und vor allem
- der (persönliche und mediale) Kontext, in dem eine Sendung oder ein Artikel veröffentlicht werden.

Abbildung 24: Stärken qualitativer Inhaltsanalysen

Ziele
Selbstverständnis von Kommunikatoren
Gesellschaftlicher Diskurs
Medienwirkungen
Analyseschwerpunkte
Journalistische Komposition
Rhetorik
Latente Deutungen
Argumentationsketten (Frames)
Schlüsseltexte einer Debatte
Persönlicher und medialer Kontext

Quelle: eigene Darstellung

Wann genau ist der Beitrag gesendet worden? Was lief davor und was danach? Was weiß man über die „Linie" der Zeitung oder des Senders im konkreten Berichterstattungsfeld und was über die Autoren, über ihre politischen und beruflichen Ziele? Was haben die

Konkurrenten (am Thema Interessierte oder andere Medieneinrichtungen) in den Tagen davor gebracht? Auf welche Ereignisse bezieht sich die Veröffentlichung? Bei einer quantitativen Inhaltsanalyse mag ein Artikel von Wolf-Dieter Ring zur Rundfunkgesetzgebung (vgl. Abbildung 27) für den Codierer einfach von einem „Gastautor" sein (und damit nicht von einem Redakteur, einem Freiberufler oder einer Nachrichtenagentur) und dann bei der Auswertung in einen Topf mit Artikeln von anderen Gastautoren kommen. So lässt sich zum Beispiel feststellen, dass die eine Zeitung etwas mehr Meinungsvielfalt liefert als die andere, weil sie ihre Spalten auch für Experten von außen öffnet.

Eine qualitative Inhaltsanalyse erlaubt ganz andere Fragen: Welche Interessen hatte Wolf-Dieter Ring zum Zeitpunkt der Publikation – als Privatmann (der zum Beispiel möchte, dass seine Karriere weitergeht und der Ruhestand noch wartet) sowie kraft seiner beruflichen Position (als Präsident der *Bayerischen Landeszentrale für Neue Medien* und Vorsitzender der *Kommission für Jugendmedienschutz* ein direkt Beteiligter)? Was wurde gerade in anderen öffentlichen und nichtöffentlichen Arenen diskutiert (etwa bei Expertenanhörungen, auf Fachtagungen oder in Parlamentsausschüssen)? Welche dieser Punkte hat Ring berührt und welche hat er ausgelassen (ein Feld, das quantitative Analysen zwangsläufig unbeackert lassen, da es nichts zu codieren gibt, wenn nichts geschrieben wurde)? Wie hat die Redaktion den Gastautor angekündigt (zum Beispiel mit Distanz oder mit Lob) und welche Beiträge hat sie im Umfeld platziert (Kommentare, Nachrichten)?

Für einen solchen qualitativen Zugang spricht, dass er der „Realität" des Medienumgangs näher kommt als das Wissen über „alle" Artikel zum Thema im gleichen Blatt oder gar in der gesamtem Medienöffentlichkeit und dass er damit vermutlich auch näher an den (möglichen) Wirkungen ist. Der Cineast, der jeden Donnerstag in der *Süddeutschen Zeitung* eine Rezension von Fritz Göttler findet, weiß ziemlich genau, was er von den Empfehlungen des Kritikers zu halten hat (so oder so). Wie soll ein (noch so gut geschulter) Codierer mit einem (noch so perfekten) Codebuch diese „Wirklichkeit" des Zeitungslesers einfangen können? Um nicht falsch verstanden zu werden: Dies ist kein Plädoyer gegen quantitative Inhaltsanalysen, sondern eher eine Aufforderung, auch qualitativen Verfahren eine Chance zu geben. Ganz abgesehen vom analytischen Gewinn dürfte dies auch didaktisch sinnvoll sein. Gerade Studierende, die in Kommunikationsberufe wollen, bekommen durch solche qualitativen Inhaltsanalysen eine plastische Vorstellung, wie öffentliche Kommunikation funktioniert und worauf sie dann später in der Öffentlichkeitsarbeit, in der Werbung oder im Journalismus zu achten haben. Die beiden wichtigsten deutschsprachigen Definitionen des Begriffs Inhaltsanalyse „erlauben" ohnehin beide Zugänge (vgl. Abbildung 23). Wie diese Offenheit von Maurer und Reinemann (2006: 35f.), Brosius, Koschel und Haas (2009: 140-144) oder Patrick Rössler (2005: 18-23) in eine klare Präferenz für die Quantifizierung umgedeutet wird, wäre Stoff für eine eigene Untersuchung – am besten mithilfe einer qualitativen Inhaltsanalyse.

Abbildung 25: Arbeitsschritte bei einer qualitativen Inhaltsanalyse

1. Formulierung des Forschungsproblems, theoretische Fundierung, (vorläufiges) Kategoriensystem (vgl. Kapitel 3)
2. Festlegung des Untersuchungszeitraums
3. Auswahl des Untersuchungsmaterials
   - Mediengattung(en): Tagespresse, Zeitschriften, TV, Hörfunk, Onlineangebote
   - Medienangebote: welche Zeitung(en), welche Webseite(n)?
   - Konkrete Beiträge
4. Kategorienbildung (vgl. Kapitel 2): induktiv (aus dem Material) + deduktiv (aus Theorie und Forschungsstand, siehe Punkt 1)
5. Erhebung und Auswertung (vgl. Kapitel 7): (dichte) Beschreibung+ Inferenzschlüsse
6. Niederschrift der Ergebnisse (vgl. Kapitel 7)

Quelle: eigene Darstellung

Arbeitsschritt I: Auswahl des Untersuchungsmaterials

Abbildung 25 zeigt, dass sich Inhaltsanalysen nicht grundsätzlich von anderen qualitativen Methoden unterscheiden. Wie bei Befragungen oder Beobachtungen sind ein Forschungsproblem und eine Forschungsfrage zu formulieren, man benötigt ein Kategoriensystem, das die gesamte Untersuchung strukturiert, und bei jedem Schritt geht es nicht nur nach vorn, sondern auch nach hinten (der Forschungsprozess als „Spirale", vgl. Kapitel 3). Da all dies an anderer Stelle beschrieben wird, konzentriert sich dieser Abschnitt auf die Besonderheiten von Inhaltsanalysen – auf das, was zum Beispiel Studenten wissen wollen, wenn sie sich für diese Methode entscheiden: Wie wähle ich die Beiträge aus? Wie viele Texte sind nötig und wie kann man die eigenen Interpretationen für andere nachvollziehbar machen?

 Merksatz: Auch bei qualitativen Inhaltsanalysen hängt die Materialmenge nicht nur von der Forschungsfrage ab, sondern auch von den Ressourcen, die zur Verfügung stehen (vgl. S. 54).

In jedem Fall wichtig: Untersuchungszeitraum und Materialauswahl müssen beschrieben und begründet werden. Die schon erwähnte Studie von Klaus Beck und Gerhard Vowe („Multimedia aus der Sicht der Medien", vgl. S. 146) ist hier ein Negativbeispiel. Der Leser erfährt weder, was genau „Medienprodukte" sind (von denen am Ende 25 untersucht wurden), noch warum ausgerechnet die Jahre 1992 bis 1994 ausgesucht wurden (und keine anderen Zeiträume). Für die (theoretische) Auswahl der konkreten Beiträge

Multimedia in den Medien I (Beck & Vowe 1995)

Ziel: „veröffentlichte Meinung zur Multimedia-Entwicklung" („Gewinnt Skepsis die Oberhand oder herrscht weiterhin Zuversicht?") – „Spektrum an öffentlichen Argumentationen", „Raum öffentlicher Sichtweise" (S. 549-551)

Untersuchungsmaterial: „25 Medienprodukte" (1992 bis 1994), die „ein möglichst breites Spektrum der Berichterstattung" erfassen:
*   *Mediengattung*: Tageszeitung, Wochenpresse, Rundfunk;
*   *Genre*: „von Bericht bis Glosse";
*   *Ressort*: Wirtschaft, Kultur, Wissenschaft, Dossier (S. 550).
Kategorien: „Vergleiche und Bilder, die zentralen Aspekte und die peripheren Momente, die Kausal- und Finalbeziehungen, die Wertmaßstäbe und die Appelle, die Akteure und Konflikte, die räumlichen und zeitlichen Horizonte" (S. 549)

Erhebung und Auswertung (in vier Schritten):
*   Verdichtung auf Kernaussagen
*   Suche nach Werturteilen
*   Suche nach Wertmaßstäben (auf welche Aussagen verweisen die Werturteile?)
*   Kontextuierung und Verdichtung auf Sichtweisen von Multimedia

Ergebnisse (Auswahl, S. 549, 559-562):
a) Vier idealtypische Sichtweisen („das theoretisch mögliche Feld der Bewertung"):
*   *Maschinenperspektive*: Multimedia als technisches Konstrukt, zentraler Wertmaßstab Innovativität (Kombination vs. Revolution)
*   *Medienperspektive*: Multimedia als Kommunikationsprozess, zentraler Wertmaßstab Vielfalt (Verarmung vs. Bereicherung)
*   *Warenperspektive*: Multimedia als ökonomischer Faktor, zentraler Wertmaßstab Prosperität (Potential vs. Risiko)
*   *Steuerungsperspektive*: Multimedia als politisches Problem, zentraler Wertmaßstab Steuerbarkeit (Eigendynamik vs. gestaltete Entwicklung)

b) Charakteristika der öffentlichen Diskussion um Multimedia (zusammengefasst)
*   *Disparat*: Der Begriff wird uneinheitlich verwendet.
*   *Technikinduziert und unpolitisch*: Innovationen werden als Motor der Entwicklung dargestellt. Der Gestaltungsspielraum von Politik oder die Programmaufsicht kommen nur am Rande vor.
*   *Fernseh- und ökonomiezentriert*: Die Debatte dreht sich um die Zukunft des TV-Geräts sowie um Märkte, Investitionen und Arbeitsplätze.
*   *Gegenwartsverhaftet*: Bezüge in die Vergangenheit sind selten, und die Zukunft wird entweder apokalyptisch behandelt oder als Feld für Marktprognosen.
*   *Distanz zum Rezipienten*: Anders als Big Business spielt der Alltag keine Rolle.
*   *Individuelle Aneignung*: Trotzdem wird Multimedia als Technik beschrieben, die im Gegensatz zu Kernenergie oder Gentechnik zu beherrschen ist.
*   *Skeptisch und reflexiv*: Es wird nicht nur berichtet, sondern auch und vor allem bewertet und kritisiert. Dazu passt die Distanz zu Experten aller Art.

werden zwar Kriterien benannt, das Umfeld der Veröffentlichungen aber bleibt im Dunkeln (politische Linie, Marktposition im Verbreitungsgebiet, Autoren, Aufmachung und Platzierung). Die Ergebnisse demonstrieren immerhin, was bei qualitativen Inhaltsanalysen herauskommen kann (der Grund, warum die Studie auf S. 146 vorgestellt wird), der Weg dorthin aber ist für den Leser kaum nachvollziehbar.

Die Entscheidungen für den Untersuchungszeitraum und das Untersuchungsmaterial hängen eng zusammen und lassen schon deshalb kaum pauschale Empfehlungen zu, weil sie von der Forschungsfrage diktiert werden. Fünf Beispiele:

- Vergleichsweise einfach war dies bei der Studie zur öffentlichen Debatte über den 12. Rundfunkänderungsstaatsvertrag (vgl. Kapitel 2, S. 39f.). Da hier nach dem Einfluss der Presse auf das Gesetzgebungsverfahren gefragt wurde, ergab sich der Untersuchungszeitraum fast von selbst: von der Veröffentlichung des ersten Entwurfs bis zur Unterzeichnung durch die Ministerpräsidenten (Löblich 2010b).
- Bei einer Studie über die gegenseitige Wahrnehmung von Deutschen und Niederländern in der *Euregio Rhein-Waal* untersuchte die Forschergruppe Regionalzeitungen aus den Jahren 1946 bis 1999 – aus der Zeit, in der diese Nachbarschaftsbeziehungen durch die Ereignisse während des Zweiten Weltkriegs und den anschließenden Aufstieg Deutschlands zur Wirtschaftsweltmacht besonderen Belastungen ausgesetzt waren (Wester et al. 2004).
- Manuel Wendelin (2011) interessierte sich für die Tradierung von Normen in Öffentlichkeitstheorien (also für einen langfristigen Prozess). Untersuchungszeitraum: vom Vormärz bis zur Gegenwart.
- Cornelia Landes (2011) wollte wissen, welchen Einfluss Sport-Ressortchefs in der DDR auf den Zeitungsinhalt hatten. Hintergrund: Klaus Huhn (*Neues Deutschland*) und Volker Kluge (*Junge Welt*) hatten in Zeitzeugeninterviews erstens berichtet, dass sie von niemandem gelenkt worden seien (was dem Tenor der Literatur widerspricht), und offenbarten dabei zweitens in zentralen Punkten jeweils ein ganz anderes Selbstverständnis (vgl. Meyen & Fiedler 2011). Während Huhn sein Blatt als Mittel im Klassenkampf sah, sagte Kluge, er habe auch Sportler aus dem Westen und Sportarten, die in der DDR nicht gefördert wurden, fair behandeln wollen. These von Landes: Wenn sich dieser Unterschied auch in den Zeitungen findet, dann ist von einem persönlichen Einfluss der Journalisten auszugehen (und nicht von einer Dominanz der Medienkontrolleure). Untersuchungszeitraum: die 1980er Jahre, weil beide Protagonisten dort Abteilungsleiter waren.
- Ann-Marie Göbel (2011) hat gefragt, wie die DDR mit der Krisensituation Mauerbau umgegangen ist – ein Problem, das die ostdeutsche Bevölkerung nicht nur im August 1961 beschäftigte, sondern letztlich bis zum 9. November 1989, und das von den Machthabern folglich immer wieder kommunikative Anstrengungen verlangte (vor allem zu den Jahrestagen des 13. August). Untersuchungszeitraum: Mauerbau bis Mauerfall.

| *Merksatz*: Je länger der Untersuchungszeitraum ist, desto größer ist der Begründungsaufwand für die Auswahl der konkreten Beiträge.

Abbildung 25 nennt drei Schritte auf dem Weg zum Untersuchungsmaterial: Mediengattung, Medienangebot, konkrete Beiträge. Dass bei Schritt eins die Tagespresse dominiert, hat zwei Gründe. Erstens ist der Zugang leichter, und zweitens geht die Forschung (meist implizit) davon aus, dass Gedrucktes stärker wirkt (vgl. Schönbach 1983). Will man intersubjektive Nachvollziehbarkeit garantieren, ist es zwingend notwendig, dass das Material anderen Forschern zur Verfügung gestellt werden kann. Die Archivierung von audiovisuellen Beiträgen ist auch im Internetzeitalter mit Vorausplanung und technischem Aufwand verbunden. Die öffentlich-rechtlichen Rundfunkanstalten sind hier keine Hilfe, weil ihre Mediatheken gesetzlich stark beschränkt sind und die Nutzung der herkömmlichen Archive (nicht wenig) Geld kostet sowie häufig auch die Anwesenheit des Forschers verlangt (schwierig, wenn man nicht gerade in Mainz oder Hamburg lebt). In den größeren kommunikationswissenschaftlichen Instituten werden immerhin bestimmte Sendungen regelmäßig aufgezeichnet (in München zum Beispiel die Abendnachrichten der „vier großen" TV-Veranstalter und in Leipzig Shows zum Thema DDR). Auch das Speichern von reinen Onlineangeboten ist wegen ihrer komplexen Struktur (Stichwort Verlinkungsebenen) und der Dynamik der Inhalte mit Problemen verbunden (vgl. Rössler & Wirth 2001).

 | *Empfehlung*: Nicht von vornherein auf audiovisuelle Beiträge und Onlineangebote verzichten, sondern zunächst die Verfügbarkeit recherchieren.

In den ersten beiden Beispieluntersuchungen (12. Rundfunkänderungsstaatsvertrag sowie Image von Deutschen und Niederländern im jeweiligen Nachbarland) hätte es sich sehr wohl angeboten, TV-Sendungen einzubeziehen – gerade bei der Diskussion über die Rundfunkgesetzgebung, da ja denkbar ist, dass hier nicht nur die Verleger auf einem Auge blind sind.

Bei der Imageuntersuchung in der *Euregio Rhein-Waal* wurde auch beim zweiten Auswahlschritt (Medienangebot) ganz klassisch vorgegangen: Man entschied sich für die beiden wichtigsten Regionalblätter auf beiden Seiten. Die Konzentration auf (gedruckte) Leitmedien kann man sowohl mit der „Hypothese der Koorientierung" begründen (da Journalisten die Beiträge ihrer Kollegen wahrnehmen, findet sich die Tendenz der großen Zeitungen vermutlich auch in den kleineren wieder, Brosius et al. 2009: 164, Reinemann 2003) als auch mit den Strukturen des journalistischen Feldes (vgl. Meyen & Riesmeyer 2009) und den Wahrnehmungsmechanismen in anderen sozialen Feldern. Am Machtpol des journalistischen Feldes liegt das meiste ökonomische und journalistische Kapital. Folglich haben die Redakteure dort auch die meiste Zeit für die Recherche. Wer in der Politik, in der Wirtschaft oder im Sport Exklusivnachrichten hat, wird hier zuerst anklopfen – auch weil er weiß, dass Leitmedien von den Entscheidungsträgern genutzt werden und so die Struktur des eigenen Feldes erschüttern können.

Wenn Maurer und Reinemann (2006: 42) empfehlen, sich auf die Berichterstattung der vier „Qualitätszeitungen" *Frankfurter Allgemeine, Süddeutsche Zeitung, Die Welt* und *Frankfurter Rundschau* zu konzentrieren, dann gilt das zunächst auch für qualitative Inhaltsanalysen. In der Studie zum 12. Rundfunkänderungsstaatsvertrag hat Maria Löblich (2010b) *Die Welt* weggelassen und dafür neben den anderen drei überregionalen Tageszeitungen den *Spiegel* und die *taz* untersucht – mit Gewinn, weil vor allem durch die *taz* nicht nur das politische Spektrum erweitert wurde, sondern auch ein anderer Zeitungstyp dazukam (ein Blatt, das von der Sympathie seiner Abonnenten getragen wird, deshalb kaum von Anzeigeneinnahmen abhängt und sich so eine andere Sicht auf die öffentlich-rechtlichen Aktivitäten im Internet leisten kann). Ann-Marie Göbel (2011) hat das Leitmedien-Prinzip auf die DDR übertragen und bei ihrer Studie zur Berichterstattung über die Berliner Mauer vier Zentralorgane von Parteien und Massenorganisationen untersucht (*Neues Deutschland, Junge Welt, Neue Zeit* und *Der Morgen*).

Die Beschränkung auf überregionale Tageszeitungen, die abhängig von den Ressourcen auch noch enger gefasst werden kann (nur *FAZ* und *Süddeutsche Zeitung* zum Beispiel), oder (neuerdings) auf reichweiten- und einflussstarke Onlineangebote (*spiegel. de*) mag bei politischen Themen gerechtfertigt sein. Die Hierarchie im journalistischen Feld ist allerdings gebrochen, weil nicht jede Information (und sei sie noch so exklusiv) für „alle" (hier: für den nationalen Meinungsmarkt oder für jeden Deutschen) gleichermaßen von Interesse ist (Meyen & Riesmeyer 2009: 104f.). Das zu untersuchende Subfeld (und damit die Entscheidung für ein bestimmtes Medienangebot) hängen dadurch vom regionalen und thematischen Zuschnitt der Frage ab. Wer die Rolle der Presse in einem Kommunal-Wahlkampf untersucht, wird die örtlichen Tageszeitungen auswählen und (wenn es sie gibt) Lokalradios, Ballungsraum-TV sowie vielleicht reichweitenstarke Blogs zum Thema. Wenn man dagegen den Erfolg einer Szeneband mit Medienaufmerksamkeit erklären möchte, kommt man an den entsprechenden Nischenzeitschriften nicht vorbei.

 Empfehlung: Es sollten Medienangebote ausgewählt werden, die sich am jeweiligen Machtpol des journalistischen (Sub-)Feldes befinden und dabei das Meinungsspektrum möglichst breit abdecken.

Für Schritt Nummer drei (Auswahl der konkreten Beiträge) gibt es grundsätzlich drei Möglichkeiten:

* *Ereignisse*: Berichterstattung über bestimmte Jahrestage, über Höhepunkte im Politik-, Kultur- und Sportbetrieb oder über Unglücksfälle, Katastrophen und Verstorbene.

Abbildung 26: Datenbankenrecherche

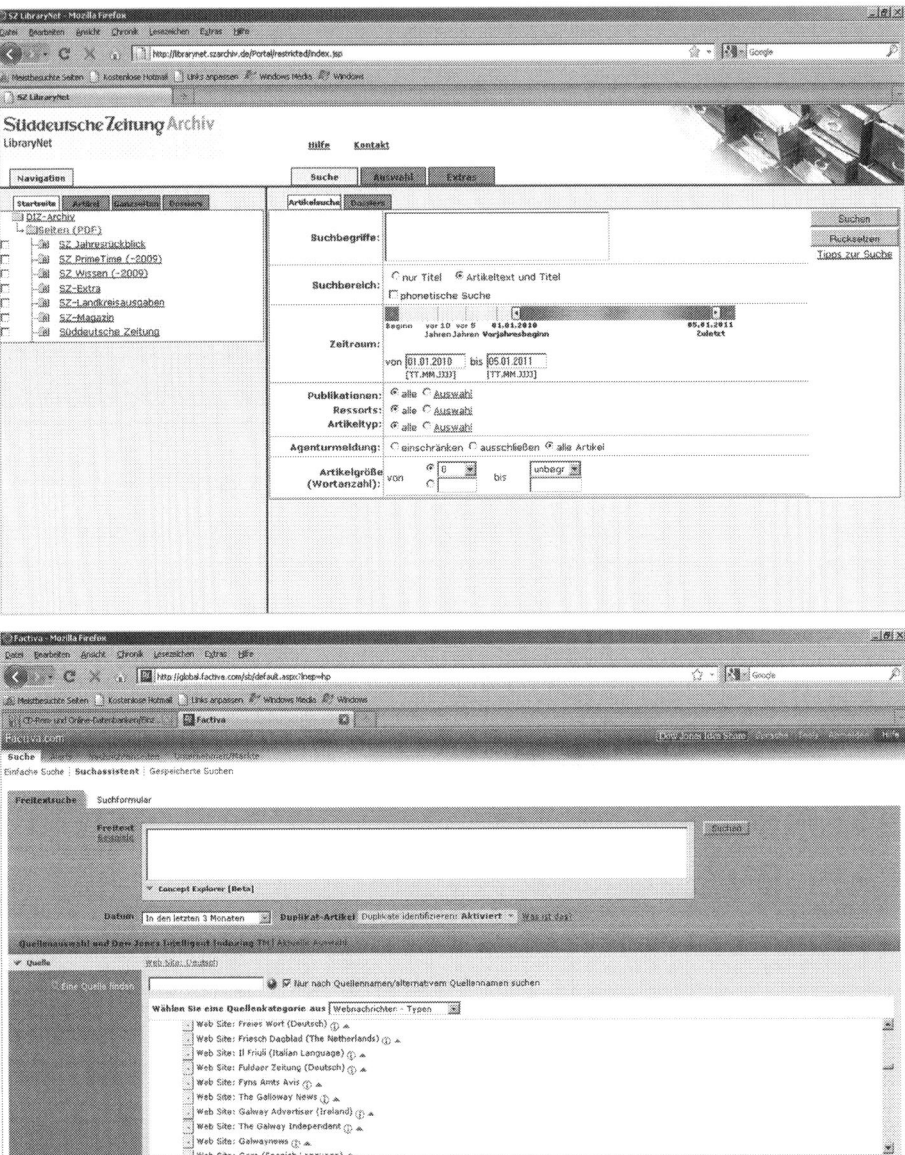

SZ LibraryNet bietet einen tagesaktuellen Volltext-Zugriff auf das Archiv der *Süddeutschen Zeitung* (ab 1994). Vorteil: Layout der gedruckten Ausgabe. Auf *Factiva* sind deutsche und ausländische Presse sowie weitere Nachrichtenquellen zugänglich.

Quellen: http://librarynet.szarchiv.de, http://global.factiva.com

Vorteil: Die Suche ist jeweils klar eingrenzbar (Ereignis mit Vor- und Nachbericht-erstattung). Nachteil: Begründungsaufwand für die Auswahl der Ereignisse.

- *Thema*: Texte mit Bezug zum Untersuchungsgegenstand – zu finden entweder über Datenbanken (per Schlagwortrecherche), in Ausschnittsammlungen (*Achtung*: Ent-stehungskontext nicht vergessen, da die Auswahl interessengeleitet und fehlerhaft sein kann) oder per Autopsie (Durchsicht aller Ausgaben im Untersuchungszeitraum). Nachteile: Bei Datenbanken und Ausschnittsammlungen fehlen oft Kontextinfor-mationen, die für die Interpretation nötig wären (etwa: Wo genau stand der Artikel und wie wichtig war das Thema damit für die Redaktion?). Die Materialmenge ist außerdem oft so groß, dass weitere Auswahlentscheidungen nötig sind.
- *Person des Autors*: Texte von einem bestimmten Autor – etwa bei biografischen Fra-gen. Zu den gerade genannten Quellen kommen hier noch Bibliografien.

Die Schlagwortrecherche für die Studie zum Rundfunkänderungsstaatsvertrag wurde bereits beschrieben (vgl. Kapitel 2, S. 40). Zwei Datenbanken, die Zeitungsartikel im Volltext bieten, zeigt Abbildung 26. Wenn man sich den Weg ins Zeitungsarchiv, lang-wieriges Blättern und Kopieren auf diese Weise ersparen kann, geht bei einigen Daten-banken der Eindruck vom Zeitungslayout verloren (Gab es ein Bild zum Artikel? Wo war der Artikel auf der Seite platziert?).

 Empfehlung: Prüfen, ob über die Universitätsbibliothek eine kostenlose Nutzung der Datenbanken möglich ist.

Ann-Marie Göbel musste bei ihrer Untersuchung zum Mauerfall in die Bibliothek, weil die DDR-Zeitungen (noch) nicht digitalisiert sind. Diese Recherche per Autopsie er-laubte zugleich, den Untersuchungszeitraum zu konkretisieren. Ende September 1961 flaute die Berichterstattung über den „antifaschistisch-demokratischen Schutzwall" zum einen ab, und zum anderen kamen keine neuen Gesichtspunkte dazu (theoretische Sättigung, vgl. Kapitel 3). Göbel bezog außerdem fünf Jahrestage des Mauerbaus ein (1963, 1966, 1970, 1976 und 1981). Die Auswahl folgte dabei der Aktenlage (nur Jahrestage, bei denen im Bundesarchiv Berlin Argumentationshinweise aus dem Medi-enlenkungsapparat der SED zu finden waren) sowie dem Wunsch, sowohl »runde« als auch »gewöhnliche« Jahrestage einzubeziehen.

 Empfehlung: Vor allem bei langen Untersuchungszeiträumen ist es sinnvoll, von (besonders markanten und für die Frage relevanten) Ereignissen auszugehen.

Exemplarisch lässt sich dieses Vorgehen an der Studie zur gegenseitigen Wahrnehmung von Deutschen und Niederländern im jeweiligen Nachbarland studieren. Die Ereignisse selbst stammen dabei aus sehr unterschiedlichen sozialen Feldern oder Lebensbereichen und garantieren so ein breites Image-Spektrum (Wester et al. 2004: 498):

- sechs offizielle Staatsbesuche seit dem Ende des Zweiten Weltkriegs;
- zwei große Industriefusionen (*Hoogovens* und *Hoesch* sowie *Fokker* und *Dasa*);
- Freilassung von deutschen Weltkriegsgefangenen in Breda 1989;
- Fußballländerspiele zwischen den Niederlanden und der BRD oder der DDR sowie
- die Frankfurter Buchmesse 1993, wo die Niederlande und Flandern Schwerpunkt waren.

Auch Cornelia Landes (2011) fand das Material für ihre Studie über die Sportteile der beiden auflagenstärksten DDR-Tageszeitungen auf dem Ereignis-Weg. Sie suchte dabei in der unendlichen Vielfalt von Wettkämpfen, Ergebnissen und Medaillenlisten ausdrücklich nach Berichten, an denen sich der (mögliche) Unterschied zwischen *Junger Welt* und *Neuem Deutschland* festmachen ließ – nach Themen, bei denen die Ansichten der Abteilungsleiter Kluge und Huhn auseinander gingen (Erfolge westliche Sportler, Breitensport in der DDR sowie Sportpolitik). Eine Auswahl, um das Prinzip zu verdeutlichen:

- 1980: Die BRD wird Fußball-Europameister und boykottiert Olympia; Walter Röhrl gewinnt die Rallye Monte Carlo; Rennsteiglauf (Breitensportereignis im Thüringer Wald ohne Aussicht auf Olympiamedaillen, auch 1985 und 1987 untersucht);
- 1981: lebenslange Oberliga-Sperre für die Fußballer Gerd Weber, Peter Kotte und Matthias Müller (Dynamo Dresden) wegen versuchter Republikflucht;
- 1982: Gilles Villeneuve kommt in der Formel 1 ums Leben (Autorennen als Inbegriff des kommerzialisierten, westlichen Sports);
- 1984: Stefan Bellof (BRD) wird Automobil-Langstrecken-Weltmeister; Olympiaboykott durch die DDR;
- 1985: Boris Becker gewinnt Wimbledon (Erfolg eines Westdeutschen in einer Sportart, die in der DDR nicht gefördert wurde);
- 1988: Hans-Georg Aschenbach flüchtet in die BRD; Dopingskandal um Ben Johnson;
- 1989: Dopingenthüllungen des DDR-Skispringers Hans-Georg Aschenbach in der *Bild-Zeitung.*

Die Materialmenge (die Zahl der untersuchten Beiträge) ist natürlich immer ein Indiz für den Arbeitsaufwand sowie die Analysetiefe und damit letztlich für Aussagekraft und Reichweite der Befunde. Es ist aber kaum möglich, pauschal Ober- und Untergrenzen zu nennen (wie viele Artikel braucht man mindestens und ab wann sollte besser quantitativ gearbeitet werden). Die Erfahrung zeigt, dass gerade bei studentischen Projekten nach der Beitragsrecherche noch einmal ausgesiebt werden muss. Die Entscheidungen sollten sich dabei am Ziel von Inhaltsanalysen orientieren. Da es um das Selbstverständnis von Kommunikatoren oder um (mögliche) Wirkungen von Medienangeboten geht, haben Beiträge Priorität, die die Redaktionen selbst für wichtig halten. Indizien dafür sind

• Aufmachung, Platzierung und Größe sowie
• das Genre.

Ein Dreispalter auf dem Titelblatt, ein Leitartikel, eine Reportage auf Seite 3 oder ein mehrseitiges Dossier sind nach diesen Kriterien wichtiger als ein Bericht auf irgendeiner hinteren Seite oder gar eine kleine Nachricht.

> *Faustregel*: Die Beiträge sollten erlauben, die (auf das Forschungsthema bezogene) Berichterstattung eines konkreten Medienangebots (einer Zeitung, eines TV-Programms) im Untersuchungszeitraum in ihrer ganzen Breite zu erfassen.

Je nach Forschungsproblem und Untersuchungszeitraum genügen dafür manchmal vier oder fünf Beiträge (wenn sich die Argumente wiederholen, die Redaktion ihre Linie nicht ändert und auch keine Fremdautoren zu Wort kommen lässt) und manchmal sind 20 nicht ausreichend. Um die Stärken qualitativer Inhaltsanalysen einsetzen zu können (Kontext, Argumentationsmuster, sprachliche Mittel, Bezüge zu anderen Texten oder Kommunikatoren), ist es in jedem Fall sinnvoll, sich hier zu beschränken. Cornelia Landes (2011) hat für die meisten ihrer Ereignisse aus jedem der beiden Blätter nur einen Artikel benötigt, um die Unterschiede beschreiben zu können. Während das *Neue Deutschland* den Rennsteiglauf 1987 zum Beispiel mit einem kurzen Routinebericht abhandelte, brachte die *Junge Welt* zum gleichen Thema eine ganze Seite mit vielen Fotos und persönlichen Geschichten über die Freuden und Leiden der Hobbysportler (vom Seriensieger bis zu einem Teilnehmer, der direkt von der Hochzeitsnacht an den Start gekommen war).

> *Empfehlung*: Wenn die Materialmenge begrenzt werden muss, sollte man beim Untersuchungszeitraum, bei den Mediengattungen und bei den Medienangeboten ansetzen (in dieser Reihenfolge) und sich auf der Beitragsebene dann auf zentrale Texte beschränken.

Arbeitsschritt II: Kategorienbildung

Während quantitative Inhaltsanalysen mit dem Codebuch stehen oder fallen, benötigt man für qualitative Inhaltsanalysen Untersuchungskategorien. Der Zweck hier wie da: intersubjektive Nachvollziehbarkeit. Kategorien lenken nicht nur den Blick der Forscherin oder des Forschers, sondern sagen dem Leser des Untersuchungsberichts auch, wonach gesucht worden ist, und erlauben ihm so, die Befunde zu überprüfen – bereits mit Hilfe von Ankerbeispielen (zentrale Zitate), die in jeden Ergebnisteil gehören (vgl. Kapitel 7), oder aber im Zweifelsfall anhand der Originaltexte selbst (die deshalb idealerweise im Anhang der Arbeit dokumentiert werden, zur Not auch auf einer CD-ROM).

> *Merksatz*: Was in der quantitativen Forschung der Datensatz ist, sind bei qualitativen Inhaltsanalysen Ankerbeispiele und die Dokumentation des Untersuchungsmaterials.

   Multimedia in den Medien II (Beck & Vowe 1995)

Die Studie von Klaus Beck und Gerhard Vowe (1995) ist hier erneut ein Negativbeispiel. Die Zusammenfassung des Forschungsberichts auf S. 146 unterschlägt keineswegs Ankerbeispiele aus dem Material und damit eine der wesentlichen Stärken qualitativer Untersuchungen (vgl. Kapitel 7): Es gibt die entsprechenden Zitate im Text schlicht nicht.

Zu ihrer Verteidigung könnten Beck und Vowe sagen, dass das Format Zeitschriftenaufsatz dafür keinen Platz gelassen hat oder dass sie lediglich das „Spektrum an öffentlichen Argumentationen" abstecken wollten und ihre Studie als „explorative Vorstufe für eine quantifizierende Untersuchung mit einem repräsentativen Sample" gesehen haben (Beck & Vowe 1995: 549, 551). Da die „idealtypischen Sichtweisen von Multimedia" aber denkbar weit auseinander liegen, wäre es trotzdem interessant, von wem und wo (und damit letztlich: mit welcher Deutungsmacht) zum Beispiel die Steuerungsperspektive vertreten worden ist.

Auch die Angaben zu den Untersuchungskategorien sind im (veröffentlichten) Text zunächst vage (vgl. die lose Aufzählung von Begriffen auf S. 146), werden aber (zumindest implizit) konkreter, wo es um die „idealtypischen Sichtweisen" geht. Dort werden drei Kategorien genannt, die an das erinnern, was gleich noch als Frame beschrieben wird:

- *Systemkontext*: Worauf wird bei Multimedia verwiesen (auf Technik, Kommunikation …)?
- *Wertmaßstab*: Woran wird hier jeweils die Bewertung festgemacht?
- *Bewertungspole*: positiv und negativ.

Bei der Kategorienbildung ist es am besten, sich zunächst am Vorgehen bei quantitativen Inhaltsanalysen zu orientieren. Man

- benötigt sowohl formale als auch inhaltliche Kategorien und
- findet diese Kategorien auf zwei Wegen: deduktiv (aus der Theorie und dem Kategoriensystem, das die gesamte Untersuchung leitet, vgl. Kapitel 2) sowie induktiv (aus dem Untersuchungsmaterial).

Über die formalen Kategorien wird dabei die Bedeutung operationalisiert, die die Redaktion einem Beitrag oder einem Thema zugeschrieben hat – und damit eine Wirkungsvermutung. Dahinter steht die Annahme, dass die journalistische Aufbereitung die Aufmerksamkeit des Publikums steuert und so zunächst die Kontaktwahrscheinlichkeit sowie schließlich das Beeinflussungspotenzial. Die konkreten Kategorien hängen dabei auch von der Mediengattung ab, da im Printbereich andere Regeln der journalistischen Kunst gelten als zum Beispiel im Fernsehen, wo man die Musik erfassen kann, das Zusammenspiel von Bild und Ton, Kameraeinstellungen oder Schnitte (vgl. Mikos 1998). Hier hilft der Blick in das Material (induktive Kategorienbildung): Die Kategorien sollen sicherstellen, dass Unterschiede zwischen den Beiträgen tatsächlich erfasst und beschrieben werden können. In der Studie zum 12. Rundfunkänderungsstaatsvertrag gab es drei formale Kategorien:

- *Platzierung*: Ressort/Zeitungs-„Buch", Seite (vorn im „Buch", hinten, in der Mitte), wo auf der Seite, in welcher Rubrik;
- *Darstellungsform*: Nachricht, Bericht, Kommentar/Leitartikel, Reportage/Porträt, Interview;
- *Leseanreiz*: Bebilderung, Formulierung der Überschrift, andere journalistische Gestaltungsformen (Infokasten, Linien, Absetzung durch andere Schriften).

Von den fünf Kategorien, die die gesamte Untersuchung geleitet haben (vgl. S. 39), waren drei für die Analyse der Zeitungsberichterstattung auf der inhaltlichen Ebene relevant:

- *Akteur*: erwähnte oder interviewte Akteure, Gastautoren;
- *Frame*: Problemdefinition, Bewertung und Begründung, Ziele, politische Lösungen;
- *rhetorische Mittel* (Metaphern, Bilder, Analogien).

Diese drei Kategorien sind so allgemein formuliert, dass sie sich als Grundmuster für die meisten qualitativen Inhaltsanalysen eignen. Wenn man die Strukturen öffentlicher Kommunikation untersuchen möchte, sind die Akteure, die zu Wort kommen, genauso von Interesse wie die Frames und rhetorische Mittel, wobei diese letzten beiden Kategorien eng zusammenhängen. Rhetorische Mittel erlauben Rückschlüsse auf Werturteile, Ziele sowie Strategien und könnten hier folglich auch als Indikatoren, Operationalisierungen oder gar als Bestandteile von Frames gesehen werden.

 Empfehlung: Auf der inhaltlichen Ebene hat sich das Kategoriensystem „Akteure plus Frames" bewährt.

Die Forschung zum Framing-Konzept ist mittlerweile so stark ausdifferenziert, dass in der Literatur mehrere Begriffsbestimmungen konkurrieren (vgl. Wessler 1999: 46). Es gibt aber einen Bedeutungskern – Frame-Elemente, die bei fast allen Autoren auftauchen (vgl. Scheufele 2006: 65; Matthes & Kohring 2004: 56) und sich auf die Definition von Entman (1993: 52) zurückführen lassen. Framing bedeutet danach „to select some aspects of a perceived reality and make them more salient in a communicating context, in such way as to promote a particular problem definition, causal interpretation, moral evaluation, and/or treatment recommendation for the item described". Diese vier Elemente (Problemdefinition, Ursachenzuschreibung, Bewertung und Handlungsempfehlung) bieten eine Operationalisierungsmöglichkeit für qualitative Inhaltsanalysen, die auf Deutungsmuster zielen. Diese „Brücke" zwischen Theorie und Empirie findet sich auch in Löblichs Kategoriensystem (hier in Form der Kategorien Problemdefinition, Bewertung und Begründung, Ziele, politische Lösungen). Für die konkrete Gestaltung der Kategorie „Frame" gibt es zwei Möglichkeiten:

• Zum einen kann man (wie eben beschrieben) die Frame-Elemente als Kategorien benutzen.
• Zum anderen können die Frames vorab konkretisiert werden – entweder aus Theorie und Forschungsliteratur (deduktiv) oder aus dem Untersuchungsmaterial selbst (induktiv). Vorteil: Die Inhaltsanalyse wird einfacher und für andere leichter nachvollziehbar (jeder sieht, wonach gesucht wurde). Nachteil: Man wird kaum etwas Neues finden, sondern lediglich Bekanntes bestätigen und nuancieren (etwa: bestimmte Ideen konkreten Medienangeboten oder Autoren zuordnen).

Maria Löblich (2010b) hat in ihrer Untersuchung über den 12. Rundfunkänderungsstaatsvertrag beide Verfahrensweisen kombiniert. Aus Meta-Analysen, die „Basisframes" gefunden haben (Deutungsmuster, die überall auf der Welt immer wieder auftauchen: zum Beispiel Konflikt, Wirtschaftlichkeit, Fortschritt, Moral, Ethik sowie Recht und Personalisierung; Dahinden 2006: 107-109; vgl. auch Zeller et al. 2010, de Vreese et al. 2001, Semetko & Valkenburg 2000), hat Löblich die „Problemdefinitionen" Konflikt, ökonomische Konsequenzen sowie Moral/Ethik/Recht in das Kategoriensystem übernommen.

Gut studieren lässt sich der Nachteil, den die Konkretisierung von Frames vorab mit sich bringt, am Kategoriensystem von Ann-Marie Göbel (2011) für die Mauerbau-

Untersuchung. Göbel hat zwar nicht mit dem Framing-Konzept gearbeitet, aber aus ihrem Vorwissen vorab etwas ganz Ähnliches formuliert:

- *Erfolge des Sozialismus vs. Gebrechen des Kapitalismus*: Frieden/Krieg, Soziales (Versorgung, Wohnung, Arbeit, Sicherheit), Ost- vs. Westberlin, Antifaschisten vs. Altnazis;
- *Positive Folgen des Mauerbaus*: Schutz vor dem (kriegerischen) Westen, Ende der Fachkräfte-Abwerbung und der Störtätigkeit in der Wirtschaft;
- *Meinungsklima*: veröffentlichte Reaktionen.

Diese Analysekategorien nehmen vieles von dem vorweg, was dann im Ergebnisteil folgt (vgl. Göbel 2011) – auch weil die Forscherin dieses Lehrbuch noch nicht kennen konnte. Dies entlastet auch Cornelia Landes (2011), die ihre inhaltlichen Kategorien für die Sportberichte in der DDR in Fragen formulierte, die sich leicht auf die oben genannten Elemente eines Frames beziehen lassen:

- *Darstellung der Sportler*: Wie wurden nicht-sozialistische Athleten dargestellt? Wurden die Siege abgewertet oder neutral beschrieben? Wie hoch war der Grad der Personalisierung? Erfuhr der Leser auch etwas über das Privatleben der Akteure oder war die Berichterstattung rein ergebnisorientiert? Unterschieden sich die Berichte über sozialistische und westliche Athleten? Spielte die Emotionalisierung hier eine größere Rolle? Wurde der Erfolg an das politische System gebunden?
- *Rhetorik*: Welche Mittel wurden genutzt? Gab es militärische Rhetorik? Wie wurden Athleten beschrieben, die die Republik verlassen hatten? Wurde ihre Flucht überhaupt thematisiert, und wie reagierten die Journalisten auf Dopingenthüllungen? Wie viel Politik steckte in der Sportberichterstattung?

Arbeitsschritt III: Auswertung

Während keine Schulung nötig sein dürfte, um rhetorische Mittel zu finden (das hat man im Deutschunterricht gelernt) sowie die (individuellen und kollektiven) Akteure, die in den Beiträgen zu Wort kommen oder über die berichtet wird, ist die Identifizierung von Frames kaum per Trockenübung oder auch nur beispielhaft zu erklären. Die deutsche Übersetzung („Rahmen") täuscht dabei etwas: Was zu einem Frame gehört, muss im Text keineswegs nebeneinander stehen und nicht einmal explizit ausformuliert sein (unausgesprochene Dinge, die dennoch „da" sind). Bedeutungen werden über Anspielungen und sprachliche Symbole vermittelt, die nicht jeder gleich versteht und manch einer auch gar nicht (Donati 2006: 160f.). Der Hinweis auf die vier Grundbestandteile von Frames (Problemdefinition, Bewertung und Begründung, Ziele, Lösungsvorschläge) kann zwar bei der Lektüre helfen, ohne genaue Kenntnis der Strukturen des jeweiligen Untersuchungsfeldes und der dort geführten Debatten aber wird man die

Abbildung 27: Beispielartikel aus der *Süddeutschen Zeitung*

Süddeutsche Zeitung	MEDIEN	Dienstag, 15. April 2008
Kommentar		Bayern, Deutschland, München Seite 17

Ungebremste Expansion

Eine fast private Mahnung / Von Wolf-Dieter Ring

Die Referenten der Ministerpräsidenten beraten sich vom heutigen Dienstag an über den Entwurf des 12. Rundfunkänderungsstaatsvertrages. Geregelt werden muss auch, wie der öffentlich-rechtliche Rundfunk im Internet auftreten darf und wer neue Programmangebote bewerten und zulassen soll.

Der öffentlich-rechtliche Rundfunk in Deutschland bietet derzeit 22 bundesweite TV-Programme, 65 Hörfunkkanäle und viele Online-Angebote. Dafür stehen ARD und ZDF jährlich etwa 7,1 Milliarden Euro aus der Rundfunkgebühr zur Verfügung, weitere Einnahmen nicht einbezogen. Mit der Gebührenerhöhung im kommenden Jahr werden es noch einmal 400 Millionen Euro mehr sein. Weltweit gibt es nichts Vergleichbares. Die BBC kommt in Großbritannien mit zwei Dritteln dieser Summe aus, der öffentlich-rechtliche Rundfunk Frankreichs mit weniger als einem Drittel. Man sollte meinen, das ist genug, um die vom Bundesverfassungsgericht geforderte Grundversorgung mit Information, Bildung und Unterhaltung sicher zu stellen.

Ist es nicht, sagen die Intendanten, und weite Teile der Politik scheinen ihnen Recht zu geben. Folgt man ihrer Argumentation, käme jede Beschränkung der Expansionsstrebungen des öffentlich-rechtlichen Rundfunks dem Ende der Meinungsfreiheit in diesem Land ziemlich nahe, zumindest aber würde der öffentlich-rechtliche Rundfunk marginalisiert und dem Publikum blieben letzte „Inseln der Qualität" versagt, wie das der rheinland-pfälzische Ministerpräsident Kurt Beck ausdrückte. ZDF-Intendant Markus Schächter spricht von Zensur, weil es den öffentlich-rechtlichen Anstalten nach dem vorliegenden Entwurf zum 12. Rundfunkänderungsstaatsvertrag untersagt sein soll, im Internet elektronische Zeitungen zu machen. Die Politik hat offenbar vergessen, dass sie selbst vor einigen Jahren das sog. Austauschprinzip im Rundfunkstaatsvertrag festgeschrieben hat, nach dem neue Programmangebote des öffentlich-rechtlichen Rundfunks nur nach der Einstellung bestehender Angebote möglich sind. Darüber spricht niemand mehr.

Ausgangspunkt der Diskussion ist die Vorgabe der EU-Kommission, den Funktionsauftrag des öffentlich-rechtlichen Rundfunks in Deutschland zu definieren und geplante neue Angebote zu überprüfen. Nur unter diesen Bedingungen wurde ein Vertragsverletzungsverfahren eingestellt, bei dem es um die Rechtmäßigkeit der Rundfunkgebühr ging. Ginge es nach den Intendanten, sollen ihre Rundfunkräte über die Einführung neuer Programme bestimmen. Es bleibt deren Entscheidung überlassen, externen Sachverstand hinzuzuziehen. Doch eine Einbeziehung externer Experten, wie sie der ehemalige Vorsitzende der KEK (*Kommission zur Ermittlung der Konzentration im Medienbereich*), Dieter Dörr, aber auch private Rundfunkanbieter fordern, stellt angeblich das hiesige Rundfunkmodell in Frage. Warum eigentlich? Auch in der Gebührenfestsetzung kommt in der KEF (*Kommission zur Ermittlung des Finanzbedarfs der Rundfunkanstalten*) ein externes und staatsfernes Kontrollorgan zum Tragen, um das die Finanzgebaren der Öffentlich-Rechtlichen zu überprüfen.

Die Vergangenheit hat gezeigt, dass sich die öffentlich-rechtlichen Gremien als Bestandteil ihres Senders empfinden. Und selbst wenn man ihnen den Willen zur Kontrolle nicht abspricht, fehlt ihnen schlicht die Kompetenz, um die Auswirkungen neuer Angebote auf den publizistischen Wettbewerb abschätzen zu können. Genau darum geht es aber.

Wenn sich die Politik nicht durchringt, ein externes und staatsfernes Aufsichtsgremium zu installieren, das in einem transparenten Verfahren Programmvorhaben überprüft, werden wir in den kommenden Jahren eine nahezu ungebremste Expansion der öffentlich-rechtlichen Angebote erleben, die der Gebührenzahler zwangsweise finanzieren muss, die den publizistischen Wettbewerb erheblich verzerren und die letztlich wieder auf dem Prüfstand der EU-Kommission landen werden.

Wolf-Dieter Ring, 67, ist seit 1990 Präsident der Bayerischen Landeszentrale für Neue Medien (BLM) und damit unter anderem verantwortlich für die Beaufsichtigung des Call-In-Kanals 9Live.

Quelle: Süddeutsche Zeitung vom 15. April 2008, S. 17

Abbildung 28: Beispielartikel aus der *taz*

Kein Kommentar: Um Kaisers Onlinebart

Seit dem Wechsel in der Chefredaktion ist der Spiegel wieder verstärkt aufklärerisch unterwegs. Nur wenn es um den öffentlich-rechtlichen Rundfunk geht, wird das Magazin merkwürdig einseitig. Es macht immer wieder Spaß, wenn sich das Leitmedium *Spiegel* um die Leitmedien ARD und ZDF kümmert. Dann bleibt kein Stein auf dem anderen, und das Ganze liest sich ungefähr so wie die Brandbriefe der Verlegerverbände, nur sprachlich schöner. Auf drei Seiten widmet sich die aktuelle Ausgabe dem schon länger schwelenden Konflikt zwischen den Öffentlich-Rechtlichen, ihren Internet-Ambitionen und den Ängsten der gedruckten Presse mit ihren Onlineangeboten. In diesem Bereich ist die *Spiegel*-Gruppe mit *Spiegel Online* unangefochtener Marktführer. Und will das auch bleiben.

Im Text selbst versteckt man sich aber lieber hinter den „deutschen Zeitungsverlegern", die „voller Zukunftszweifel" sind angesichts „des schleichenden Bedeutungsverlusts der gedruckten Tageszeitung". Auch für diese Armen „gibt es auf Dauer keine Alternative, als ihr Glück im Internet zu versuchen". Doch dort, „auf der Informationsplattform der Zukunft", sollen ARD und ZDF „ihre finanzielle Übermacht ausspielen dürfen"? Klarer Fall für den *Spiegel*: „Schon mit einem Bruchteil ihrer Etats könnten ARD und ZDF rasch dominant werden und die wachsende journalistische Vielfalt allmählich ersticken."

Dass die Öffentlich-Rechtlichen dabei vor einer ähnlichen Herausforderung stehen wie die Verlage – dass nämlich auch für sie das Internet schon bald der wichtigste Verbreitungsweg wird und hier notwendigerweise wie in keinem bisherigen Medienangebot Text, Ton, Bild und Video zusammenschnurren –, fällt dabei allerdings hinten runter. Dafür hat der Spiegel eine Botschaft durchzupauken: „Im Grunde", schreibt er, wollten ARD und ZDF hier treiben, „was ihnen auf Zeitungspapier bisher verwehrt ist." Und für den Fall, dass das jemand immer noch nicht begriffen haben könnte, steht das dann noch viermal da: „Sie wollen Textjournalismus machen. Sie wollen Presse sein, elektronische Presse. Mit Gebührengeld bezahlte öffentlich-rechtliche Presse im Internet". Ist das endlich allen klar?

Gestritten wird hier allerdings um Kaisers Bart: Ein vernünftiges, nutzerfreundliches Onlineangebot wird nun einmal relativ ähnlich aussehen. Eben Zeitungsfernsehenradiolexikon und noch vieles mehr sein. Und wenn der öffentlich-rechtliche Rundfunk seine gut 7 Milliarden Gebühreneuro pro Jahr vor allem dafür bekommt, Information und Bildung zu liefern, muss man ihm nun entweder das Internet öffnen – oder kann ihn gleich abschaffen. STG

Quelle: taz vom 14. April 2008 (Onlinearchiv, www.taz.de)

entsprechenden Hinweise in den Texten nicht sehen – und (fast noch dramatischer) keine zuverlässigen (intersubjektiv nachvollziehbaren) und gültigen Ergebnisse bekommen. Cornelia Landes hat sich zum Beispiel intensiv (letztlich drei Semester ihres Masterstudiums) mit den deutsch-deutschen Beziehungen, den Medien in der DDR, dem dortigen Sportsystem und der Sportpolitik der SED beschäftigt, und die Studie zur gegenseitigen Wahrnehmung von Deutschen und Niederländern im Grenzgebiet entstand im Rahmen eines Großprojektes zum Thema.

 Merksatz: Die Auswertung der Beiträge und hier vor allem die Identifizierung von Frames verlangen eine intensive Einarbeitung in die Literatur zum Untersuchungsgegenstand.

Das Beispiel Rundfunkänderungsstaatsvertrag scheint für eine Demonstration am besten geeignet, da Studierende der Kommunikationswissenschaft mit diesem Problem vertraut sein dürften und weil die beiden Artikel, auf die gleich eingegangen wird, mit einem ganz praktischen Problem verbunden sind: Die Datenbankrecherche liefert zum Teil Material, das nicht auf alle formalen Kategorien Antworten bietet (vgl. Abbildung 26). Eine mögliche Lösung: in die Bibliothek gehen und sich die Originalausgabe besorgen (hier: der *taz*). Wer Lust und Zeit hat, sich trotz des „nackten" Textes an einer qualitativen Inhaltsanalyse zu versuchen, wird an dieser Stelle gebeten, die Rezeptionshaltung zu verlassen und aktiv zu werden. Aufgaben:

- Lesen Sie die beiden Beispielartikel aus der *taz* und aus der *Süddeutschen Zeitung* (vgl. Abbildungen 27 und 28)!
- Welche Probleme werden dort benannt, wie werden diese Probleme bewertet, welche Ziele haben die Autoren und welche Lösungen schlagen sie vor?
- Mit welchen rhetorischen Mitteln wird dabei gearbeitet und (wenigstens für die *Süddeutsche Zeitung*) was fällt Ihnen bei der formalen Gestaltung auf?

Da das Medium Buch keine Kunstpausen zulässt, folgt die Auflösung (eine Auflösung) hier sofort. Ein (erstes) Problem wird in beiden Artikeln angesprochen: Bedrohen die Onlineaktivitäten der öffentlich-rechtlichen Rundfunkanstalten privatwirtschaftliche Medienangebote? Antwort von Wolf-Dieter Ring (CSU): ja („eine nahezu ungebremste Expansion der öffentlich-rechtlichen Angebote (…), die den publizistischen Wettbewerb erheblich verzerren"). Antwort der *taz*: eher nein („*Spiegel Online* unangefochtener Marktführer" – Betonung auf „unangefochten", egal was passiert). Ring definiert außerdem ein zweites Problem (die Kontrolle des öffentlich-rechtlichen Rundfunks) und hält hier beide Mechanismen für unzureichend: die Gremien („Bestandteil ihres Senders" und folglich Interessenvertreter) sowie die Politiker, die mit einem Seitenhieb abqualifiziert werden (in Person des SPD-Manns Kurt Beck, der in der unvergleichlichen deutschen Medienlandschaft nur noch „Inseln der Qualität" sehe). Rings Lösungsvorschlag: externe Kontrolle. Das dahinter liegende Interesse (den Einfluss der Landesmedienanstalten stärken, für die der Autor steht) wird zwar nicht ausgesprochen, ist aber offenkundig und hat die Redaktion offenbar angeregt, Ring im Porträtsatz zu delegitimieren. Kann man dem Mann, der „für die Beaufsichtigung des Call-In-Kanals *9Live*" verantwortlich ist, die *Tagesschau* und *Panorama* aushändigen? Dabei wäre es leicht gewesen, andere Facetten des Medien-Multifunktionärs Ring zu nennen. Auch die *taz* sieht ein zweites (allerdings ganz anderes) Problem: den Einfluss von Akteuren mit einem Eigeninteresse (hier: *Der Spiegel* mit seinen Töchtern) auf die öffentliche Meinungsbildung. Lösungsvorschlag: Lasst die öffentlich-rechtlichen Rundfunkanstalten ins Internet, damit diese Einseitigkeit aufhört. Motto: Konkurrenz belebt das Geschäft (an dem die *taz*, wie schon gesagt, nur bedingt interessiert ist, da sie kaum Werbeeinnahmen hat).

Die (hier nur angedeuteten) Bewertungen lassen sich auch über die Rhetorik nachvollziehen. Die *taz* erinnert an den Qualitätsanspruch des *Spiegel* („aufklärerisch unterwegs"), um diesen sofort anzuzweifeln – mit der Lehrermetapher („durchpauken", dann auch durch den Dauerwiederholungssatz plastisch belegt), mit dem Vorwurf Einseitigkeit und durch die Gleichsetzung von *Spiegel* und Verlegerverbänden. Während der Leser hier annehmen muss, dass die sieben Gebührenmilliarden angemessen sind, produziert Wolf-Dieter Ring das Bild einer viel zu gut ausgestatteten Institution – durch internationale Vergleiche, historische Erfahrungen und Links zu medienpolitischen Grundprinzipien, die ihn (den Autor Ring) zugleich als Experten ausweisen.

Abbildung 29: Auswertungsbeispiel (Ring in der *Süddeutschen Zeitung*, S. 158)

Akteure:	Medienpolitiker, Gremien des öffentlich-rechtlichen Rundfunks
Problem 1:	Bedroht die Online-Expansion von ARD und Co. private Unternehmen?
Bewertung:	Gefahr (Begründung: interne Kontrolle funktioniert nicht)
Problem 2:	Kontrollsystem des öffentlich-rechtlichen Rundfunks funktioniert nicht
Lösung:	externe Kontrolle (für beide Probleme)
Rhetorik:	internationale und historische Vergleiche, Analogien (KEF, KEK), Geldsumme vs. Auftrag (Gebühren erscheinen unangemessen hoch)
Beispielzitate:	„Finanzgebaren"; „weltweit (…) nichts Vergleichbares"; ahnungslose, vergessliche Politiker; „ungebremste Expansion"
SZ-Redaktion:	leichte (ironische) Distanzierung im Autorenporträt (Stichwort *9Live*)

Quelle: eigene Darstellung

Wie kann man die Informationen verarbeiten, die mithilfe der Kategorien in unterschiedlichen Texten gesammelt wurden? Schritt eins: Markierungen im Text und Notizen am Rand. Schritt zwei (Empfehlung, umgesetzt in der Beispielstudie über den Rundfunkänderungsstaatsvertrag): Medienporträts. Dafür werden alle Artikel, die zum Beispiel in einer Zeitung zum Thema standen, nacheinander ausgewertet. Die Notizen sind nach Kategorien zu ordnen und sollten möglichst knapp sowie mit eigenen Worten formuliert sein.

Nicht in jedem Artikel sind dabei Informationen zu jeder Kategorie zu finden. Abbildung 29 zeigt, wie solch eine verdichtete Information zu einem Beitrag aussehen kann. Schritt drei: Konstruktion der Frames. Dabei wurden zunächst wiederkehrende Problemdefinitionen identifiziert (deduktiv: nach ökonomischen Konsequenzen, Konflikt und Moral/Ethik/Recht sowie induktiv nach neuen Varianten). Anschließend wurde für jede Problemdefinition nach den restlichen Frame-Elementen gesucht (wie wird zum Beispiel der Konflikt öffentlich-rechtlich vs. privat bewertet, welche Lösungen werden vorgeschlagen und wie werden diese Lösungen oder der Konflikt selbst begründet).

Abbildung 30 zeigt die vier Themen- und die beiden Strategieframes (Cappella & Jamieson 1997), die im Material von Maria Löblich am häufigsten waren – eine Orientierungsfolie für alle, die nach dem gerade beschriebenen Rezept vorgehen wollen. Die beiden Vorzüge dieses Vorgehens:

- Über solche Frames lassen sich zum einen die Unterschiede zwischen den fünf untersuchten Zeitungen deutlich machen (während in der *FAZ* und im *Spiegel* die Frames ökonomische Konsequenzen, Wirksamkeit und Kontrolle dominierten, fanden sich in der *taz* der Gemeinwohl- sowie der Medienkritikframe und in der *SZ* und (weniger breit) in der *FR* ganz unterschiedliche Frames).
- Zum anderen konnte Löblich belegen, dass die *Frankfurter Allgemeine Zeitung* und *Der Spiegel* Kampagnenjournalismus betrieben haben, um den Spielraum der öffentlich-rechtlichen Rundfunkanstalten im Internet zu begrenzen – indem sie sich auf Frames konzentrierten, die diesem Ziel entgegenkamen, Alternativen keinen Raum gaben und sich auf opportune Zeugen beschränkten (Experten und Politiker, die das Problem genauso sahen wie die Redaktionen).

Statt einer Zusammenfassung: „Goldene Regeln" für qualitative Inhaltsanalysen

An erster Stelle steht hier keine Regel, sondern eine Aufforderung: Qualitative Inhaltsanalysen mögen eine Herausforderung sein (Frames identifizieren und die eigenen Überlegungen anschließend für andere nachvollziehbar machen), wie immer bei schwerer Aufgabe winkt aber ein großer Lohn: hier eine Steigerung der analytischen Fähigkeiten, die in manchen bildungspolitischen Papieren als „Schlüsselqualifikation" auftauchen. Also: Frisch ans Werk. Wer die erste Hürde überwunden hat, kann sich an diesem Gerüst orientieren.

Abbildung 30: 12. Rundfunkänderungsstaatsvertrag – Frames

Ökonomische Konsequenzen

Hier wird gefragt, welche wirtschaftlichen Auswirkungen die öffentlich-rechtlichen Onlineangebote auf private Medienunternehmen haben. Die finanzielle Überlegenheit („Gebührenmilliarden") der Rundfunkanstalten und die Tatsache, dass diese sich nicht um die Rentabilität ihrer Websites kümmern müssten, führe zur Wettbewerbsverzerrung. Die Aufforderung an die Rundfunkpolitiker lautete: strenge Begrenzungen, um die „ungebremste Expansion" des öffentlich-rechtlichen Rundfunks zu stoppen (so Wolf-Dieter Ring, vgl. Abbildung 27, S. 158).

Wirksamkeit

Hier wurde problematisiert, ob die geplanten politischen Instrumente geeignet sind, öffentlich-rechtliche Onlineangebote wirksam zu begrenzen (*Frankfurter Allgemeine*: „Gummiparagraph"). Die Frage nach der Wirksamkeit der Regulierung ging einher mit einer negativen Bewertung öffentlich-rechtlicher Rundfunkaktivitäten und Forderungen nach strengen Regeln, der Deckelung von Internetausgaben und einem öffentlich-rechtlichen Werbeverbot.

Kontrolle

Auf den anstaltsinternen Drei-Stufen-Test zur Prüfung öffentlich-rechtlicher Onlineangebote war diese Perspektive gerichtet – verbunden mit Zweifeln an der Unabhängigkeit und der Kompetenz der „alten Kontrolleure" (Gastbeitrag in der *Süddeutschen Zeitung*). Autoren wie Wolf-Dieter Ring empfahlen die Einrichtung eines externen Expertengremiums (vgl. Abbildung 27).

Gemeinwohl

Inwieweit öffentlich-rechtliche Onlineangebote gesellschaftliche Funktionen erfüllen, spielte eine untergeordnete Rolle in der Berichterstattung und war als Frame nur bruchstückhaft zu identifizieren. Öffentlich-rechtliche Funktionäre und die *taz* (vgl. Abbildung 28), die diesen Blickwinkel in die Debatte einbrachten, forderten Entfaltungsmöglichkeiten und ein Minimum an Begrenzungen.

Konflikt

Dieser (Strategie-)Frame beleuchtete die „um Macht, um Einfluss und um Existenzsicherung" (*SZ*) ringenden Akteure in der Debatte. Problematisiert wurde hier, dass hinter verschlossenen Türen verhandelt wurde und geheime Absprachen getroffen wurden (*taz*: „Meister des kleinen Kammerspiels mit den Ministerpräsidenten"). Ziel war es, auf die verschiedenen Interessenkonstellationen und politischen Strategien aufmerksam zu machen und eine transparente Entscheidungsfindung herbeizuführen.

Medienkritik

Dass Medien die Berichterstattung dominierten, die eigene Interessen im Streit um das öffentlich-rechtliche Onlineengagement verfolgen, war Gegenstand dieses Frames. Die *taz* kritisierte, dass die einseitigen Darstellungen von *FAZ* und *Spiegel* eine objektive Meinungsbildung verhinder würden („Speerspitze der Zeitungskampagne").

Quelle: eigene Darstellung (vgl. Löblich 2010b)

Regel 1: Materialauswahl
- Auf Leitmedien konzentrieren: Einstieg am Machtpol des journalistischen (Sub-) Feldes!
- Lieber Klasse als Masse: zentrale Beiträge auswählen; auf theoretische Sättigung achten!

Regel 2: Kategoriensystem
- Nicht nur auf den Inhalt achten: auch formale Kategorien definieren!
- Bei den Inhalten: Akteure und Frames identifizieren!

Regel 3: Auswertung
- Publikationskontext nicht vergessen: (historische) Zeit, Medium und Autor!
- Aussagen über Verteilungen: Warum nicht?

Hieß es nicht in Kapitel 2: Niemals zählen, niemals rechnen? Ja und nein. Man kann zählen – immer dann, wenn man einer Vollerhebung nahe kommt. Wer alle Artikel der *Frankfurter Allgemeinen Zeitung* zu einem bestimmten Thema gesehen hat, kann natürlich behaupten, dass das Blatt einseitig berichtet hat und dass dort (fast) nur opportune Zeugen zu Wort kamen.

Anke Fiedler, Michael Meyen (Hrsg.): Fiktionen für das Volk: DDR-Zeitungen als PR-Instrument. Fallstudien zu den Zentralorganen Neues Deutschland, Junge Welt, Neue Zeit und Der Morgen. Münster: Lit 2011.

Das Buch, in dem die Texte von Cornelia Landes (DDR-Sport) und Ann-Marie Göbel (Mauerbau) zu finden sind. Dazu acht weitere qualitative Inhaltsanalysen, die neben einer quantitativen Analyse stehen (Untersuchungszeitraum: 1950 bis 1989) und zeigen, wie sich beide Zugänge ergänzen (können). Die meisten inhaltlichen Analysekategorien sind dabei aus der PR-Theorie von Klaus Merten abgeleitet („Differenzmanagement zwischen Fakt und Fiktion", Merten 2008).

Werner Früh: Inhaltsanalyse. Theorie und Praxis. Konstanz: UVK 2007.

Der Klassiker unter den Lehrbüchern zur Inhaltsanalyse liefert sowohl „Theorie" (erkenntnistheoretische Prämissen und Merkmale, Vergleich mit anderen Textanalyseverfahren, Ziele, Forschungsprozess) als auch „Praxis" der Inhaltsanalyse (hier werden, immer entlang von Beispielen, die einzelnen Stationen im Forschungsprozess beschrieben). Für qualitative Inhaltsanalytiker besonders hilfreich sind erstens die Erläuterungen zur theorie- und empiriegeleiteten Kategorienbildung, zweitens zur Zuordnung von Textstellen zu Kategorien (Operationalisierung) und drittens die Hinweise, was bei der Ableitung von Inferenzschlüssen zu beachten ist. Besonders angenehm: der entspannte Umgang mit der „qualitativ-quantitativ-Debatte".

Susanne Kirchhoff: Krieg mit Metaphern. Mediendiskurse über 9/11 und den „War on Terror". Bielefeld: transcript 2010.

Eine Salzburger Dissertation und eine der wenigen qualitativen Inhaltsanalysen aus der Kommunikationswissenschaft. Natürlich thematisch interessant, aber noch mehr sicher theoretisch, weil nicht nur die üblichen Verdächtigen der Diskursanalyse präsentiert werden (Habermas und Foucault). Kirchhoff arbeitet mit der Metapherntheorie und bietet damit einen Alternativ-Zugang für diejenigen, die mit dem Framing-Konzept nichts anfangen können. Metaphern werden hier als „fester Bestandteil unseres tägliches Lebens" und zumeist unbewusste Sprachpraxis gesehen – als Träger von Bedeutung, die zur Kommunikation über abstrakte Konzepte, komplexe Situationen oder Prozesse besonders geeignet sind, weil sie einem „gemeinsamen Reservoir entstammen, über das unsere Gesellschaft verfügt". Der empirische Teil stützt sich auf *Focus* und *Spiegel* und bietet so ganz nebenbei interessante Einblicke in den deutschen Diskurs über Terrorismus und Krieg.

7 Auswertung und Forschungsbericht

Wie bekommt man verallgemeinerbare Ergebnisse und schafft es, Interpretationen nachvollziehbar zu machen? Erste Antwort: sechs Strategien – vom kategoriengeleiteten Vorgehen über Dokumentation und Illustration bis zur Arbeit in der Gruppe. Die zweite (konkretere) Antwort liefern Beispiele, die den Weg von den Dokumenten (Transkripte, Beobachtungsbögen etc.) zu Handlungsmustern und Strukturen, Typologien und Einflussfaktoren zeigen – zu Befunden, die über den (untersuchten) Fall hinausweisen. Besonders ausführlich wird die Typologisierung behandelt: weil hier der Schlüssel für den Nachweis von Kausalitäten liegt und weil sich Studierende gerade hier besonders schwer tun. Am Schluss stehen Regeln für den Forschungsbericht – eine Mustergliederung, Regeln für die Gestaltung und Gewichtung sowie Tipps für das wissenschaftliche Schreiben.

Auch wenn es noch so viel Spaß macht, Menschen (systematisch) zu befragen oder zu beobachten, ins Archiv oder zu Zeitzeugen zu gehen und dort Dinge zu finden, zu sehen oder zu hören, die noch niemand kennt: All das ist nichts wert, wenn man es nicht schafft, das Untersuchungsmaterial auszuwerten und anderen zugänglich zu machen. Dass dieser Satz mit zwei Verben endet, ist keine rhetorische Spielerei: Auswerten und Aufschreiben sind verschiedene Schritte, die zwar zusammen gehören, aber trotzdem nacheinander gegangen werden müssen. Bevor es hier Tipps für die Gestaltung der Abschlussarbeit oder des Forschungsberichts gibt (natürlich inhaltlich, aber auch sprachlich), wird deshalb zunächst ein Weg skizziert, der vom Material zu Ergebnissen führt. Am Anfang dieses Weges stehen dabei Transkripte und Beobachtungsbögen, Interview- oder Gedächtnisprotokolle, Tagebücher, Akten und Dokumente, die über die Teilnehmer oder die Situation der Untersuchung Auskunft geben – all das, was die Forscherin oder der Forscher „im Feld" gesammelt hat.

In manchen Lehrbüchern wird bereits die Dokumentation des Erfragten oder Beobachteten zur Auswertung gezählt, weil das Transkribieren und das Protokollieren genau wie Archivrecherchen immer mit Selektionsentscheidungen verbunden sind. Man kann weder alle Akten abschreiben oder mitnehmen noch bei Interviews alle Sinneseindrücke aufzeichnen. In der Schriftform gehen zum Beispiel Dialekte verloren, die Stimmfärbung oder Sprachfehler der Befragten. Folglich bestimmt das Untersuchungsziel, was man dokumentiert, wie man dies tut und wen man es machen lässt (am besten sich selbst oder wenigstens jemanden, der die Forschungsfrage kennt und versteht) – der erste Schritt der Auswertung (Fuchs-Heinritz 2009: 287, vgl. Kapitel 4).

Diese Argumentation soll hier gar nicht angezweifelt werden. Da dieses Lehrbuch für kategoriengeleitetes Vorgehen plädiert (vgl. Kapitel 2), ist ohnehin jeder Teil des Forschungsprozesses an die analytischen Begriffe gebunden, die aus dem Erkenntnisinteresse und dem jeweiligen theoretischen Hintergrund abgeleitet worden sind. Diese Kategorien sind zugleich die Bastion, um die Angriffe gegen die eigenen Deutungsangebote abzuwehren – die größte Schwachstelle qualitativer Sozialforschung. Um den dahinter stehenden Vorwurf auf den Punkt zu bringen: Wenn schon die Auswahl nicht repräsentativ sein kann (vgl. Kapitel 3), die Fallzahlen meist klein sind und die Forscher am Ende auch noch so vor sich hin interpretieren, wie ihnen der Schnabel gewachsen ist, was unterscheidet die Ergebnisberichte dann von journalistischen Reportagen oder Romanen und anderen fiktionalen Formen – außer dass sie schlechter geschrieben sind? Antwort: nichts, wenn man ohne ein Kategoriensystem arbeitet, das nicht nur die Entscheidungen zum Design der Studie lenkt (Methoden, Auswahlverfahren, Instrumente), sondern auch die Auswertung. Die Kategorien markieren zugleich die Grenzen für die Subjektivität des Forschers. Da zu jeder qualitativen Studie Momente der Kreativität gehören (Querverbindungen, die man vorher nicht gesehen hat, oder Bezeichnungen von Handlungsmotiven und Typen), muss dieses Kapitel in gewisser Weise unbefriedigend bleiben. Es kann Tipps für die Vorbereitung von Ideen geben und für die Dokumentation des Umfelds, in dem sie entstanden sind (wichtig für die Zuverlässigkeit der Ergebnisse), die Sicherheit aber, dass dies in der Praxis auch funktioniert, bekommt man nur, wenn man es am eigenen Untersuchungsmaterial ausprobiert.

Ziele und Strategien

Im dritten und im sechsten Kapitel wurde bereits darauf hingewiesen, dass es sich bei der Auswertung von Material aus qualitativen Untersuchungen um eine Dokumentenanalyse handelt – um ein nicht-reaktives Verfahren, bei dem Strukturen rekonstruiert werden sowie der (subjektive oder praktische) Sinn, den Menschen mit bestimmten Handlungen verbunden haben oder verbinden. Was in diesem Schlussabschnitt beschrieben wird, gilt ganz allgemein zunächst für alle Arten von Dokumenten und nicht nur für Interviewtranskripte, Beobachtungsbögen oder Tagebücher, die von den Untersuchungsteilnehmern oder den Forschern geschrieben wurden. Da sich das Lehrbuch aber vornehmlich an Kommunikations- und andere Sozialwissenschaftler richtet, wird darauf verzichtet, den Umgang mit Archivgut, Überresten aus der Arbeitswelt (etwa Gesetzestexte, Organigramme oder Dienstanweisungen) oder irgendwelchen anderen Gegenständen, die von Menschenhand geschaffen wurden, mithilfe von Beispielen aus der Forschungspraxis zu erklären – auch weil die Geschichtswissenschaft einen eigenen

Kanon für die Kritik an historischen Quellen entwickelt und in zahlreichen propädeutischen Einführungen niedergelegt hat (vgl. exemplarisch Opgenoorth & Schulz 2010, Brandt 2007). Die Ziele und die Strategien allerdings, die gleich diskutiert werden, gelten auch für solche historischen Untersuchungen – vorausgesetzt, sie stellen sich den sozialwissenschaftlichen Gütekriterien.

Da es denkbar ist, dass einige Leser erst an dieser Stelle in das Buch einsteigen, sei noch einmal an den Ausgangspunkt erinnert: Auch qualitative empirische Sozialforschung zielt auf Verallgemeinerungen und hat (zumindest bei dem Wissenschaftsverständnis, das hier vertreten wird) nicht die Aufgabe, die Gesellschaft zu kritisieren, sondern soll helfen, diese Gesellschaft zu verstehen (vgl. Kapitel 2). Bei der Auswertung kann es deshalb nicht darum gehen, Einzelschicksale möglichst breit zu dokumentieren und so am Ende vielleicht das Material zu verdoppeln (etwa in Form einer Transkript-Zusammenfassung). Der Ergebnisteil sollte vielmehr über die Untersuchungsteilnehmer oder die analysierten Dokumente hinausweisen und Strukturen oder Handlungsmuster beschreiben, die unter bestimmten Bedingungen auch an anderer Stelle anzutreffen sein dürften, sowie Faktoren benennen, die das Handeln von Menschen in bestimmten Kontexten beeinflussen. Auch wenn qualitative Methoden weder Angaben über Größenordnungen und Verteilungen zulassen noch statistische Beweise (weil die Auswahl nicht repräsentativ sein kann), erwarten die Leser generalisierbare Aussagen über den Untersuchungsgegenstand und damit auch Prognosen:

- Welchen Stellenwert hat das Internet im Alltag der Deutschen? Wie und warum wird es genutzt, wo konkurriert es mit anderen Kommunikationskanälen oder Beschäftigungen und (vor allem) wie sind die Unterschiede bei der Nutzung zu erklären? Warum sind manche Menschen den ganzen Tag online, während andere den PC im Keller stehen haben oder gar nicht bereit sind, Geld und Zeit in diese Technologie zu investieren?
- Unter welchen Bedingungen arbeiten deutsche Journalisten heute und welche Ziele verbinden sie mit ihrem Beruf? Wie kommt es, dass sich einige Redakteure als Weltverbesserer sehen und andere als Dienstleister oder Unterhalter? Hängt das Selbstverständnis von der Ausbildung ab oder vom Geburtsjahrgang, vom Ressort oder vom Arbeitgeber?

Gerade bei studentischen Abschlussarbeiten dürften die Fragen in der Regel zwar eine Nummer kleiner sein (beschränkt auf bestimmte Bevölkerungsgruppen, Regionen oder Medienangebote), der Anspruch auf Verallgemeinerung gilt aber auch hier. Die wichtigste Legitimationsstrategie für diesen Anspruch wurde zu Beginn dieses Kapitels genannt:

- *theoriegeleitetes Vorgehen* (Stichwort: Kategoriensystem) – angefangen bei der Auswahl der Untersuchungsteilnehmer oder der Texte und Dokumente über die Konstruktion der Instrumente bis zu diesem Punkt, bis zur Auswertung.

Da wissenschaftliches Wissen nicht nur von der Theorie abhängt, sondern auch vom Subjekt der Forscherin oder des Forschers (vgl. Kapitel 2), genügt diese Strategie allerdings nicht, um zu zuverlässigen (intersubjektiv nachvollziehbaren) und gültigen Ergebnissen zu kommen. Fünf zusätzliche Empfehlungen:

- *Dokumentation des Materials*: Nicht nur eine Empfehlung, sondern ein Muss. Tonbänder, Transkripte, Beobachtungsbögen, Tagebücher, Fotos: Was in die Untersuchung eingeflossen ist, muss anderen Forschern zugänglich gemacht werden. Bei Monografien (Abschlussarbeiten, Bücher) entweder als (gedruckter) Anhang oder auf einer CD-ROM und bei Aufsätzen als Versprechen, verbunden mit einer (leicht erreichbaren) Adresse (E-Mail, Institut).
- *Ausführliche Beschreibung des eigenen Vorgehens*: Gilt natürlich auch für die anderen Untersuchungsschritte (Stichwort: Reflexion), aber für die Auswertung wegen der gerade umrissenen Angriffsfläche ganz besonders. Aufschreiben, was man warum gemacht hat, und dies mit Beispielen aus dem Material illustrieren.
- *Auswertung in der Gruppe*: Der Begriff „konsensuelles Codieren" (Schmidt 2008: 453) trifft es zwar nicht ganz (weil er nach Verhandeln und Feilschen klingt), es ist aber in jedem Fall gut, wenn das Material von mehreren Forschern gelesen wird. Ablauf: Jeder arbeitet zunächst für sich allein und diskutiert seine Interpretationen anschließend mit den anderen. Wenn die Ressourcen oder das persönliche Netzwerk nur Einzelforschung erlauben: trotzdem Freunden und Bekannten erzählen, zu welchen Ergebnissen man gekommen ist und wo man nicht weiter weiß. Auch Außenstehende können mit „gesundem Menschenverstand" weiterhelfen.
- *Befunde mit (kontextualisierten) Zitaten untermauern*: Das Salz in der (qualitativen) Ergebnissuppe. Kontextualisiert meint: Wer genau hat das gesagt? Es ist nicht egal, ob das Zitat von einer Frau oder einem Mann stammt, von einem Kellner oder einem Ingenieur, von einer Berlinerin oder einer Dorfbewohnerin. Natürlich immer zu bedenken: Ein Zitat ist kein „Beweis", weil es willkürlich herausgegriffen oder zurechtgestutzt worden sein kann, um die eigene Argumentation zu stützen. Beispiele: Abbildungen 32 und 33.
- *Mit Einzelfall-Beschreibungen arbeiten*: Geht noch über die Illustration mithilfe von Zitaten hinaus. Vor allem bei Typologien und längeren Arbeiten (Master Thesis, Dissertation) bietet es sich an, die eher abstrakten Typenbeschreibungen mit konkreten Beispielen zu ergänzen – zum Beispiel mit Porträts von Untersuchungsteilnehmern (vgl. eine Kurzform in Abbildung 33). Weitere Beispiele: Meyen & Riesmeyer 2009: 207-246, Pfaff-Rüdiger et al. 2009: 64-80, Meyen 2003: 151-216.

Diese letzte Empfehlung steht auch deshalb am Schluss der Aufzählung, weil sie nicht in allen Textformen umsetzbar und auch nicht bei jeder Forschungsfrage sinnvoll ist. Warum sollte ein Historiker eine einzelne Akte im Detail zu beschreiben, wenn es ihm zum Beispiel um die Arbeitsweise des Medienlenkungsapparats in der DDR

geht? Diese Einschränkung betrifft auch die folgenden beiden Abschnitte. Der Aus-
wertungs-Dreisatz, der dort beschrieben wird (erstens Gruppenporträt mit Handlungsmustern, Motiven und Strukturen, zweitens Typologie, drittens Einflussfaktoren), hat
sich zwar bei Studien zur Mediennutzung oder zum Selbstverständnis von Journalisten
oder Öffentlichkeitsarbeitern bewährt, das Material wird aber nicht immer jeden dieser
Schritte erlauben oder auch nur erfordern.

Ergebnis I: Handlungsmuster und Strukturen

Wie bei qualitativen Inhaltsanalysen ist es schwer, für die Lektüre von Material aus
Befragungs- oder Beobachtungsprojekten Anweisungen zu geben, die man in der Praxis
eins zu eins umsetzen kann (vgl. Kapitel 6). Dies erklärt, warum die Methodenliteratur hier wenig Orientierung bietet und sich entweder auf die Position zurückzieht,
dass sich das konkrete Vorgehen den jeweiligen Zielen anzupassen habe und folglich
jedem Projekt auf den Leib zu schneidern sei, oder aber Ablaufmodelle und Schritt-
folgen vorschlägt (Nawratil & Schönhagen 2008: 339, Mayring & Hurst 2005: 440),
die zwar vermeintlich Sicherheit bieten (weil man etwas zum Festhalten hat und sich
auf andere Autoren berufen kann), bei genauerem Hinsehen aber auch nur sagen, dass
mit Kategorien gearbeitet werden soll und dass sich diese Kategorien sowohl aus dem
Erkenntnisinteresse und dem theoretischen Hintergrund ergeben (also aus den Kategorien, die ohnehin die gesamte Untersuchung leiten) als auch aus dem Untersuchungsmaterial (deduktive und induktive Kategorienbildung). Um bei diesem Zusammenspiel
über das hinausgehen zu können, was in den Dokumenten nicht explizit ausformuliert
wird (etwa: Anspielungen oder Motive, die nur aus Handlungsmustern oder aus den
persönlichen Umständen des Untersuchungsteilnehmers abzuleiten sind), sind hier die
gleichen Voraussetzungen nötig wie bei qualitativen Inhaltsanalysen:

> *Merksatz*: Die Auswertung des Materials verlangt nicht nur eine intensive (mehrma-
> lige) Lektüre, sondern auch eine umfassende Einarbeitung in die Literatur zum Un-
> tersuchungsgegenstand.

Die Überschrift „Handlungsmuster und Strukturen" zielt auf das, was der Leser von
jedem Forschungsbericht erwartet: eine dichte Beschreibung des Untersuchungsgegen-
stands. Je nach Forschungsfrage können dies (auch biografisch angelegte) Gruppen-
porträts sein (etwa: freiberufliche Korrespondenten in Lateinamerika, *Counterstrike*-
Spieler), Netzwerke (mit formellen und informellen Austauschmechanismen), Abläufe
(in Redaktionen und in Gremien) oder Sinnzuschreibungen (wie gleich im Beispiel).
Wichtig: eine (möglichst differenzierte) Antwort auf die Forschungsfrage. Wer sich für
den Stellenwert des Internet im Alltag der Deutschen interessiert hat, sollte in diesem

Teil der Auswertung auch tatsächlich genau dies herausarbeiten und dabei auch auf Unterschiede zwischen einzelnen Nutzergruppen eingehen.

Was Mayring und Hurst (2005: 440) in elf und Nawratil und Schönhagen (2008: 339) in immerhin noch fünf Schritten mit etlichen Zwischenhüpfern erledigen wollen, lässt sich auf drei Teile reduzieren:

- *Kategorienbildung*: Rückbesinnung auf die theoretischen Vorannahmen.
- *Close Reading und Paraphrasierung*: Verdichtung des Materials und Konkretisierung sowie Differenzierung des Kategoriensystems.
- *Über den Fall hinaus*: thematische Strukturierung, Kontextualisierung, Vergleich.

Wenn dieses Vorgehen jetzt an einem Beispiel („Internet im Alltag" und Interview mit einem Jugendpfarrer, vgl. S. 174) ansatzweise (so weit es auf dem Papier geht) vorgeführt wird, ist deshalb zunächst an das Erkenntnisinteresse sowie an das Kategoriensystem zu erinnern (vgl. Kapitel 2). In der Studie wurde gefragt, wovon die Bedeutung abhängt, die der Einzelne den verschiedenen Internetanwendungen zuschreibt, und ob die „digitalen Klüfte" verschwinden werden, wenn das Zugangsproblem gelöst ist (vgl. Meyen et al. 2009). Der theoretische Hintergrund (Uses-and-Gratifications-Ansatz, Habitus-Kapital-Theorie) verlangte dabei, die Alltagsstrukturen und die soziale Position der Befragten genauso in das Kategoriensystem einzubeziehen wie die anderen Medienangebote, die es in den Haushalten jeweils gibt:

- *Lebenslauf und aktuelle Lebenssituation*: Herkunft und Sozialisation, Alltagsstrukturen (Arbeit, Freizeit), Wohnung, Familie, Einkommen und Bildung, Bewertung des eigenen Lebens (Habitus als Opus operatum, Position im sozialen Raum);
- *Mediennutzung* (Presse, Funk): Zugang, Ausstattung, Nutzungsmuster, Motive, Bewertung (Uses-and-Gratifications-Ansatz: funktionale Alternativen zur Internetnutzung, Habitus als Modus operandi);
- *Internet im Alltag*: technische Ausstattung; Nutzungsmuster, Motive, Bewertung (Habitus als Modus operandi).

Aus der Literatur zur Mediennutzung sowie aus Bourdieus Soziologie wurden außerdem vier Gruppen von Motiven für die Internetnutzung abgeleitet:

- *Kapitalmanagement*: Akkumulation von kulturellem und sozialem Kapital (Wissen und Fähigkeiten; Netzwerke); Internetrepertoires als Distinktionsmerkmale (symbolisches Kapital), mit denen die eigene Position im sozialen Raum markiert wird;
- *Identitätsmanagement*: Beobachtung des Meinungsklimas, von Medienfiguren und realen Personen, um „den Sinn für die eigene Stellung im sozialen Raum" zu schärfen (Bourdieu 1985: 17f.) und die Arbeit am Ich zu unterstützen (vgl. Scherer & Wirth 2002);

- *Alltagsmanagement*: Während alle Medienangebote den Tag und das Jahr strukturieren, Zeit füllen, Ideen, Gesprächsstoff und Stichworte liefern, dürften Internetanwendungen daneben auch ganz praktisch Hilfestellung bei alltäglichen Verrichtungen liefern (Online-Banking, Einkaufen, Routenplaner etc.);
- *Emotionsmanagement*: Zum einen löst jede Zuwendung zu Kommunikationsangeboten Emotionen aus, und zum anderen werden solche Angebote (manchmal sogar gezielt) eingesetzt, um Stimmungen und Emotionen zu regulieren.

Was nun im zweiten Teil folgt, liegt eigentlich auf der Hand: In den Interviewtranskripten ist das zu suchen, was im Kategoriensystem benannt wird – Lebenslauf und Lebenssituation des Pfarrers, seine Mediennutzung und seinen Umgang mit dem Internet. Für die ersten beiden Punkte ist dies relativ einfach. Man füllt die Kategorien und bekommt eine Art Porträt: Wo kommt der Pfarrer her, wie sieht sein Alltag aus und welchen Platz haben dort Medienangebote? Wer diese Details wissen möchte: bis zur Abbildung 33 umblättern („Einzelfallbeschreibung", S. 180). Schwieriger wird der letzte (wichtigste) Punkt: Motive und Bewertung der Internetnutzung. Das Problem: Im Transkript steht (hoffentlich) immer mehr, als man vor der Untersuchung wissen konnte. Die Kategorien sind folglich zu konkretisieren und zu differenzieren – die Stelle, an der die intersubjektive Nachvollziehbarkeit besonders gefährdet ist, weil immer bezweifelt werden kann, dass andere Forscher das gleiche gelesen hätten. Am Interviewauszug auf der nächsten Seite lässt sich aber nachvollziehen, wie der Deutungsspielraum durch das Kategoriensystem eingeengt wird. Zunächst zu den Nutzungsmotiven des Jugendpfarrers, wobei die Zitate erst verdichtet (paraphrasiert) und dann gedeutet werden:

- „Wieder dieser Drang. Wie beim Nachrichten-Schauen. Zu wissen, was ist neu". – Wissen gehört dabei zum kulturellen Kapital, und der „Drang" lässt sich leicht dem Emotionsmanagement zuordnen: Es geht um Neugier und um Abwechslung.
- „Ich habe eine *Lokalisten*-Gruppe. Da haben wir unsere kirchlichen Jugendgruppen. Da kommen auch immer wieder Leute, die beitreten und über das Internet Fragen stellen. Es ist schon auch zu Begleitgesprächen oder zu Beichtgesprächen gekommen. Auch längerfristig" – Hier spricht der Pfarrer ganz offensichtlich über sein soziales Kapital. Über das Internet hält er Kontakt zu seinen Jugendlichen und bekommt Anfragen von Unbekannten, was er ganz offensichtlich genießt, weil es seine berufliche Rolle legitimiert. Motive: Kompetenzerleben (kulturelles Kapital), Kontaktpflege und Kontakterweiterung (soziales Kapital), Alltagserleichterung (Alltagsmanagement), Gemeinschaftsgefühl und Spaß (Emotionsmanagement), Selbstverwirklichung und Legitimation (Identitätsmanagement).
- „Die schreiben mich auch an und sagen: schön, dass auch ein Pfarrer hier im Internet ist." – Dieses Zitat lässt sich zum einen in die gleiche Richtung deuten (Kompetenzerleben, Kontakte, Gemeinschaftsgefühl und Spaß), und zeigt zum anderen, wie das Internet zum Identitätsmanagement genutzt wird. Der Pfarrer kann sich hier selbst

Interviewauszug (Jugendpfarrer, ledig, Mitte 30; Interviewerin: Dorothea Szoszka)

Wie sieht bei Dir ein normaler Arbeitstag aus?
Ich stehe um 7.45 Uhr auf und habe dann Gebetszeit. Dann schalte ich den Computer ein. Um die Texte für die Messe zu lesen. Also die Bibeltexte, die drankommen. Ich bereite dann meine kleine Ansprache vor. (…) Da schaue ich nicht im Buch nach, sondern im Internet. Das ist interessant. Selbst diese liturgischen Dinge. Ich müsste sonst aufstehen, ans Regal gehen. Mache ABER lieber zwei Klicks. (…)

Bist Du ständig online?
Ich arbeite sehr viel an diesem PC, ja. Und ich bin mit mir auch nicht zufrieden, wie ich das Internet nutze. Das ist ganz, ganz undiszipliniert. Es gibt ja so Ratgeber, wo steht, dass man am Tag so zwei, drei Blocks machen sollte. Für E-Mails. Ich klicke mindestens fünf bis zehn Mal drauf.

Ist es das Bedürfnis, ständig informiert zu sein?
Wieder dieser Drang. Wie beim Nachrichten-Schauen. Zu wissen, was ist neu (…)

Mit wem hast Du online Kontakt?
Ich habe eine *Lokalisten*-Gruppe. Für die kirchlichen Jugendgruppen. Da kommen auch immer wieder Leute, die beitreten und über das Internet Fragen stellen. Es ist schon auch zu Begleitgesprächen oder zu Beichtgesprächen gekommen. Auch längerfristig. (…) Da sind vielleicht so um die 50 Leute Mitglied geworden. Die schreiben mich auch an und sagen: schön, dass auch ein Pfarrer hier im Internet ist. (…)

Hast Du keine Angst, dort zu viel von Dir preiszugeben?
Ich lebe davon, dass ich ansprechbar, präsent und sichtbar bin. Ich habe da keine Ängste. (…) (zu *Google*) Ein anderes Beispiel: Ich wollte eine Fahne für die Jugendstelle drucken lassen. Da bin ich doch froh, wenn die günstigsten Angebote vorne stehen. Das möchte ich ja. Da bin ich eher Pragmatiker und sehe keine großen Gefahren für unsere Gesellschaft. Dass wir da unterwandert werden.
(*Wikipedia*) Das sind fundierte Artikel. Manchmal [ÜBERLEGT]. Aber das erkennt man ja dann auch, wenn das ein Schmarrn ist. Wenn jemand da geschrieben hat, der keine Ahnung hat. (…).
(*youtube*) [LACHT] Ja, gerne! Gerne hin und wieder. Ich höre was von einer Band im Radio, nachts um zwei, fahre auf der Autobahn. Am nächsten Tag klickt man es an und kann gleich einen kleinen Konzertmitschnitt hören. Super. Klasse. (...)

Hast Du auch eine Lieblingsseite? Oder eine Seite, die Du häufig verwendest?
Google. Das ist meine Startseite. Das ist die, die ich am häufigsten verwende. Genau. Es gibt auch katholische Nachrichtenseiten, *kath.net* oder *kreuz.net*. Es gibt auch so etwas wie *youtube: kathtube*. Da sind lauter katholische Clips drauf. Lehren, Predigten, christliche Musik. Das ist eine ganz eigene Welt. Sobald der Papst wieder irgendeinen Furz lässt, weißt du es einfach. (…) Das ist es, immer mal wieder zwischendrin, wenn ich mit einer Predigt fertig bin, schaue ich dann wieder was an, belohne mich quasi kurz mit so etwas, was eigentlich nichts bringt."

darstellen, sich so verwirklichen und Autonomie erleben und – bekommt dafür sogar noch Bestätigung (Distinktion von anderen Pfarrern).

* „Ich wollte eine Fahne für die Jugendstelle drucken lassen. Da bin ich doch froh, wenn die günstigsten Angebote vorne stehen." – Das Internet hilft dem Pfarrer hier, seine Arbeit schnell, effektiv und kostengünstig zu erledigen. Nutzungsmotive: Alltagserleichterung, Geld sparen (ökonomisches Kapital).
* Zu *kath.net* oder *kathtube.com*: „belohne mich quasi kurz mit so etwas, was eigentlich nichts bringt." – Motive: Abwechslung, Neugier und Spaß (Emotionsmanagement), Überblickswissen und Kompetenzerleben (kulturelles Kapital).

Selbst der kurze Interviewauszug auf S. 174 würde bereits Stoff für weit mehr Beispielinterpretationen bieten. Auch so dürfte aber das Prinzip deutlich geworden sein – das Ineinandergreifen von eher abstrakten Kategorien und konkretem Text und die dabei (deduktiv und induktiv) entwickelten Motivkategorien. Die Untersuchungskategorien lenken die Lektüre (wenn ein Nutzungsmuster oder ein Beweggrund beschrieben wird, muss eine der vier Management-Formen dahinter stehen), und die Aussagen im Transkript helfen, dafür eine treffende Bezeichnung zu finden – die eigentliche (kreative) Leistung der Forschergruppe.

Da einzelnen Handlungen immer ein ganzes Bündel von Motiven zugrunde liegt und da wir uns selbst über unsere Beweggründe keineswegs im Klaren sein müssen (weil wir nicht darüber nachdenken oder uns über uns selbst täuschen wollen), sind Motive immer Konstruktionen von außen und die Bezeichnungen in gewisser Weise willkürlich. Abbildung 31 zeigt den Motivkatalog, der am Ende der Auswertung stand (vgl. S. 178). Der Weg dorthin dürfte jetzt klar sein: Das nächste Transkript wurde genau wie das Interview mit dem Pfarrer gelesen – nur dass nun bereits ein etwas differenzierteres Kategoriensystem vorhanden war. Bei insgesamt 102 Untersuchungsteilnehmern und der „freien Auswahl" bei den Motivbezeichnungen war es dabei kein Problem, überhaupt Motive zu entdecken, sondern vielmehr sich zu beschränken.

> *Tipp*: Bei jeder Transkriptpassage überlegen, ob es sich tatsächlich um etwas Neues handelt (etwa: um ein Motiv, das bisher noch nicht benannt wurde) oder um eine (abgewandelte) Wiederholung.

Um einen Zweifel gleich auszuräumen: Bei einer solchen Auswertung geht es nicht darum, einfach das zu bestätigen, was bereits vor der Untersuchung bekannt war, und so das Prinzip „Offenheit" zu konterkarieren, das die qualitative Sozialforschung für sich reklamiert. Wenn man „im Feld" auf Handlungsmuster trifft, die mit dem theoretischen Hintergrund und über das Kategoriensystem nicht zu erklären sind, muss man an der „Spirale" drehen, im Forschungsprozess zwei Schritte zurückgehen und erneut in die Literatur einsteigen (vgl. Kapitel 3).

Elektronischer Buntstift: ATLAS.ti

Wer gerne am Bildschirm liest und arbeitet, kann zur Auswertung *ATLAS.ti* nutzen oder andere QDA-Programme wie *MAXqda*. Während die Abkürzung QDA für Qualitative Data Analysis steht, ist die Softwarefirma *ATLAS.ti* aus einem universitären Forschungsprojekt hervorgegangen („Archiv für Technik, Lebenswelt und Alltagssprache", Anfang der 1990er Jahre, TU Berlin). Um eine Hoffnung gleich zu enttäuschen: *ATLAS.ti* nimmt der Forscherin oder dem Forscher erstens weder analytische Arbeit ab noch irgendeine Codier-Entscheidung, und zweitens gibt es in der qualitativen Sozialforschung kein Pendant zu *SPSS* – kein Datenanalyseprogramm, das am Ende „fertige" Tabellen und Schaubilder ausspuckt. Auch wer *ATLAS.ti* nutzt (Eigenwerbung: das „mächtigste und anspruchsvollste qualitative Datenanalyse-Werkzeug auf dem Markt"), muss selbst interpretieren. Programme wie *ATLAS.ti* können diesen Prozess aber erleichtern, weil sie Werkzeuge zur Verfügung stellen, die die Daten organisieren und die (vom Forscher vergebenen) Codes zueinander in Beziehung setzen. *ATLAS.ti* bietet sich an, wenn

- große Datenmengen bewältigt werden müssen (viele Transkripte oder Akten),
- die Auswertung auch nach längerer Pause noch nachvollziehbar sein soll und
- mehrere Forscher an einem Projekt arbeiten.

So funktioniert *ATLAS.ti*:

- Zunächst werden die Transkripte (Bilder, Videos etc.) hochgeladen.
- Die Benutzeroberfläche enthält ein großes Textfeld, in dem es neben dem Primärdokument einen „Rand" mit den Codes gibt. Was relevant ist, kann (wie mit einem Buntstift) markiert und bestimmten Codes zugewiesen werden. Vorteil: Die Liste mit vorab definierten Codes kann kontinuierlich ergänzt werden. Das Programm erstellt automatisch eine Kategorienliste im Code Manager.
- *ATLAS.ti* hat auch eine Textsuchfunktion für den kompletten Dokumentensatz.
- Bei der Auswertung werden die Kategorien reorganisiert, zu Code-Familien zusammengefasst, getrennt oder umbenannt (thematische Strukturierung).
- Das Programm liefert „auf Knopfdruck" alle Passagen, die einer Kategorie zugewiesen wurden – gut, wenn man mit Zitaten arbeiten will. Man kann sich auch Beziehungen zwischen Kategorien zeigen und als Netzwerk visualisieren lassen.

Der Einarbeitungsaufwand (zu dem gute Englisch-Kenntnisse gehören) lohnt sich sicher nicht, wenn man nur drei oder vier Interviews auswerten möchte (an denen man ohnehin allein arbeitet und die man so gut wie auswendig kennt). Bei allen größeren Projekten sind Auswertungshilfen wie *ATLAS.ti* aber unbedingt zu empfehlen – auch weil die Forschergruppe so gezwungen wird, sich auf verbindlich definierte Auswertungskategorien zu einigen (Stichwort: intersubjektive Nachvollziehbarkeit). Auf der Internetseite http://www.atlasti.com/de gibt es neben einer kostenlosen Demo-Version eine Kurzfassung auf Deutsch und (englischsprachige) Video-Tutorials. Wie bei allen PC-Anwendungen gilt auch hier: Übung macht den Meister. Also: probieren und entscheiden, ob der Cursor der bessere Buntstift ist.

Das praktische Vorgehen (ich sitze vor vielen, vielen Interviewseiten und weiß nicht, wo und wie ich am besten anfangen soll) hängt auch von den ganz persönlichen Arbeitsgewohnheiten ab. Einige Wissenschaftler gehen die Ausdrucke mit Textmarker und Stift durch. Man färbt wichtige Stellen, notiert am Rand das, was einem dabei eingefallen ist ("Memos"), und produziert anschließend eine Art Inhaltsverzeichnis – eine Extra-Datei oder eine Karteikarte mit einem Wegweiser durch die Memos (um die eigene Deutung noch einmal überprüfen und mit anderen Textstellen vergleichen zu können oder um das Zitat bei Bedarf schnell zu finden). Andere zerschneiden die Transkripte und kleben die Zitate auf Pappbögen – entweder ganz materiell (mit Schere und Leim) oder virtuell, zum Beispiel mit Excel-Tabellen. Vor allem bei größeren Textmengen und bei der Arbeit in Forschungsgruppen sind computergestützte Analysehilfen wie *ATLAS. ti* oder *MAXqda* zu empfehlen (vgl. S. 176).

Der Motivkatalog in Abbildung 31 gehört bereits zum dritten Auswertungsschritt ("über den Fall hinaus: thematische Strukturierung, Kontextualisierung und Vergleich"). Was diese Begriffe meinen, wird beim Blick auf die Muster der Internetnutzung noch deutlicher. Die strukturierenden Elemente gibt dabei wieder das Kategoriensystem vor, wo unter der Überschrift "Internet im Alltag" neben den Nutzungsmotiven auch die technische Ausstattung, die Nutzungsmuster und die Bewertung genannt werden. Hier und in den vier Motivgruppen, die aus der Theorie und der Literatur zur Mediennutzung abgeleitet wurden, sind die sechs Thesen angelegt, die dann im Ergebnisteil auftauchen (vgl. Abbildung 32).

Das Interviewmaterial hat vor allem den Begriff "technische Ausstattung" modifiziert und geholfen, die Nutzungsmuster zu konkretisieren. "Technische Ausstattung" steht nicht nur für PC-Kapazität und Datenübertragungsgeschwindigkeit, sondern ist auch ein Synonym für die Bedeutung, die man diesem Teil des Alltags zuschreibt. Bereits der Auszug aus dem Interview mit dem Jugendpfarrer lässt vermuten, dass dies eng mit den Anforderungen des jeweiligen Berufs zusammenhängt. Dieses Muster fand sich dann auch in den anderen Transkripten: Wer das Internet für die Arbeit braucht, setzt die dort erworbenen Kompetenzen auch im Privatleben ein – ein Prozess, der dazu beiträgt, die Grenzen zwischen beiden Bereichen zu verwischen und das Internet genau wie das Telefon oder den Staubsauger zu einem normalen Alltagsbestandteil zu machen (vgl. Abbildung 32, Thesen 1 und 2). An dieser Stelle geht es aber nicht so sehr um die konkreten Ergebnisse, sondern um das Prinzip. Das Kategoriensystem gibt die Inhalte vor, nach denen im Material gesucht werden muss (thematische Strukturierung), und durch den Vergleich mit anderen Transkripten wird deutlich, wie und warum Menschen ohne Schreibtischberuf zu Onlinern geworden sind (erst recht wenn sie älter und deshalb nicht mit dem Internet aufgewachsen sind). Die Kontextualisierung läuft dabei (gewissermaßen im Hintergrund) immer mit. Das Zitat zur "Sichtbarkeit" (Abbildung 32, These 1) wurde zum Beispiel eingeordnet in das, was man sonst über den Jugendpfarrer weiß (hier: seine Feierabendgestaltung mit Jugendlichen und Weißbier, die ihn ständig im Dienst sein lässt). Kontextualisierung heißt aber auch

- unklare Passagen genauer zu untersuchen – mithilfe von anderen Textstellen oder über externe Informationen (Homepage, Profil auf *Facebook*, Interviews mit Bekannten);
- die Interviewsituation (etwa: Zeitdruck) und die Persönlichkeit des Befragten einzubeziehen (Redseligkeit, Aufschneiderei);
- im Zweifelsfall über den Text hinaus zu recherchieren: Wer *kath.net* nicht kennt, sollte die Seite anschauen, bevor er über die Motive des Pfarrers nachdenkt.

Abbildung 31: Motive der Internetnutzung

Identitätsmanagement: Autonomie, Individualität, Selbstbestimmung, Selbstverwirklichung, Selbstdarstellung, Anonymität, Distinktion, Legitimation, Gruppenidentität;
Kapitalmanagement:
- Kulturelles Kapital: Zugriff auf Weltwissen, Überblickswissen, Kompetenzerleben;
- soziales Kapital: Kontaktpflege, Kontakterweiterung, Kontakterleichterung;
- Ökonomisches Kapital: Geldertrag, Ersparnis (Zeit und Geld);
Alltagsmanagement: Struktur, Erleichterung, Tor zur Außenwelt, Zeitfüller, Flexibilität;
Emotionsmanagement: Gemeinschaftsgefühl, Abwechslung, Entspannung, Spaß, Neugier.

Quelle: Pfaff-Rüdiger et al. 2009

Abbildung 32: Thesen zum Umgang mit dem Internet

These 1: Der Weg ins Internet führt über Beruf und Familie
Der Umgang mit dem Netz ist in Beruf, Schule oder Studium zu einer Kernkompetenz geworden und trägt dadurch auch zum Identitätsmanagement bei: „Ich lebe davon, dass ich ansprechbar, präsent und sichtbar bin", sagte beispielsweise ein Jugendpfarrer, Mitte 30. Die Kommunikation mit seinen Jugendgruppen läuft bei ihm fast ausschließlich über das Internet, und seine Predigten stellt er sich morgens am PC zusammen. Dadurch verschwimmen die Grenzen zwischen Arbeit und Privatleben. Einige Befragte erledigen im Büro online ihre Einkäufe und Freizeitrecherchen und beantworten dafür abends daheim geschäftliche E-Mails. Wer nicht arbeitet oder das Internet im Job nicht benötigt, findet über Familie oder Freunde ins Netz. Für eine Caritas-Angestellte, 59 Jahre, wurde das Internet erst interessant, als ihr Sohn ins Ausland ging. Die Familie zusammenhalten, obwohl Kinder und Enkel nicht in der Nähe sind: Das ist das zentrale Motiv vieler älterer Nutzer.

These 2: Das Internet ist im Alltag angekommen
Das Internet ist in Berufs- und Freizeitroutinen integriert, strukturiert den Tag und gibt Sicherheit. Den Reiz des Neuen hat es weitgehend verloren. Während einige Befragte kontinuierlich im Netz sind, gehen die meisten zu festen Zeiten gezielt online, nutzen dabei meist ein begrenztes Spektrum an Seiten und wechseln nicht in den „Stöbermodus" (Unternehmensberater, Ende 20). Ein Laptop ermöglicht vielen Befragten, dort ins Internet zu gehen, wo sie gerade sind. Das Internet ist schnell zum Hilfsmittel im Alltag geworden: Geschäfte jeder Art können jetzt von zu Hause erledigt werden (Alltagsmanagement). Eine Mutter bestellt „die großen und schweren Sachen" bei *Amazon*, und eine junge Frau

sagte, sie könne schnell nachschauen, „wann das Kreisverwaltungsreferat offen hat". Fast alle Befragten nutzen Routenplaner und Wetterseiten. Neben Aufwand und Zeit spart das Internet auch Kosten: Viele der Befragten kaufen online ein oder vergleichen Preise.

These 3: Das Internet bietet Zugang zum Weltwissen
Ganz besonders schätzen die Befragten, dass sie jederzeit alles nachschlagen können, was sie wissen wollen (kulturelles Kapital). „Dort bekomme ich alles", sagte eine Verkäuferin, Ende 20. Haupt-Einstiegsfenster ist die Suchmaschine *Google*. Die Nutzung geht dabei weit über Lexika hinaus. In den Interviews wurde über Geburtskurse gesprochen, über Jobangebote und über Schneckenbekämpfung – über die Aufgaben, die gerade zu lösen waren. Für die meisten spielt es dabei keine Rolle, ob es sich um professionelle Angebote handelt oder um Laien-Einträge. Weltwissen bedeutet auch, dass irgendeine Person schon einmal vor dem gleichen Problem gestanden hat – und darüber hoffentlich in einem Forum oder auf einer Homepage berichtet.

These 4: Die Kontaktpflege verlagert sich ins Internet
Auch soziales Kapital wird im Netz erworben und organisiert. E-Mails, Instant Messenger und Social Network Sites (SNS) ersetzen Telefon und Brief. Wichtigster Vorteil ist hier die Flexibilität. Während E-Mails vor allem für Geschäftskontakte und von Älteren genutzt werden, zeigen Instant Messenger und SNS, ob jemand erreichbar ist, und bieten sofortigen Kontakt – was besonders die jüngeren Befragten schätzen.

These 5: Das Internet erleichtert das Identitätsmanagement
Das Internet ist eine Antwort auf Individualisierung und Mobilität. Es befriedigt erstens das Bedürfnis nach Autonomie, weil es erlaubt, sich selbst zu verwirklichen und darzustellen (über SNS, Rollenspiele oder Spezialseiten), erweitert zweitens das Spektrum für den Vergleich und die Beobachtung des Meinungsklimas, weil es hier viel mehr Lebensentwürfe und Meinungen gibt als im Fernsehen, gibt drittens auch Minderheiten (etwa Homosexuellen) Selbstbestätigung und Legitimation, weil sie hier Gleichgesinnte finden und einen geschützten Raum, und schafft viertens Gemeinschaften (und damit Gruppenidentitäten), die erst durch (und manchmal nur über) das Internet existieren. Dies beginnt bei Großmüttern, die ihre Familie online zusammenhalten, geht weiter über Jugendmilieus, die sich per Link auf Videos aufmerksam machen und so Erfahrungen teilen, und endet nicht bei einer Frau, die auf einer SNS die Gruppe „Mütter ohne Mann" gegründet hat.

These 6: Das Internet weitet seinen Platz im Medienrepertoire aus
Das Internet ist den traditionellen Medien beim Alltagsmanagement und bei der Kontaktpflege (soziales Kapital) überlegen und bei der Akkumulation von kulturellem Kapital sowie beim Identitäts- und Emotionsmanagement zumindest eine ernste Konkurrenz. Vor allem jüngere und formal hoch gebildete Befragte haben über Online-Nachrichten, Newsletter oder RSS-Feeds gesprochen und Printmedien eher in eine Genuss-Ecke geschoben. Ein Jurist hebt sich das Zeitungslesen beispielsweise als „Erlebnis" für das Wochenende auf. Das Internet ist aktueller, vielfältiger, sofort verfügbar und bietet vor allem über das Web 2.0 Angebote für das Emotionsmanagement, die besser als Fernsehen sind, weil der Nutzer aktiv sein muss und Rückmeldungen bekommt.

Quelle: Meyen et al. 2009

Abbildung 33: Schritte auf dem Weg zu einer Typologie („Internet im Alltag")

1. Merkmalsraum

	kulturelles Kaptital	**soziales Kapital**
hohe Bedeutung		
mittlere Bedeutung		
niedrige Bedeutung		

2. Typologie

	kulturelles Kaptital	**soziales Kapital**
sehr hohe Bedeutung	Die Virtuosen	
hohe Bedeutung	Die Kompetenten	Die Abhängigen
mittlere Bedeutung	Die Liebhaber	Die Geselligen
niedrige Bedeutung	Die Zurückhaltenden	Die Anhänglichen

3. Typenbeschreibung (Beispiel „Die Kompetenten")
Die Kompetenten setzen das Internet bewusst und effizient für ihre beruflichen Ziele ein und nutzen dabei nicht annähernd so viele Anwendungen wie die Virtuosen. Ein Manager, 42, sucht im Netz nach Informationen über andere Firmen oder künftige Geschäftspartner, und eine Landschaftsarchitektin, Ende 30, recherchiert für ihren Chef („*Google* benutze ich sehr viel. Vor allem in der Arbeit, um irgendwelche Sachen nachzuschauen"). Für einen Juristen, der sich auf Online-Recht spezialisiert hat, ist das Internet sogar Teil des „Einkommens". Bei allem, was die Kompetenten im Internet tun, ist der Bezug zum Beruf zu erkennen. Das Netz ist hier ein Arbeitsgerät, das eingesetzt wird, um die eigenen Ziele zu verwirklichen und die Position in der Gesellschaft zu sichern – überwiegend über die Akkumulation von kulturellem Kapital. Die Kompetenten gehören zur Mittelschicht (mit leichter Tendenz nach oben). Sie sind zwischen 30 und Anfang 40, hoch gebildet, wie die Virtuosen zielstrebig und eher männlich, haben Spaß an der Arbeit und gewichten berufliche Erfüllung genauso hoch wie ihre Familie. Im Gegensatz zu den Virtuosen haben die Kompetenten eine Aufgabe, die sie erfüllt und ihren Aufstiegsdrang bremst.

4. Einzelfallbeschreibung
Ein Jugendpfarrer, Mitte 30, als jüngstes von fünf Geschwistern in einer katholischen Familie im Schwarzwald aufgewachsen. Nach dem Abitur ein Jahr Studium der alten Sprachen (Griechisch, Hebräisch und Latein). Dann Theologiestudium – zunächst nur „aus Interesse". Nach dem Studium habe es ihn aber „gepackt", und er sei dem „Ruf" der „Kirchenkarriere" gefolgt: „Praktikant, Diakon, Priesterweihe 2003, dann drei Jahre Kaplan und seit 2006 Jugendpfarrer" in einer bayerischen Großstadt. Auch die Geschwister sind „alle Akademiker".
   Der Alltag des Pfarrers ist sehr strukturiert. Er steht 7.45 Uhr auf, bereitet die Messe vor (oft mit Hilfe des Internet), geht mittags in sein Büro und führt nachmittags ein oder zwei

geistliche Gespräche. Die „Rolle als Pfarrer" begleitet ihn bis 23 Uhr. Vorher ist er meist noch mit Jugendlichen zusammen und trinkt dabei manchmal auch „zwei oder drei Weißbier". Einen freien Tag oder Freizeit kennt er nicht („nur im Urlaub, wenn man so zwei, drei Wochen am Stück weg ist"). Mit seinem Leben ist dieser Mann sehr zufrieden: Er kann seine Zeit frei einteilen, liebt die Arbeit („Meine Beziehung zu Gott ist mir das Wichtigste: Ihn zu verkünden, das Evangelium weiter zu tragen.") und fühlt sich materiell abgesichert.

Zum Medienrepertoire des Pfarrers gehören ein Wortprogramm im Radio, der Nachrichtenüberblick im öffentlich-rechtlichen Fernsehen, eine katholische Wochenzeitung und das abendliche TV-Programm (um vom Tagesgeschehen „loszukommen" und „zu entspannen"). Unterhaltung bietet zwar auch das Internet („kirchlicher Klatsch und Tratsch" auf einigen katholischen Seiten), eigentlich ist das für diesen Mann aber „Missbrauch": „Das ist jetzt sicher nicht etwas, was ich brauche, um voranzukommen." Das Internet verbindet der Pfarrer vor allem mit dem Beruf. Er ist „ständig online" und „checkt" schon morgens E-Mails, um zu sehen, „was neu ist". Fast seine ganze Kommunikation läuft mittlerweile über diesen Kanal („Ich schreibe, lese und beantworte sicherlich zwei Stunden lang E-Mails am Tag."). Er hat eine *Lokalisten*-Gruppe, wo „so um die 50 Mitglieder" versammelt sind – Jugendliche, die er online betreut, und andere Menschen, die um Rat bitten. Diese Community ist für den Pfarrer nicht nur eine „Plattform zur Informationsweitergabe" („Heute Abend Jugendgruppentreffen. Terminänderung. Läuft viel besser als über E-Mail. Ich bewerbe auch gewisse Veranstaltungen."), sondern auch eine „wichtige Ansprechgruppe", weil sich seine „Klientel" bei den *Lokalisten* tummele und er schon deshalb „in diesem Feld dabei" sein müsse („das den Jugendlichen nicht allein zu überlassen"). Andere Anwendungen kennt er dagegen kaum (etwa: Foren, Newsgroups oder Blogs). *Google* ersetzt aber Lexikon und gedruckte Bibel, und über die katholischen Nachrichtenseiten weiß er sofort Bescheid, wenn „der Papst wieder irgendeinen Furz lässt".

Ergebnis II: Typologisierung (Typen und Einflussfaktoren)

Typologien bieten sich immer dann an, wenn man menschliches Verhalten untersucht (Medien- und Internetnutzer, Redakteure, PR-Leute) und dabei Unterschiede nicht nur beschreiben, sondern auch erklären möchte – systematische Unterschiede, die über die (oft skurrilen) Eigenheiten einzelner Personen hinausgehen. Das Auswertungsverfahren Typologisierung eignet sich folglich, um die Pflege von Online-Kontakten oder das Verhältnis von TV- und PC-Nutzung genauer zu untersuchen (vgl. Abbildung 32, Thesen 4 und 6), würde aber ins Leere führen, wenn es um den Medienlenkungsstil der SED-Chefs Ulbricht und Honecker geht.

Eine Typologie ist eine unvollständige Klassifikation. Das hilft zunächst nicht weiter, da der eine Begriff durch einen anderen erklärt wird. Typologien und Klassifikationen versuchen jeweils, Ordnung in einen Bereich zu bringen, indem sie den einzelnen Elementen bestimmte Merkmale zuschreiben. Der Objektbereich „menschliche Siedlungen" etwa lässt sich über das Merkmal „Einwohnerzahl" klassifizieren: Dörfer (bis 2000 Menschen), Land-, Klein-, Mittel- und Großstädte (über 100.000). Eine Klassifikation muss drei Anforderungen genügen:

- *Eindeutigkeit*: Jedem Objekt kann eine Merkmalsausprägung zugeschrieben werden (Berlin hat eine bestimmte Einwohnerzahl).
- *Ausschließlichkeit*: Es trifft nur eine einzige Merkmalsausprägung zu (Berlin ist eine Großstadt).
- *Vollständigkeit*: Kein Objekt ist ohne Merkmalsausprägung (selbst München ist hier eine Großstadt).

Was bei Städten und Dörfern problemlos möglich ist, bereitet Schwierigkeiten, sobald mehrere Merkmale herangezogen werden. Welche Kriterien benötigt man, um den Objektbereich „Internetnutzer" zu klassifizieren? Gibt es hier überhaupt ein Kriterium, das die Anforderungen an eine Klassifikation erfüllen kann? Schon bei einer Beschränkung auf Onlinespieler und das Merkmal Spieltyp stehen „Elemente" mit einer Merkmalsausprägung (Menschen, die nur die Egoshooter spielen oder nur *FarmVille*) neben „Elementen" mit einer Merkmalskombination (*Counterstrike* plus *World of Warcraft*). Folglich bleibt nur eine Typologie: Merkmale heranziehen, von denen man weder weiß, ob sie hinreichend sind, noch, ob man eine vollständige Klassifikation vornehmen kann (Friedrichs 1990: 87-90).

Damit ist der Haupteinwand gegen die Typenbildung genannt: Willkür. Die Vorgaben der Forscherin oder des Forschers entscheiden über die Ordnung, die herauskommt, es ist aber keineswegs sicher, dass er alle Merkmale erfasst hat und vor allem nicht, dass es die richtigen waren. Der Anziehungskraft von Typologien hat das nicht geschadet. Jeder kennt die Temperamentlehre aus der Antike und fragt sich, ob er ein Sanguiniker oder Choleriker, ein Melancholiker oder Phlegmatiker sei. Typologien

- bringen Ordnung in eine unüberschaubare Vielfalt (Strukturierungsfunktion),
- helfen, das Chaos zu analysieren (heuristische Funktion), und
- erhellen schlaglichtartig die Unterschiede zwischen den einzelnen Elementen und erlauben so Vorhersagen (Prognosefunktion).

 Definition: Ein Typus steht für eine Gruppe von Menschen, die bestimmte Persönlichkeitsmerkmale gemeinsam haben.

Bevor diese Definition vergessen ist: Die Betonung liegt auf dem Nebensatz, weil der Forscher genau diese (gemeinsamen) Persönlichkeitsmerkmale vorab benennen muss. Eine Möglichkeit beim Thema „Internet im Alltag": die Nutzungsdauer. Bei drei Ausprägungen (kurz im Netz, mittel oder lang) würden sich drei „Typen" ergeben: die Wenignutzer, die Vielnutzer und ein Durchschnittstyp. Eine zweite Möglichkeit: die private Nutzung. Die Typen, die jetzt entstehen würden (der Heimnutzer, der Büronutzer und eine Art Sowohl-als-auch-Mensch), dürften anders aussehen als beim ersten Kriterium.

> *Merksatz*: Da die Zusammensetzung der Typen von den Typologisierungskriterien abhängt, ist die Benennung dieser Kriterien der wichtigste Auswertungsschritt.

Wie findet man solche Typologisierungskriterien? Und: Warum muss man überhaupt suchen, wenn doch gerade eben bereits ad hoc zwei Kriterien benannt wurden, die offenbar zu funktionieren scheinen? Antwort gibt das Untersuchungsmaterial: Weder die Nutzungsdauer noch die private Nutzung bringen hier „Ordnung": Zu den Vielnutzern gehören sowohl Menschen, die buchstäblich vom Internet oder im Internet leben (weil ihr Job genau dies verlangt), als auch Jugendliche, die sich langweilen und deshalb den ganzen Tag online spielen oder mit ihren Freunden chatten. Was davon privat ist und was beruflich, lässt sich bei beiden Gruppen nicht wirklich trennen, da es auf *Facebook* auch um Schulprobleme geht und der Onlineredakteur sein Abendbrot in einem zweiten Fenster organisiert, während er den Nachrichtenticker verfolgt.

Um zu Typologisierungskriterien zu kommen, die die gerade beschriebenen Funktionen erfüllen, gibt es zwei Strategien:

1. Deduktiv: aus der Theorie
- (Theoretische) Ableitung von Typologisierungskriterien (ideal: ein bis zwei) und Ausprägungen;
- Konstruktion eines Merkmalsraums (vgl. Abbildung 33);
- Zuordnung der Befragten, Typenbeschreibung, Namensgebung;
- Ermittlung von Einflussfaktoren (Merkmale, die Typ-Angehörige jenseits der Typologisierungskriterien gemeinsam haben).

2. Induktiv: aus dem Material
- Vergleich der Befragten: Wer ist sich ähnlich? – Aufteilung auf „Töpfe" (vgl. das Rezept auf S. 184);
- (Empirische) Ableitung von Typologisierungskriterien (ideal: ein bis zwei) und Ausprägungen;
- Weiter wie bei Strategie 1.

In der Forschungspraxis hat sich die zweite Strategie bewährt – auch weil theoretisch denkbare Kriterien (wie eben gesehen) nicht immer funktionieren und weil man sich so tatsächlich auf Unterschiede zwischen den Teilnehmern konzentriert.

> *Empfehlung*: Die Typologisierungskriterien sollten etwas mit dem Forschungsinteresse zu tun haben (Motive der Internetnutzung, Bewertung eines Medienangebots, journalistisches Selbstverständnis etc.) und sie sollten erlauben, die Untersuchungsteilnehmer tatsächlich „aufteilen" zu können.

> *Auswertungsrezept:*
> 1. Man bastele für jeden Untersuchungsteilnehmer eine Karteikarte, auf der die Befunde zu den wichtigsten Kategorien zu einem Porträt verdichtet werden (bei der Internetstudie: Habitus als Opus operatum, soziale Position, Internetnutzung), und lege diese Karten dann auf Häufchen ab – jede Karte dort, wo schon Menschen mit einer ganz ähnlichen Internetnutzung liegen.
> 2. Sind alle Karten verteilt, nehme man den ersten Haufen und versuche, die Gemeinsamkeiten auf einen (oder mehrere) theoretische(n) Begriff(e) zu bringen – die Typologisierungskriterien, wenn diese Begriffe und ihre Ausprägungen denn auch bei den anderen Haufen funktionieren.

Internetnutzer könnte man natürlich auch über die Fernsehnutzung oder die Zeitschriftenabonnements typologisieren (oder über die Haarfarbe). Will man aber Unterschiede in einem bestimmten Handlungsbereich beschreiben und erklären (die beiden Ziele jeder Typologie), dann sollte dieser Handlungsbereich auch im Zentrum der Typologisierung stehen.

Abbildung 33 zeigt, was zu diesem Auswertungsverfahren gehört: ein Merkmalsraum mit Kriterien und Ausprägungen, Typennamen, Beschreibungen (nur für den Typ, zu dem der Jugendpfarrer gehört) und (optional) eine (gekürzte) Einzelfallbeschreibung zur Illustration und zur Differenzierung. In der Beispielstudie wurden die Typologisierungskriterien induktiv entwickelt (über das Karteikartenverfahren und eine Diskussion in der Gruppe) und anschließend an den theoretischen Hintergrund angepasst:

- *Bedeutung des Internet im Alltag*: Dieses Kriterium zielt erstens auf die Bindung an das Internet (stark oder schwach) und zweitens auf den Umfang der Internetnutzung (Dauer, Rhythmus). Manche der Befragten sind „ständig online" und können sich ein Leben ohne Internet nicht mehr vorstellen, andere wiederum sind nur „zweimal in der Woche für ein paar Minuten" im Netz und könnten durchaus auf das Internet verzichten. Ausprägungen: hoch, mittel, niedrig.
- *Kapitalmanagement*: Die Untersuchung hat gezeigt, dass sich die Internetnutzung vor allem danach unterscheidet, ob die Befragten eher soziales Kapital akkumulieren oder eher kulturelles. Indiz für ein größeres Gewicht von sozialem Kapital war die Nutzung von Social Network Sites und Instant Messengern. Auf den Wunsch nach kulturellem Kapital haben die Nutzung von Nachrichtenseiten und Nachschlagewerken hingedeutet sowie die Absicht, Informationen für den Beruf oder andere Lebensbereiche zu sammeln.

> *Merksatz*: Die Typologisierungskriterien und ihre Ausprägungen sind zu definieren – am besten mit Beispielen aus dem Untersuchungsmaterial, die zeigen, wer warum welchem Typ zugeordnet wurde.

Es ist dabei nicht zwingend, mit zwei Typologisierungskriterien zu arbeiten. Madlen Ottenschläger (2004) hat die Mediennutzung von Türken und Deutsch-Türken der zweiten Generation in Deutschland nur mit einem Kriterium auf den Punkt gebracht: Nutzung türkischer Medien. Über die Ausprägungen „ausschließlich" (und damit keine deutschen Angebote), „überhaupt nicht" (also nur deutsche Medien) und „teil/teils" ergaben sich drei Typen (Native User, Mediendeutsche und Medienpendler), die sich hervorragend geeignet haben, das wichtigste Ziel jeder Typologisierung zu erreichen: die Benennung der Faktoren, von denen die Mediennutzung abhängt.

> *Merksatz*: Einflussfaktoren sind Merkmale, die die Angehörigen eines Typs über die Typologisierungskriterien hinaus gemeinsam haben.

Damit dies nicht untergeht: Typologisierungskriterien und Einflussfaktoren sind verschiedene Dinge. Das eine wird vom Forscher selbst bestimmt (und steckt deshalb notwendigerweise in den Typen), und das andere ist das, was er wissen will. Bei den Türken von Madlen Ottenschläger: Verbundenheit mit der Türkei, Geschlecht und Wohnsituation. Zu den Native Usern gehörten vor allem Frauen, die mit dem Ehemann und den Eltern zusammen lebten und es nicht wagten, über türkische Musik oder TV-Seifenopern aus der alten Heimat hinauszudenken. Aus der Typologie der Internetnutzer (Abbildung 33) wurden drei zentrale Faktoren abgeleitet, die den Umgang mit dem Netz sowie die Bedeutung beeinflussen, die das Internet für den Einzelnen hat:

- *Lebensphase und Alter*: Während die Kompetenten (wie der Jugendpfarrer) zwischen 30 und 40 sowie voll auf Beruf und Karriere ausgerichtet sind, war keiner der Virtuosen, für die das Internet unabkömmlich ist, älter als 30 Jahre. Letztlich hatte jeder der Typen eine deutliche Alterskomponente (die Zurückhaltenden und die Liebhaber sind eher älter, die Geselligen dagegen jung sowie ohne festen Partner und Kinder).
- *Geschlecht*: Drei Typen werden von Männern dominiert (die Virtuosen, die Kompetenten, die Abhängigen) und drei von Frauen (die Geselligen, die Zurückhaltenden, die Anhänglichen). Ein Blick auf die Internetrepertoires zeigt, dass die Unterschiede vor allem durch Geschlechtsrollenerwartungen und Karriereambitionen zu erklären sind. Erhärtet wird dieser Befund durch die Kompetenzzuweisungen in Sachen Technik. Selbst viele jüngere Frauen sagten, für alle Dinge rund um den PC sei ihr Mann zuständig.
- *Soziale Position, Karriereambitionen, Verkehrskreis und persönliches Umfeld*: Wer sich auf seinen Beruf konzentrieren kann und kaum familiäre Verpflichtungen besitzt wie die Virtuosen, die Kompetenten oder die Abhängigen, nutzt das Internet intensiver als Menschen, die an Haus und Familie gebunden sind (die Zurückhaltenden), kein Interesse mehr an sozialem Aufstieg haben (die Liebhaber) und ihr Umfeld auch auf herkömmlichem Weg erreichen können (die Anhänglichen, die Zurückhaltenden).

Diese Einflussfaktoren liefern zugleich eine Antwort auf die Frage nach der Zukunft der „digitalen Klüfte": Mag sich die Alterskluft schließen, wenn es in der Gesellschaft nur noch „digital natives" gibt, dürften die Geschlechts- und Bildungsklüfte weiter bestehen bleiben.

> *Merksatz*: So spannend Typologien an sich sein mögen – sie sind in erster Linie ein analytisches Hilfsmittel und werden konstruiert, um Einflussfaktoren ermitteln zu können.

Dieser Merksatz beantwortet zugleich ganz praktische Fragen, die Studierende bei der Betreuung immer wieder stellen:

- *Was gehört alles in eine Typenbeschreibung?* Mindestens die Ausprägungen der Typologisierungskriterien (bei den Kompetenten in Abbildung 33: die Akkumulation von kulturellem Kapital und die hohe Bedeutung des Internet), die Abgrenzung von benachbarten Typen (hier: zu den Virtuosen) und andere gemeinsame Merkmale (mögliche Einflussfaktoren).
- *Wie viele Untersuchungsteilnehmer benötigt man mindestens, um typologisieren zu können?* Drei bis vier, um überhaupt Typen unterscheiden zu können. Besser: acht bis zehn.
- *Kann man von einem Typ sprechen, wenn nur ein Befragter die entsprechenden Ausprägungen der Typologisierungskriterien aufweist?* Natürlich. Je mehr Personen aber zu einem Typ gehören, desto besser lassen sich Einflussfaktoren ermitteln. Deshalb sollte nach Typologisierungskriterien und Ausprägungen gesucht werden, die verhindern, dass acht von zehn Befragten zu einem Typ gehören und die anderen beiden zwei Extra-Typen bilden.
- *Was macht man, wenn sich die Befragten überhaupt nicht unterscheiden und sich folglich nicht typologisieren lassen?* Erste Antwort: die Kriterien ändern. Wenn das nichts bringt, muss man auf die Typologisierung verzichten. Beispiel: eine Untersuchung zu den Geschichtsredakteuren im öffentlich-rechtlichen Fernsehen (Zolnowski 2006). Selbstverständnis und Arbeitsalltag waren hier so homogen, dass der Typologisierungsversuch ins Leere lief. Es gab einfach keine Unterschiede, die zu erklären gewesen wären.

Ein Kapitel für sich ist die Suche nach Typennamen – auch weil man als Forscherin oder Forscher hier seine Kreativität ausleben kann. Die Beispieltypologie in Abbildung 33 zeigt, wie sich die Autoren dieses Lehrbuchs „gute" Bezeichnungen vorstellen:

- Begriffe, die nicht negativ besetzt und nicht dazu angetan sind, die Menschen abzuwerten, die zum jeweiligen Typ gehören. Gegenbeispiele: die Beschränkten, die

Zurückgebliebenen, die Inkompetenten. Ein Grenzfall in der Internetstudie: die Abhängigen.
- Namen, unter denen sich auch der Laie etwas vorstellen kann und die sich voneinander abgrenzen lassen.
- Verzicht auf Adjektive. Mehr zu diesem Punkt: Abbildung 35.

Da die Typennamen nur ein dekoratives Element sind und die Analysekraft der Typologie nicht beeinflussen (obwohl man gerade über Bezeichnungen trefflich streiten kann), bietet sich hier ein Feld für die Selbstverwirklichung – und für die eingangs beschriebene Strategie Gruppenarbeit. Da ein Lehrbuch schlecht zu Alkoholkonsum auffordern kann, wird hier auf die Empfehlung verzichtet, sich mit den Transkripten, Freunden und einer Flasche Rotwein zwei Stunden Zeit zu nehmen. Etwa in diese Richtung sollte es aber gehen.

Abbildung 34: Forschungsbericht – Mustergliederung

Inhaltsverzeichnis

1. Einleitung
   Forschungsproblem, Theorie, Materialbasis, Gliederung
2. Theoretischer Teil / Forschungsstand
   Gegenstand (etwa: Wissen über den Medienalltag von Kindern)
   Theoretische Perspektive (etwa: Herleitung eines Kategoriensystems)
3. Untersuchungsdesign
   Methodenentscheidung
   Instrumente: Leitfaden, Beobachtungsbogen …
   Stichprobe: wer wurde befragt, beobachtet …
   Ablauf der Untersuchung (auch: Besonderheiten, Probleme)
   Auswertung
4. Ergebnisse
   etwa: Gruppenporträt, Typologie, Einflussfaktoren
5. Zusammenfassung / Fazit

Literatur und Quellen

Optional:
Abkürzungsverzeichnis (bei historischen Themen)
Abbildungsverzeichnis (wenn es viele Tabellen und Schaubilder gibt)
Personenregister (vor allem bei längeren Arbeiten)
Sachregister

Anhang: Dokumentation des Untersuchungsmaterials

Quelle: eigene Darstellung

Abbildung 35: Wissenschaftliches Schreiben

---

1. Anforderungen an gute Texte
„Unsere Sprache sei korrekt, verständlich, gut und interessant." (S. 34)

2. Regeln für gute, interessante und verständliche Sprache I: Wörter
- *weg mit den Adjektiven*: entbehrlich wie Füllwörter (dann, gar, nun, selbstredend); produzieren Tautologien („schwere Verwüstungen"), begünstigen bürokratische Blähungen und törichte Superlative (S. 41);
- *her mit den Verben* (S. 50): Verben sind anschaulicher, schlanker und bewegter als Substantive (gilt nicht für Funktionsverben wie „Abhilfe schaffen" oder „in Erwägung ziehen", für Spreizverben (beinhalten, vergegenwärtigen), Luftwörter (bewerkstelligen) und Verben, die auf -ieren enden (tabuisieren, verbalisieren);
- *treffende Worte*: die Sache oder den Sachverhalt ungetarnt, schlüssig und allgemein verständlich benennen (S. 62);
- *deutsche Worte*: Das Fremdwort ist erlaubt, wenn es verständlich, treffend und nicht durch ein deutsches Wort zu ersetzen ist oder wenn es Lokalkolorit vermittelt (S. 69);
- *Vorsicht mit Synonymen*: manchmal lieber ein Wort wiederholen (S. 74).

3. Regeln für gute, interessante und verständliche Sprache II: Sätze
- *bedingtes Lob für kurze Sätze* (Asthmastil): lebhafter Wechsel von mäßig kurzen und mäßig langen Sätzen (S. 92), Satzglieder nicht zu weit auseinander reißen, 14 Wörter als Obergrenze für die Verständlichkeit in einem Satzglied (S. 95) – Hintergrund: Gehirn-Zeitfenster (ein „Augenblick" in unserem Bewusstsein) von zwei bis drei Sekunden;
- *Hauptsachen in Hauptsätze* (nicht: „Der Bundeskanzler, der morgen seinen Rücktritt erklären will, ging heute zum Friseur", S. 98);
- *keine Schachtelsätze und Klemmkonstruktionen* („Die an dem von dem vor dem Rathaus liegenden Platz abgehenden Weg befindlichen Häuser werden abgerissen", S. 104);
- *besser*: aus einem Zwischensatz einen angehängten Nebensatz machen oder zum Beispiel das Verb bei Aufzählungen vorziehen („Bourdieu hat neben dem ökonomischen das kulturelle Kapital beschrieben, das soziale Kapital und das symbolische Kapital" – Ausklammern).

4. Verständliche vs. gute Sprache
- *Auch wenn es der Deutschlehrer anders gesagt hat*: um der Verständlichkeit willen geläufige Wörter verwenden, auf Ironie verzichten, gängige Redensarten nutzen und Redundanzen bei besonders komplizierten Gegenständen in Kauf nehmen;
- *Verständlichkeit*: mit Aufzählungen und Tabellen arbeiten;
- *„erfreuliche Satzzeichen"*: Gedankenstrich, Doppelpunkt, Fragezeichen, Semikolon.

5. Selbstkontrolle: Schreiben für die Ohren
- laut lesen, dabei möglichst viele Füllwörter und Adjektive streichen,
- den logischen Ablauf prüfen und den dramaturgischen Aufbau,
- Stellen unterstreichen, die Missvergnügen bereiten, diese Stellen überarbeiten,
- wieder laut lesen (S. 129).

Quelle: Schneider 2001

Forschungsbericht

Abbildung 34 zeigt, wie eine Abschlussarbeit oder ein Forschungsbericht aufgebaut sein sollte. Eigentlich könnte hier fast „muss" stehen: Um den Gütekriterien qualitativer Sozialforschung zu genügen, die in Kapitel 2 diskutiert wurden, sind die in der Abbildung genannten Teile zwingend erforderlich. Die Einleitung (zwei bis drei Seiten) ist dabei eine Art „Fenster" in die Arbeit. Der Leser sollte hier erfahren, was ihn erwartet, wenn er weiterblättert: Welches Problem wurde untersucht, auf welche Theorie stützt sich die Studie und warum gerade auf diese, mit welchen Methoden wurde gearbeitet, was hat gerade für dieses Untersuchungsdesign gesprochen und welches Material ist in den Ergebnisteil eingeflossen? Im Klartext: Wer „nur" zehn Menschen befragt hat oder das Ideal der „theoretischen Sättigung" nicht erreichen konnte, weil er zum Beispiel keine älteren Gesprächspartner gefunden hat, sollte dies bereits hier deutlich machen.

Das Schreiben von Forschungsberichten lernt man beim Lesen – wenn man aufhört, nur nach den Inhalten zu suchen, und anfängt, auch auf die Form zu achten. Wie lang ist die Theoriediskussion und wie hat es der Autor geschafft, eine komplexe Debatte auf sein Erkenntnisinteresse herunterzubrechen? Wie sind die einzelnen Teile miteinander verknüpft worden? Warum verstehe ich bestimmte Abbildungen auf Anhieb und andere auch nach minutenlangem Nachdenken nicht? Die folgenden Regeln können diese Lektüre nicht ersetzen und sind auch nur vordergründig auf das Verfassen des Forschungsberichts bezogen, weil sie im gleichen Moment Bewertungskriterien für die Produkte anderer Forscherinnen und Forscher liefern:

- *Struktur und Gewichtung*: 50 Prozent für Einleitung, Theorie und Untersuchungsdesign und 50 Prozent für die Ergebnisse und das Fazit – natürlich nicht sklavisch umzusetzen, sondern als Richtschnur gemeint. Auf keinen Fall: 85 Seiten Theorie und zehn Seiten Befunde (auch nicht umgekehrt).
- *Gute Wissenschaft*: versteht sich eigentlich von selbst. Ein Indiz: die Qualität der Literaturbelege (im ersten Abschnitt) und der Schlüsselzitate (im Ergebnisteil).
- *Roter Faden*: von der Einleitung bis zum Fazit. Theoriekapitel und Untersuchungsdesign sind mit Blick auf das Erkenntnisinteresse zu schreiben, und der Ergebnisteil sollte Rückbezüge auf Theorie und Forschungsstand enthalten. Für die Selbstkontrolle: Wenn man den Theorieteil so in eine andere Arbeit kopieren könnte, dann fehlt der rote Faden.
- *Neugier auf die „Story" wecken (und bedienen)*: hängt mit dem roten Faden zusammen. Jeder Forschungsbericht erzählt auch eine Geschichte. Wenn man diese noch nicht kennt: Freunden in der Kneipe von der Arbeit erzählen. Was in diesen zwei Minuten kommt, das ist die Geschichte.
- *Reflexion*: die Grenzen der Untersuchung kennen – und dieses Wissen aufschreiben (und zwar nicht erst nach dem Fazit, sondern in jedem Abschnitt).
- *Gutes Deutsch*: ein wunder Punkt vieler Abschlussarbeiten und Forschungsberichte.

Wissenschaft hat eine eigene Sprache. Ein Satz wie dieser, mit nur fünf Wörtern und ohne Fremdwort, scheint in dieser Sprache nicht vorzukommen. Natürlich sind die Zusammenhänge oft kompliziert, natürlich wissen die Autoren viel (oft mehr, als das Papier zu fassen vermag), aber müssen deshalb auch die Leser schwitzen? Sondersprachen grenzen aus und festigen Hierarchien. Der Student lernt auf diese Weise schon im ersten Semester, wie viel ihn von seinem Dozenten trennt. Der Romanist Victor Klemperer, der sich nicht an diese Norm hielt, hat in seinen Tagebüchern oft darüber geklagt, dass ihn seine Kollegen nicht würdigen und in die Schublade „Journalist" stecken würden (offenbar ein Synonym für jemanden, der Inhalte ansprechend aufbereiten kann). Klemperer vermutete sogar, dass dieser Stempel seine Hochschul-Karriere behindert habe (Klemperer 1999: 420).

Der flämische Dichter Felix Timmermans soll einmal gesagt haben, dass er sich genieren würde, eine Zeile zu schreiben, die nicht auch seine Waschfrau verstehe. Wer heute in Fachzeitschriften blättert, vermutet wahrscheinlich eher das Gegenteil: Bloß nichts schreiben, was auch eine Waschfrau begreifen kann. Nun mag die Waschfrau ein schlechtes Beispiel sein, weil sie ohnehin keine kommunikationswissenschaftlichen Texte lesen wird, das ist aber noch lange kein Grund, den Anspruch „Verständlichkeit" aufzugeben. Hier seien nur zwei Kronzeugen angeführt: Karl Popper („Wer's nicht einfach und klar sagen kann, der soll schweigen und weiterarbeiten, bis er's klar sagen kann") und Arthur Schopenhauer („Man gebrauche gewöhnliche Worte und sage ungewöhnliche Dinge").

Beide Kronzeugen werden auch von Wolf Schneider angeführt, auf den Abbildung 35 zurückgeht. Schneider war zwar Journalist, seine Ratschläge aber richtete er an „Profis" – eine Gruppe, zu der qualitativ arbeitende Sozialforscher spätestens jetzt gehören sollten, am Ende dieses Lehrbuchs.

 Die *Auswertung* zielt auf Ergebnisse, die über die untersuchten Fälle hinausweisen und so Verallgemeinerungen sowie Prognosen erlauben. Schlüssel (auch für die intersubjektive Nachvollziehbarkeit): ein Kategoriensystem.

Sechs Strategien: theoriegeleitetes Vorgehen, Dokumentation des Materials, ausführliche Beschreibung des eigenen Vorgehens, Auswertung in der Gruppe, Illustration und Konkretisierung mit (kontextualisierten) Zitaten sowie mit Einzelfallbeschreibungen.

Schritte zu Handlungsmustern und Strukturen: Die Untersuchungskategorien leiten erstens die Lektüre (Kategorienbildung), die Aussagen im Text helfen zweitens, eine treffende Bezeichnung zu finden (Close Reading). Im Vergleich mit anderen Transkripten werden drittens Muster erkannt, die über den einzelnen Fall hinausweisen.

Kontextualisierung: unklare Passagen auflösen (Nachrecherche), Interviewsituation einbeziehen, Zusatzinformationen heraussuchen und Aussagen zueinander in Beziehung setzen (zum Beispiel Lebenswelt und Nutzungsmuster).

Ziel einer Typologie ist es, Faktoren herauszuarbeiten, die Unterschiede erklären können.

Typologien hängen von den Typologisierungskriterien ab. Kriterien zu benennen, ist der erste (und wichtigste) Auswertungsschritt. Diese Kriterien können aus dem Material gewonnen oder aus der Theorie abgeleitet werden.

Auch für den *Aufbau eines Forschungsberichts* gibt es Regeln – sowohl für den Inhalt als auch für die Form.

Verzeichnis der Abbildungen und Beispiele

Literaturverzeichnis

Achter, Antje (2009): „Ich weiß sehr wohl, was ich da tue!" Nutzungsmuster und Nutzungsmotive zehn- bis zwölfjähriger Kinder. In: Michael Meyen & Senta Pfaff-Rüdiger (Hrsg.): Internet im Alltag. Qualitative Studien zum praktischen Sinn von Online-Angeboten (S. 87-108). Münster: Lit.

Adorno, Theodor W. (1984): Soziologie und empirische Forschung. In: Theodor W. Adorno (Hrsg.): Der Positivismusstreit in der deutschen Soziologie (S. 81-101). Darmstadt: Luchterhand.

Albert, Hans (1989): Traktat über kritische Vernunft. Tübingen: Mohr.

Altenloh, Emilie (1914): Zur Soziologie des Kinos. Die Kino-Unternehmung und die sozialen Schichten ihrer Besucher. Leipzig: Spamersche Buchdruckerei.

Altmann, Myrian (2007): Internet im Ruhestand? Oder: „Opa, davon verstehst Du nix." Nutzungsmuster und Nutzungsmotive von älteren Onlinern. In: Senta Pfaff-Rüdiger & Michael Meyen (Hrsg.): Alltag, Lebenswelt und Medien. Qualitative Studien zum subjektiven Sinn von Medienangeboten (S. 47-71). Münster: Lit.

Altmann, Myrian (2011): Vom Rezipienten zum Partizipienten. Partizipationsmotive und Partizipationsmuster aktiver Onliner. Dissertation. Institut für Kommunikationswissenschaft und Medienforschung. Ludwig-Maximilians-Universität München.

Altmeppen, Klaus-Dieter (1999): Redaktionen als Koordinationszentren. Beobachtungen journalistischen Handelns. Opladen: Westdeutscher Verlag.

Ayaß, Ruth & Bergmann, Jörg (2006): Qualitative Methoden in der Medienforschung. Reinbek: Rowohlt.

Bachmair, Ben, Mohn, Erich & Müller-Doohm, Stefan (1985) (Hrsg.): Qualitative Medien- und Kommunikationsforschung. Werkstattberichte. Kassel: Gesamthochschule.

Beck, Klaus (2006): Computervermittelte Kommunikation im Internet. München: Oldenbourg.

Beck, Klaus & Vowe, Gerhard (1995): Multimedia aus der Sicht der Medien. Argumentationsmuster und Sichtweisen in der medialen Konstruktion. In: Rundfunk und Fernsehen, 43/4, 549-563.

Behmer, Markus (2004): Erstes „befreites" Institut der LMU. Die Studentenbewegung im Wintersemester 1968/69. In: Michael Meyen & Maria Löblich (Hrsg.): 80 Jahre Zeitungs- und Kommunikationswissenschaft in München. Bausteine zu einer Institutsgeschichte (S. 301-313). Köln: Halem.

Behnke, Cornelia & Meuser, Michael (2002): Zwei Karrieren, eine Familie – Vereinbarkeitsmanagement bei Doppelkarrierepaaren. Dortmund. http://www.hitzler-soziologie.de/pdf/dcc_arb_bericht.pdf (20.12.2010).

Benedikter, Roland (2001): Das Verhältnis zwischen Geistes-, Natur- und Sozialwissenschaften. In: Theo Hug (Hrsg.): Wie kommt Wissenschaft zu Wissen? Band 4: Einführung in die Wissenschaftstheorie und Wissenschaftsforschung (S. 137-159). Baltmannsweiler: Schneider.

Bentele, Günter, Liebert, Tobias & Seeling, Stefan (1997): Von der Determination zur Intereffikation. Ein integratives Modell zum Verhältnis von Public Relations und Journalismus. In: Günter Bentele & Michael Haller (Hrsg.): Aktuelle Entstehung von Öffentlichkeit. Akteure – Strukturen – Veränderungen (S. 225-250). Konstanz: UVK.

Bilandzic, Helena & Trapp, Bettina (2000): Die Methode des lauten Denkens: Grundlagen des Verfahrens und die Anwendung bei der Untersuchung selektiver Fernsehnutzung bei Jugendlichen. In: Ingrid Paus-Haase & Bernd Schorb (Hrsg.): Qualitative Kinder- und Jugendmedienforschung (S. 183-209). München: Kopäd.

Blumler, Herbert (1973): Der methodologische Standort des symbolischen Interaktionismus. In: Arbeitsgruppe Bielefelder Soziologen (Hrsg.): Alltagswissen, Interaktion und gesellschaftliche Wirklichkeit (Band 1, S. 80-101). Reinbek: Rowohlt.

Blumler, Jay G. & Katz, Elihu (1974): The uses of mass communications: Current perspectives on gratifications research. Beverly Hills: Sage.

Böcking, Saskia (2002): Wie es ihnen gefällt... Determinanten der Mediennutzung von Vorschulkindern am Beispiel einer Kinderhörspielkassette. Diplomarbeit. Hochschule für Musik und Theater Hannover.

Bogner, Alexander, Littig, Beate & Menz, Wolfgang (2009) (Hrsg.): Experteninterviews. Theorien, Methoden, Anwendungsfelder (3. Auflage). Wiesbaden: VS Verlag für Sozialwissenschaften.

Bogumil, Jörg & Immerfall, Stefan (1985): Wahrnehmungsweisen empirischer Sozialforschung. Zum (Selbst-)Verständnis des sozialwissenschaftlichen Erfahrungsprozesses. Frankfurt am Main: Campus.

Bourdieu, Pierre (1985): Sozialer Raum und „Klassen". Zwei Vorlesungen. Frankfurt am Main: Suhrkamp.

Bourdieu, Pierre (1987): Die feinen Unterschiede: Kritik der gesellschaftlichen Urteilskraft. Frankfurt am Main: Suhrkamp.

Bourdieu, Pierre (1998): Vom Gebrauch der Wissenschaft. Für eine klinische Soziologie des wissenschaftlichen Feldes. Konstanz: UVK.

Brandt, Ahasver von (2007): Werkzeug des Historikers. Eine Einführung in die historischen Hilfswissenschaften (17. Auflage). Stuttgart: Kohlhammer.

Brosius, Hans-Bernd, Koschel, Friederike & Haas, Alexander (2009): Methoden der empirischen Kommunikationsforschung. Eine Einführung (5. Auflage). Wiesbaden: VS Verlag für Sozialwissenschaften.

Cappella, Joseph N. & Jamieson, Kathleen Hall (1997): Spiral of cynicism: The press and the public good. New York: Oxford University Press.

Chalmers, Alan F. (1994): Wege der Wissenschaft. Einführung in die Wissenschaftstheorie. Berlin: Springer.

Charlton, Michael & Mutz, Rüdiger (1992): Die qualitative Medienforschung auf dem Prüfstand. Hoher Aufwand und geringe Allgemeingültigkeit der Ergebnisse? In: Publizistik, 37/2, 197-212.

Charlton, Michael & Neumann, Klaus (1988): Der Methodenstreit in der Medienforschung: Quantitative oder qualitative Verfahren? In: Rainer Bohn, Eggo Müller & Rainer Ruppert (Hrsg.): Ansichten einer künftigen Medienwissenschaft (S. 91-107). Berlin: Edition Sigma.

Classen, Christoph (2008): Qualitative Diskursanalysen in der historischen Medien- und Kommunikationsforschung. In: Klaus Arnold, Markus Behmer & Bernd Semrad (Hrsg.): Kommunikationsgeschichte. Positionen und Werkzeuge. Ein diskursives Hand- und Lehrbuch (S. 363-382). Münster: Lit.

Cresswell, John W. (2007): Qualitative inquiry & research design. Choosing among five approaches. Thousand Oaks: Sage.

Czikszentmihalyi, Mihaly (2000): Das Flow-Erlebnis. Jenseits von Angst und Langeweile im Tun aufgehen. Stuttgart: Klett.

Dahinden, Urs (2006): Framing. Eine integrative Theorie der Massenkommunikation. Konstanz: UVK.

Dahms, Hans-Joachim (1994): Positivismusstreit. Die Auseinandersetzungen der Frankfurter Schule mit dem logischen Positivismus, dem amerikanischen Pragmatismus und dem kritischen Rationalismus. Frankfurt am Main: Suhrkamp.

Deci, Edward L. & Ryan, Richard M. (2000): The „what" and „why" of goal pursuit: human needs and the self-determination of behavior. In: Psychological Inquiry, 11/4, 227-268.

DFG (1987) (Hrsg.): Medienwirkungsforschung in der Bundesrepublik Deutschland. Studienausgabe. Weinheim: VCH.

DGPuK (2004): Empirische Methodenlehre in der Kommunikationswissenschaft. Anforderungen der DGPuK an die empirische Methodenlehre in kommunikationswissenschaftlichen Studiengängen. München: Deutsche Gesellschaft für Publizistik- und Kommunikationswissenschaft.

Dijk, Jan van (2005): Deepening Divide. Inequality in the Information Society. Thousand Oaks: Sage.

Donati, Paolo (2006): Die Rahmenanalyse politischer Diskurse. In: Reiner Keller, Andreas Hirseland, Werner Schneider & Willy Viehöver (Hrsg.): Handbuch sozialwissenschaftliche Diskursanalyse (S. 147-177). Wiesbaden: VS Verlag für Sozialwissenschaften.

Dröge, Franz (1972): Wissen ohne Bewusstsein. Materialien zur Medienanalyse der Bundesrepublik Deutschland. Unter Mitarbeit von Ilse Modelmog. Frankfurt am Main: Athenäum Fischer.

Dröge, Franz, Weißenborn, Rainer & Haft, Henning (1969): Wirkungen der Massenkommunikation. Münster: Regensberg.

Dudenhöffer, Kathrin (2009): Habitus, soziale Position und Internetnutzung. Eine quantitative Untersuchung von Einflussfaktoren. Masterarbeit. Institut für Kommunikationswissenschaft und Medienforschung. Ludwig-Maximilians-Universität München.

Dygutsch-Lorenz, Ilse (1973): Journalisten und Rundfunk. Empirische Kommunikationsforschung am Beispiel einer Rundfunkanstalt. Düsseldorf: Bertelsmann.

Eichhorn, Wolfgang (2004): Vermittlung sozialer Kommunikation. Anmerkungen zur Theorie der Zeitungswissenschaft. In: Michael Meyen & Maria Löblich (Hrsg.): 80 Jahre Zeitungs- und Kommunikationswissenschaft in München (S. 141-154). Köln: Halem.

Eimeren, Birgit van & Frees, Beate (2010): Fast 50 Millionen Deutsche online – Multimedia für alle? Ergebnisse der ARD/ZDF-Onlinestudie 2010. In: Media Perspektiven, 7-8, 334-349.

Entman, Robert M. (1993): Framing: Toward clarification of a fractured paradigm. In: Journal of Communication, 43/4, 51-58.

Esser, Hartmut, Klenovits, Klaus & Zehnpfennig, Helmut (1977): Wissenschaftstheorie. Band 2: Funktionsanalyse und hermeneutisch-dialektische Ansätze. Studienskripten zur Soziologie. Stuttgart: Teubner.

Fahr, Andreas (2010): Rezeptionsprozesse. Eine Einführung in Grundlagen, Messung und Anwendungsfelder. Habilitationsschrift. Institut für Kommunikationswissenschaft und Medienforschung. Ludwig-Maximilians-Universität München.

Fahr, Andreas (2011) (Hrsg.): Zählen oder Verstehen? Diskussion um die Verwendung quantitativer und qualitativer Methoden in der empirischen Kommunikationswissenschaft. Köln:
Halem.

Fiedler, Anke & Meyen, Michael (2011) (Hrsg.): Fiktionen für das Volk: DDR-Zeitungen als PR-
Instrument. Fallstudien zu den Zentralorganen Neues Deutschland, Junge Welt, Neue Zeit
und Der Morgen. Münster: Lit.

Fischer, Martina (2009a): „Durch das Spiel habe ich eine Menge Leute kennen gelernt." *World
of Warcraft*: Nutzungsmuster und Nutzungsmotive. In: Michael Meyen & Senta Pfaff-Rüdiger
(Hrsg.): Internet im Alltag. Qualitative Studien zum praktischen Sinn von Onlineangeboten
(S. 321-339). Münster: Lit.

Fischer, Martina (2009b): Qualitative Mediennutzungsforschung: Offline- und Online-Methoden im Vergleich. Masterarbeit. Institut für Kommunikationswissenschaft. Ludwig-Maximilians-Universität München. http://epub.ub.uni-muenchen.de/11226/1/MA_Fischer_Mar-
tina.pdf (20.12.2010).

Fischer, Martina & Pfaff-Rüdiger, Senta (2010): Zur Güte qualitativer Online-Methoden. Online-
und Offline-Verfahren im Vergleich. In: Nikolaus Jackob, Thomas Zerback, Olaf Jandura &
Marcus Maurer (Hrsg.): Das Internet als Forschungsinstrument und -gegenstand in der Kommunikationswissenschaft (S. 268-283). Köln: Halem.

Flick, Uwe (2007): Qualitative Sozialforschung. Eine Einführung (überarbeitete und erweiterte
Neuausgabe). Reinbek: Rowohlt.

Flick, Uwe (2008): Triangulation in der qualitativen Forschung. In: Uwe Flick, Ernst von Kardorff
& Ines Steinke (Hrsg.): Qualitative Forschung. Ein Handbuch (S. 309-318). Reinbek: Rowohlt.

Flick, Uwe, von Kardorff, Ernst & Steinke, Ines (2008) (Hrsg.): Qualitative Forschung. Ein Handbuch (5. Auflage). Reinbek: Rowohlt.

Foucault, Michel (1999): Botschaften der Macht. Reader Diskurs und Medien. Stuttgart: DVA.

Friedrichs, Jürgen (1990): Methoden empirischer Sozialforschung (17. Auflage). Opladen: Westdeutscher Verlag.

Früh, Werner (2007): Inhaltsanalyse: Theorie und Praxis (6. Auflage). Konstanz: UVK.

Fuchs, Werner (1979): Zur Reflexivität der biographischen Methode. Werkstattbericht des
Zentralen Instituts für Fernstudienforschung der Fernuniversität. Hagen.

Fuchs-Heinritz, Werner (2009): Biographische Forschung. Eine Einführung in Praxis und Methoden (4. Auflage). Wiesbaden: VS Verlag für Sozialwissenschaften.

Gamson, William & Modigliani, Andre (1987): The changing culture of affirmative action. In:
Richard Braungart & Margaret Braungart (Hrsg.): Research in political sociology (S. 137-177).
Greenwich: JAI Press.

Garfinkel, Harold (1967): Studies in ethnomethodology. Englewood Cliffs: Prentice Hall.

Gehrau, Volker (2002): Die Beobachtung in der Kommunikationswissenschaft. Konstanz: UVK.

Glaser, Barney G. & Strauss, Anselm L. (2008): Grounded Theory: Grundlagen Qualitativer Sozialforschung. Weinheim: Beltz.

Gläser, Jochen & Laudel, Grit (2009): Experteninterviews und qualitative Inhaltsanalyse (3. Auflage). Wiesbaden: VS Verlag für Sozialwissenschaften.

Glasersfeld, Erst von (1996): Radikaler Konstruktivismus: Ideen, Ergebnisse Probleme. Frankfurt
am Main: Suhrkamp.

Göbel, Ann-Marie (2011): Krisen-PR im „Schatten der Mauer". Der 13. August 1961 in den DDR-
Zentralorganen. In: Anke Fiedler & Michael Meyen (Hrsg.): Fiktionen für das Volk: DDR-Zei-
tungen als PR-Instrument. Fallstudien zu den Zentralorganen Neues Deutschland, Junge
Welt, Neue Zeit und Der Morgen. Münster: Lit (im Druck).

Gruber, Thomas (1975): Die Übernahme der journalistischen Berufsrolle. Eine sozialwissenschaftliche Analyse. Nürnberg: Verlag der Nürnberger Forschungsvereinigung.

Habicht, Dorothea (2006): „Die sprechen den Leuten aus der Seele." Motive für die Nutzung der BILD-ZEITUNG. In: Nathalie Huber & Michael Meyen (Hrsg.): Medien im Alltag. Qualitative Studien zu Nutzungsmotiven und zur Bedeutung von Medienangeboten (S. 151-167). Münster: Lit.

Hackl, Christiane (2001): Fernsehen im Lebenslauf – Eine medienbiographische Studie. Konstanz: UVK.

Hall, Stuart (2010): Identität, Ideologie und Repräsentation. Ausgewählte Schriften 4. Hamburg: Argument Verlag.

Harmgarth, Friederike (1997) (Hrsg.): Lesegewohnheiten – Lesebarrieren. Schülerbefragung im Projekt „Öffentliche Bibliothek und Schule – neue Formen der Partnerschaft". Gütersloh: Bertelsmann Stiftung.

Hartmann, Heinz (1970): Empirische Sozialforschung. Probleme und Entwicklungen. München: Juventa.

Hartmann, Philip (2006): Was ist dran an Harald Schmidt? Eine qualitative Studie zu den Nutzungsmotiven der Zuschauer von Harald Schmidt. Münster: Lit.

Heintz, Bettina (1993): Wissenschaft im Kontext. Neuere Entwicklungstendenzen der Wissenschaftssoziologie. In: Kölner Zeitschrift für Soziologie und Sozialpsychologie, 45/3, 528-552.

Helfferich, Claudia (2004): Die Qualität qualitativer Daten. Manuell für die Durchführung qualitativer Interviews. Opladen: VS Verlag für Sozialwissenschaften.

Hepp, Andreas (1998): Fernsehaneignung und Alltagsgespräche. Fernsehnutzung aus der Perspektive der Cultural Studies. Opladen: Westdeutscher Verlag.

Hermanns, Harry (1981): Das narrative Interview in berufsbiografisch orientierten Untersuchungen. Arbeitspapiere des Wissenschaftlichen Zentrums für Berufs- und Hochschulforschung an der Gesamthochschule Kassel Nr. 9. Kassel. http://www.hermanns.it/publication/hermanns_das_narrative_interview.pdf (20.12.2010).

Heubuch, Carmen (2007): Kämpfer und der „Klub der wilden Pferde". Die Bedeutung von Zeitschriften für acht- bis elfjährige Kinder. In: Senta Pfaff-Rüdiger & Michael Meyen (Hrsg.): Alltag, Lebenswelt und Medien. Qualitative Studien zum subjektiven Sinn von Medienangeboten (S. 73-96). Münster: Lit.

Hienzsch, Ulrich (1990): Journalismus als Restgröße. Redaktionelle Rationalisierung und publizistischer Leistungsverlust. Wiesbaden: Deutscher Universitätsverlag.

Hitzler, Ronald & Eberle, Thomas (2008): Phänomenologische Lebensweltanalyse. In: Uwe Flick, Ernst von Kardorff & Ines Steinke (Hrsg.): Qualitative Forschung. Ein Handbuch (S. 109-118). Reinbek: Rowohlt.

Hoffmann, Dagmar (2005): Experteninterviews. In: Lothar Mikos & Claudia Wegener (Hrsg.): Qualitative Medienforschung. Ein Handbuch (S. 268-278). Konstanz: UVK.

Hopf, Christel (2008): Qualitative Interviews – ein Überblick. In: Uwe Flick, Ernst von Kardorff & Ines Steinke (Hrsg.): Qualitative Forschung. Ein Handbuch (S. 349-360). Reinbek: Rowohlt.

Huber, Nathalie (2004): Ohne Bilder im Bilde. Eine qualitative Studie zur Mediennutzung und Medienbewertung von blinden Menschen in Deutschland. Münster: Lit.

Huber, Nathalie (2010): Kommunikationswissenschaft als Beruf. Zum Selbstverständnis von Professoren des Faches im deutschsprachigen Raum. Köln: Halem.

Hübinger, Gangolf (2002): Wertkollisionen im frühen 20. Jahrhundert. Die Kompetenz der Geisteswissenschaften zur Deutung sozialer Wirklichkeit. In: Rüdiger vom Bruch & Brigitte Kaderas (Hrsg.): Wissenschaften und Wissenschaftspolitik. Bestandsaufnahmen zu Formationen, Brüchen und Kontinuitäten im Deutschland des 20. Jahrhunderts (S. 75-83). Stutt-gart: Franz Steiner.

Jackob, Nikolaus, Zerback, Thomas, Jandura, Olaf & Maurer, Marcus (2010) (Hrsg.): Das Inter-net als Forschungsinstrument und -gegenstand in der Kommunikationswissenschaft. Köln: Halem.

Jandura, Olaf, Quandt, Thorsten & Vogelgesang, Jens (2011) (Hrsg.): Methoden der Journalis-musforschung. Wiesbaden: VS Verlag für Sozialwissenschaften.

Kaesler, Dirk (1984): Die frühe deutsche Soziologie und ihre Entstehungsmilieus. Eine wissen-schaftssoziologische Untersuchung. Opladen: Westdeutscher Verlag.

Kazmer, Michelle M. & Xie, Bo (2008): Qualitative interviewing in Internet studies. Playing with the media, playing with the method. In: Information, Communication & Society, 11/2, 257-278.

Keppler, Angela (1994): Tischgespräche. Über Formen kommunikativer Vergemeinschaftung am Beispiel der Konversation in Familien. Frankfurt am Main: Suhrkamp.

Keuneke, Susanne (2005): Qualitatives Interview. In: Lothar Mikos & Claudia Wegener (Hrsg.): Qualitative Medienforschung. Ein Handbuch (S. 254-267). Konstanz: UVK.

Kirchhoff, Susanne (2010): Krieg mit Metaphern. Mediendiskurse über 9/11 und den „War on Terror". Bielefeld: transcript.

Klein, Petra (2005): Henk Prakke und die funktionale Publizistik. Über die Entgrenzung der Pub-lizistik- zur Kommunikationswissenschaft. Münster: Lit.

Klemperer, Victor (1999): So sitze ich denn zwischen allen Stühlen. Tagebücher 1945-1959. Zwei Bände. Berlin: Aufbau.

Knorr-Cetina, Karin (1988): Das naturwissenschaftliche Labor als Ort der „Verdichtung" von Ge-sellschaft. In: Zeitschrift für Soziologie, 17/2, 85-101.

Köhler, Harriet (2006): „Ich kenne auch einen netten Raver." Musik im Leben von Gymnasiasten. In: Nathalie Huber & Michael Meyen (Hrsg.): Medien im Alltag. Qualitative Studien zu Nut-zungsmotiven und zur Bedeutung von Medienangeboten (S. 191-208). Münster: Lit.

Koller, Barbara, Hamm, Ingrid & Hehr-Koch, Monika (1988): Journalistisches Handeln im lokalen Rundfunk. Düsseldorf: Presse- und Informationsamt Nordrhein-Westfalen.

Kopper, Gerd G. (2002): Franz Dröge gestorben. In: Publizistik, 47/4, 468-469.

Kriesi, Hanspeter (2001): Die Rolle der Öffentlichkeit im politischen Entscheidungsprozess. Ein konzeptueller Rahmen für ein international vergleichendes Forschungsprojekt. Discussion Paper P01-701. Wissenschaftszentrum Berlin für Sozialforschung (WZB).

Kromrey, Helmut (2006): Empirische Sozialforschung. Modelle und Methoden der standardi-sierten Datenerhebung und Datenauswertung (11. Auflage). Stuttgart: Lucius & Lucius.

Krotz, Friedrich (2001): Die Mediatisierung kommunikativen Handelns. Der Wandel von Alltag und sozialen Beziehungen, Kultur und Gesellschaft durch die Medien. Wiesbaden: West-deutscher Verlag.

Krotz, Friedrich (2005): Neue Theorien entwickeln. Eine Einführung in die Grounded Theory, die Heuristische Sozialforschung und die Ethnographie an Hand von Beispielen aus der Kom-munikationsforschung. Köln: Halem.

Krotz, Friedrich & Eastman, Susann T. (1999): Orientation towards television outside the home in Hamburg and Indianapolis. In: Journal of Communication, 49/1, 5-27.

Kuhn, Thomas S. (1981): Die Struktur wissenschaftlicher Revolutionen. Frankfurt am Main: Suhrkamp.

Kvale, Steinar & Brinkmann, Sved (2009): Interviews. Learning the craft of qualitative research interviewing. Thousand Oaks: Sage.

Lamnek, Siegfried (1988): Qualitative Sozialforschung. Band 1: Methodologie. München: Psychologie Verlags Union.

Lamnek, Siegfried (2010): Qualitative Sozialforschung (5. Auflage). Weinheim: Beltz.

Landes, Cornelia (2011): „Ich hatte so viel Spielraum wie ich wollte". Der Einfluss von Journalisten auf Medieninhalte: das Beispiel Sport. In: Anke Fiedler & Michael Meyen (Hrsg.): Fiktionen für das Volk: DDR-Zeitungen als PR-Instrument. Fallstudien zu den Zentralorganen Neues Deutschland, Junge Welt, Neue Zeit und Der Morgen. Münster: Lit (im Druck).

Langenohl, Susanne (2009): Musikstars im Prozess der Geschlechtsidentitätsentwicklung von Jugendlichen. Münster: Lit.

Lauf, Edmund (2006): Methoden. In: Christina Holtz-Bacha, Arnulf Kutsch, Wolfgang R. Langenbucher & Klaus Schönbach (Hrsg.): Fünfzig Jahre Publizistik (S. 179-192). Wiesbaden: VS Verlag für Sozialwissenschaften.

Lazarsfeld, Paul F. (1941): Remarks on administrative and critical communications research. In: Studies in Philosophy & Social Science IX. Bd., 2-16.

Lazarsfeld, Paul F. (1959): Methodological problems in empirical social research. In: Transactions of the Fourth World Congress of Sociology, Band 2 (S. 225-249). London: International Sociological Association.

Lenk, Hans (1986): Zwischen Wissenschaftstheorie und Sozialwissenschaft. Frankfurt am Main: Suhrkamp.

Lincoln, Yvonna S. & Guba, Egon G. (1985): Naturalistic inquiry. Beverly Hills: Sage.

Livingstone, Sonia (2007): From family television to bedroom culture: young people's media at home. In: Eoin Devereux (Hrsg.): Media studies: key issues and debates (S. 302-321). London: Sage.

Löblich, Maria (2008): Ein Weg zur Kommunikationsgeschichte. Kategoriengeleitetes Vorgehen am Beispiel Fachgeschichte. In: Klaus Arnold, Markus Behmer & Bernd Semrad (Hrsg.): Kommunikationsgeschichte. Positionen und Werkzeuge. Ein diskursives Hand- und Lehrbuch (S. 433-454). Münster: Lit.

Löblich, Maria (2010a): Die empirisch-sozialwissenschaftliche Wende in der Publizistik- und Zeitungswissenschaft. Köln: Halem.

Löblich, Maria (2010b): The battle for „expansion" of public service broadcasting in the Internet. The public debate on the 12th amendment of the Interstate Treaty on Broadcasting in Germany and the role of the press. Full Paper for RIPE 2010 Conference, London, 8th-11th September.

Löblich, Maria & Pfaff-Rüdiger, Senta (2011): Network analysis. A qualitative approach to empirical studies on communication policy. In: International Communication Gazette, 73 (angenommen).

Löffler, Sandra (2009): „Weil es halt doch eine Möglichkeit ist, jemanden kennenzulernen." Internetnutzung von Homosexuellen. In: Michael Meyen & Senta Pfaff-Rüdiger (Hrsg.): Internet im Alltag. Qualitative Studien zum praktischen Sinn von Onlineangeboten (S. 191-209). Münster: Lit.

Loosen, Wiebke (2009): Die neue Leichtigkeit der Journalismusforschung. In: Publizistik, 54/4, 603-609.

Loosen, Wiebke & Scholl, Armin (2011): Methodenkombinationen in der Kommunikationswissenschaft. Methodologische Herausforderungen und empirische Praxis. Köln: Halem.

Luger, Kurt (1984): Die biographische Methode in der Kommunikationsforschung. In: Medien Journal, 3, 13-20.

Maletzke, Gerhard (1959): Fernsehen im Leben der Jugend. Hamburg: Hans-Bredow-Institut.

Maletzke, Gerhard (1963): Psychologie der Massenkommunikation. Theorie und Systematik. Hamburg: Hans-Bredow-Institut.

Maletzke, Gerhard (1967): Publizistikwissenschaft zwischen Geistes- und Sozialwissenschaften. Berlin: Spiess.

Maletzke, Gerhard (1980): Kommunikationsforschung als empirische Sozialwissenschaft. Berlin: Spiess.

Maletzke, Gerhard (1997): Erlebte Kommunikationswissenschaft im Rückblick. In: Arnulf Kutsch & Horst Pöttker (Hrsg.): Kommunikationswissenschaft – autobiographisch. Zur Entwicklung einer Wissenschaft in Deutschland (S. 110-119). Opladen: Westdeutscher Verlag.

Mangold, Werner (1973): Gruppendiskussionen. In: René König (Hrsg.): Handbuch der empirischen Sozialforschung (S. 228-259). Stuttgart: Ferdinand Enke Verlag.

Mann, Chris Z. & Stewart, Fiona (2000): Internet communication and qualitative research. A handbook for researching online. London: Sage.

Mannheim, Karl (1931): Wissenssoziologie. In: Alfred Vierkant (Hrsg.): Handwörterbuch der Soziologie (S. 659-680). Stuttgart: Enke.

Märschel, Sarina (2007): Welchen Hunger stillen Medien? Funktionen von Medien im Leben von Frauen mit Essstörungen. In: Michael Meyen & Senta Pfaff-Rüdiger (Hrsg.): Alltag, Lebenswelt und Medien. Qualitative Studien zum praktischen Sinn von Onlineangeboten (S. 125-150). Münster: Lit.

Matthes, Jörg & Kohring, Matthias (2004): Die empirische Erfassung von Medien-Frames. In: Medien & Kommunikationswissenschaft, 52/1, 56-75.

Maurer, Marcus & Reinemann, Carsten (2006): Medieninhalte. Eine Einführung. Wiesbaden: VS Verlag für Sozialwissenschaften.

Mayring, Philipp (2002): Einführung in die qualitative Sozialforschung (5. Auflage). Weinheim: Beltz.

Mayring, Philipp (2010): Qualitative Inhaltsanalyse. Grundlagen und Techniken (11. aktualisierte und überarbeitete Auflage). Weinheim: Beltz.

Mayring, Philipp & Gläser-Zikuda, Michaela (2008) (Hrsg.): Die Praxis der qualitativen Inhaltsanalyse (2. Auflage). Weinheim: Beltz.

Mayring, Philipp & Hurst, Alfred (2005): Qualitative Inhaltsanalyse. In: Lothar Mikos & Claudia Wegener (Hrsg.): Qualitative Medienforschung. Ein Handbuch (S. 436-444). Konstanz: UVK.

Mead, Georg H. (1978): Geist, Identität und Gesellschaft. Frankfurt am Main: Suhrkamp.

Meinefeld, Werner (2008): Hypothesen und Vorwissen in der qualitativen Sozialforschung. In: Uwe Flick, Ernst von Kardorff & Ines Steinke (Hrsg.): Qualitative Forschung. Ein Handbuch (S. 265-275). Reinbek: Rowohlt.

Merkens, Hans (2008): Auswahlverfahren, Sampling, Fallkonstruktion. In: Uwe Flick, Ernst von Kardorff & Ines Steinke (Hrsg.): Qualitative Forschung. Ein Handbuch (S. 286-209). Reinbek: Rowohlt.

Merten, Klaus (1995): Inhaltsanalyse. Einführung in Theorie, Methode und Praxis. Opladen: Westdeutscher Verlag.

Merten, Klaus (2008): Zur Definition von Public Relations. In: Medien & Kommunikationswissenschaft, 56/1, 42-59.

Meyen, Michael (2003): Denver Clan und Neues Deutschland. Mediennutzung in der DDR. Berlin: Ch. Links.

Meyen, Michael (2004): Mediennutzung (2. Auflage). Konstanz: UVK.

Meyen, Michael (2009): Medialisierung. In: Medien & Kommunikationswissenschaft, 57/1, 23-38.

Meyen, Michael, Dudenhöffer, Kathrin, Huss, Julia & Pfaff-Rüdiger, Senta (2009): Zuhause im Netz. Eine qualitative Studie zu Mustern und Motiven der Internetnutzung. In: Publizistik, 54/4, 513-532.

Meyen, Michael & Fiedler, Anke (2011): Die Grenze im Kopf. Journalisten in der DDR. Berlin: Panama Verlag.

Meyen, Michael & Friedrich, Katja (2011): Ein Fach ohne Methodenstreit? Zur Geschichte des Verhältnisses von quantitativen und qualitativen Verfahren in der Kommunikationswissenschaft. In: Andreas Fahr (Hrsg.): Zählen oder Verstehen? Diskussion um die Verwendung quantitativer und qualitativer Methoden in der empirischen Kommunikationswissenschaft (S. 20-42). Köln: Halem.

Meyen, Michael & Höfler, Barbara (2008): Ende des Studiengangs, Ende der Debatte? Das „Münchner Modell" zur Ausbildung von Diplom-Journalisten. In: Michael Meyen & Manuel Wendelin (2008): Journalistenausbildung, Empirie und Auftragsforschung. Neue Bausteine zu einer Geschichte des Instituts für Kommunikationswissenschaft. Mit einer Bibliographie der Dissertationen von 1925 bis 2007 (S. 28-84). Köln: Halem.

Meyen, Michael & Löblich, Maria (2006): Klassiker der Kommunikationswissenschaft. Fach- und Theoriegeschichte in Deutschland. Konstanz: UVK.

Meyen, Michael & Löblich, Maria (2007): „Ich habe dieses Fach erfunden." Wie die Kommunikationswissenschaft an die deutschsprachigen Universitäten kam. 19 biografische Interviews. Köln: Halem.

Meyen, Michael & Pfaff, Senta (2006): Rezeption von Geschichte im Fernsehen. Eine qualitative Studie zu Nutzungsmotiven, Zuschauererwartungen und zur Bewertung einzelner Darstellungsformen. In: Media Perspektiven, 2, 102-106.

Meyen, Michael & Pfaff-Rüdiger, Senta (2009): Internet, Kapital und Identität. Eine theoretische und methodische Einführung. In: Michael Meyen & Senta Pfaff-Rüdiger (Hrsg.): Internet im Alltag. Qualitative Studien zum praktischen Sinn von Onlineangeboten (S. 11-40). Münster: Lit.

Meyen, Michael & Riesmeyer, Claudia (2009): Diktatur des Publikums. Journalisten in Deutschland. Konstanz: UVK.

Meyen, Michael & Wendelin, Manuel (2008) (Hrsg.): Journalistenausbildung, Empirie und Auftragsforschung. Neue Bausteine zu einer Geschichte des Instituts für Kommunikationswissenschaft. Mit einer Bibliographie der Dissertationen von 1925 bis 2007. Köln: Halem.

Mikos, Lothar (1992): Fernsehen im Kontext von Alltag, Lebenswelt und Kultur. Versuch einer Klärung von Begriffen zum Zwecke der theoretischen Annäherung (1). In: Rundfunk und Fernsehen, 40/4, 528-543.

Mikos, Lothar (1998): Kontinuität durch Schnitt und Montage. Strukturfunktionale Film- und Fernsehanalyse, Teil 6. In: Medien Praktisch, 22/1, 45-50.

Mikos, Lothar (2005): Teilnehmende Beobachtung: In: Lothar Mikos & Claudia Wegener (Hrsg.): Qualitative Medienforschung. Ein Handbuch (S. 315-322). Konstanz: UVK.

Mikos, Lothar & Wegener, Claudia (2005) (Hrsg.): Qualitative Medienforschung. Ein Handbuch. Konstanz: UVK.

Möhring, Wiebke & Schlütz, Daniela (2010): Die Befragung in der Medien- und Kommunikationswissenschaft. Eine praxisorientierte Einführung (2. Auflage). Wiesbaden: VS Verlag für Sozialwissenschaften.

Müller, Sandra (2006): Fluchthelfer: Mediennutzung im Jugendgefängnis. Eine qualitative Studie zum Mediennutzungsverhalten von Inhaftierten der Haftanstalt Adelsheim. Münster: Lit.

Nawratil, Ute & Schönhagen, Philomen (2008): Die qualitative Inhaltsanalyse: Rekonstruktion der Kommunikationswirklichkeit. In: Hans Wagner unter Mitarbeit von Philomen Schönhagen, Ute Nawratil & Heinz Starkulla: Qualitative Methoden in der Kommunikationswissenschaft (S. 333-346). München: R. Fischer.

Neverla, Irene (1990): Was Lazarsfeld schon damals wusste. Gedanken zur aktuellen Methodendiskussion in der Kommunikationswissenschaft. In: Wolfgang R. Langenbucher (Hrsg.): Paul F. Lazarsfeld. Die Wiener Tradition der empirischen Sozial- und Kommunikationsforschung (S. 204-212). München: Ölschläger.

Niggemeier, Stefan (2008): Schlechter Online. Vortrag auf dem Kongress „Besser online" am 18. Oktober in Hamburg. http://stefan-niggemeier.de/blog/schlechter-online (20.12.2010).

Noelle-Neumann, Elisabeth (1975): Publizistik- und Kommunikationswissenschaft: ein Wissenschaftsbereich oder ein Themenkatalog? In: Publizistik, 20/3, 743-748.

Noelle-Neumann, Elisabeth & Petersen, Thomas (2005): Alle, nicht jeder. Einführung in die Methoden der Demoskopie (4. Auflage). Berlin: Springer.

Oevermann, Ulrich (1989): Objektive Hermeneutik – Eine Methodologie soziologischer Strukturanalyse. Frankfurt am Main: Suhrkamp.

Opgenoorth, Ernst & Schulz, Günther (2010): Einführung in das Studium der Neueren Geschichte (7. Auflage). Paderborn: Schöningh.

Ottenschläger, Madlen (2004): „Da spürt man irgendwie Heimat". Eine qualitative Studie zur Mediennutzung von Türken und Deutsch-Türken der zweiten Generation in Deutschland. Münster: Lit.

Peiser, Wolfram, Hastall, Matthias & Donsbach, Wolfgang (2003): Zur Lage der Kommunikationswissenschaft und ihrer Fachgesellschaft. Ergebnisse der DGPuK-Mitgliederbefragung 2003. In: Publizistik, 48/3, 310-339.

Perger, Carolin (2009): Sport-PR im Profifußball. Qualitative Studie zu Arbeitsweisen und Selbstverständnis der Pressesprecher in der Bundesliga. Masterarbeit. Institut für Kommunikationswissenschaft und Medienforschung. Ludwig-Maximilians-Universität München.

Pfaff-Rüdiger, Senta (2011): Lesemotivation und Lesestrategien. Der subjektive Sinn des Bücherlesens für 10- bis-14-Jährige. Münster: Lit.

Pfaff-Rüdiger, Senta, Dudenhöffer, Kathrin & Huss, Julia & Meyen, Michael (2009): „Dort bekomme ich alles." Internetnutzung im Alltag. In: Michael Meyen & Senta Pfaff-Rüdiger (Hrsg.): Internet im Alltag. Qualitative Studien zum praktischen Sinn von Onlineangeboten (S. 41-85). Münster: Lit.

Popper, Karl R. (1975): Objektive Erkenntnis. Ein evolutionärer Entwurf. Hamburg: Campe.

Prakke, Henk (1964): Das Selbstverständnis der Publizistik- und Zeitungswissenschaft. In: Publizistik, 9/3, 350-353.

Prommer, Elizabeth (1999): Kinobesuch im Lebenslauf. Eine historische und medienbiographische Studie. Konstanz: UVK.

Prommer, Elizabeth (2009): Rezension zu Wagner, Hans: Qualitative Methoden in der Kommunikationswissenschaft. – München: Verlag Reinhard Fischer 2008. In: Publizistik, 54/3, 477f.

Quandt, Thorsten (2005): Journalisten im Netz. Eine Untersuchung journalistischen Handelns in Online-Redaktionen. Wiesbaden: VS Verlag für Sozialwissenschaften.

Raabe, Johannes (2010): Rezension zu Michael Meyen & Claudia Riesmeyer: Diktatur des Publikums. Journalisten in Deutschland. Konstanz: UVK 2009. http://www.rkm-journal.de/archives/831 (3.1.2011).

Reichertz, Jo (2005): Gütekriterien qualitativer Sozialforschung. In: Lothar Mikos & Claudia Wegener (Hrsg.): Qualitative Medienforschung. Ein Handbuch (S. 571-579). Konstanz: UVK.

Reinemann, Carsten (2003): Medienmacher als Mediennutzer. Köln: Böhlau.

Rezabek, Roger J. (2000): Online Focus Groups: Electronic Discussions for Research. In: Forum qualitative social research, 1. Jg. (1). http://www.qualitative-research.net/index.php/fqs/article/view/1128/2510 (20.12.2010).

Riesmeyer, Claudia (2007): Wie unabhängig ist Journalismus? Zur Konkretisierung der Determinationsthese. Konstanz: UVK.

Rosen, Björn (2008): Das Selbstverständnis deutscher China-Korrespondenten. Diplomarbeit. Institut für Kommunikationswissenschaft und Medienforschung. Ludwig-Maximilians-Universität München.

Röser, Jutta (2007): Der Domestizierungsansatz und sein Potential zur Analyse alltäglichen Medienhandelns. In: Jutta Röser (Hrsg.): MedienAlltag: Domestizierungsprozesse alter und neuer Medien (S. 15-30). Wiesbaden: VS Verlag für Sozialwissenschaften.

Rössler, Patrick (2005): Inhaltsanalyse. Konstanz: UVK.

Rössler, Patrick & Wirth, Werner (2001): Inhaltsanalysen im World Wide Web. In: Werner Wirth & Edmund Lauf (Hrsg.): Inhaltsanalyse. Perspektiven, Probleme, Potenziale (S. 280-302). Köln: Halem.

Rubin, Alan M. (2002): The uses-and-gratifications perspective on media effects. In: Bryant Jennings & Dolf Zillmann (eds.): Media effects. Advances in theory and research (S. 525-548). Hillsdale, NJ: Erlbaum.

Ruchatz, Jens (2005) (Hrsg.): Mediendiskurse deutsch/deutsch. Weimar: Verlag und Datenbank für Geisteswissenschaften.

Rühl, Manfred (1969): Die Zeitungsredaktion als organisiertes soziales System. Bielefeld: Bertelsmann Universitätsverlag.

Rühl, Manfred (1985): Kommunikationswissenschaft zwischen Wunsch und Machbarkeit. Einige Betrachtungen zu ihrer Identität heute. In: Publizistik, 30/2-3, 229-246.

Saxer, Ulrich (1980): Grenzen der Publizistikwissenschaft. Wissenschaftliche Reflektionen zur Zeitungs-/Publizistik-/Kommunikationswissenschaft seit 1945. In: Publizistik, 25/4, 525-543.

Schäffer, Burkhard (2005): Gruppendiskussion. In: Lothar Mikos & Claudia Wegener (Hrsg.): Qualitative Medienforschung. Ein Handbuch (S. 304-314). Konstanz: UVK.

Scherer, Helmut & Wirth, Werner (2002): Ich chatte – wer bin ich? Identität und Selbstdarstellung in virtuellen Kommunikationssituationen. In: Medien & Kommunikationswissenschaft, 50/3, 337-358.

Scheu, Andreas (2011): „Adornos Erben" in der Kommunikationswissenschaft. Eine Verdrängungsgeschichte? Köln: Halem.

Scheufele, Bertram (2003): Frames – Framing – Framing-Effekte. Theoretische und methodische Grundlegung des Framing-Ansatzes sowie empirische Befunde zur Nachrichtenproduktion. Wiesbaden: Westdeutscher Verlag.

Scheufele, Bertram (2006): Frames, schemata, and news reporting. In: Communications, 31/1, 65-83.

Scheufele, Bertram & Engelmann, Ines (2009): Empirische Kommunikationswissenschaft. Konstanz: UVK.

Scheufele, Dietram (1999): Framing as theory of media effects. In: Journal of Communication, 49/1, 103-122.

Schimank, Uwe (2010): Handeln und Strukturen. Einführung in die akteurtheoretische Soziologie (4. Auflage). Weinheim: Juventa.

Schmidt, Christiane (2008): Analyse von Leitfadeninterviews. In: Uwe Flick, Ernst von Kardorff & Ines Steinke (Hrsg.): Qualitative Forschung. Ein Handbuch (S. 447-456). Reinbek: Rowohlt.

Schneider, Wolf (2001): Deutsch für Profis. Wege zu gutem Stil. München: Mosaik bei Goldmann.

Schnell, Rainer, Hill, Paul & Esser, Elke (2005): Methoden der empirischen Sozialforschung (7. Auflage). München: Oldenbourg.

Scholl, Armin (2008): Qualitative Methodology. In: Wolfgang Donsbach (Hrsg.): International encyclopedia of communication. Blackwell Publishing. Blackwell Reference Online (20.12.2010).

Scholl, Armin (2009): Die Befragung. Sozialwissenschaftliche Methode und kommunikationswissenschaftliche Anwendung (2. Auflage). Konstanz: UVK.

Schönbach, Klaus (1983): Werden Wahlen im Fernsehen entschieden? Einige Überlegungen zur politischen Wirksamkeit von Presse und Fernsehen. In: Media Perspektiven, 7, 462-468.

Schramm, Holger & Wirth, Werner (2006): Medien und Emotionen. Bestandsaufnahme eines vernachlässigten Forschungsfeldes aus medienpsychologischer Perspektive. In: Medien & Kommunikationswissenschaft, 54/1, 25-55.

Schütz, Alfred (1971): Wissenschaftliche Interpretation und Alltagsverständnis menschlichen Handelns. In: Gesammelte Aufsätze. Band 1: Das Problem der sozialen Wirklichkeit (S. 1-51). Den Haag: Nijhoff.

Schütz, Alfred & Luckmann, Thomas (2003): Strukturen der Lebenswelt. Konstanz: UVK.

Schütze, Fritz (1983): Biographieforschung und narratives Interview. In: Neue Soziale Praxis, 13, 283-293.

Schweiger, Wolfgang (2007): Theorien der Mediennutzung. Eine Einführung. Wiesbaden: VS Verlag für Sozialwissenschaften.

Semetko, Holli & Valkenburg, Patti (2000): Framing european politics. A content analysis of press and television news. In: Journal of Communication, 50/2, 93-109.

Staab, Joachim Friedrich & Hocker, Ursula (1994): Fernsehen im Blick der Zuschauer. Ergebnisse einer qualitativen Pilotstudie zur Analyse von Rezeptionsmustern. In: Publizistik, 39/2, 196-218.

Steinke, Ines (1999): Kriterien qualitativer Forschung. Ansätze zur Bewertung qualitativ-empirischer Sozialforschung. Weinheim: Juventa.

Steinke, Ines (2008): Gütekriterien qualitativer Forschung. In: Uwe Flick, Ernst von Kardorff & Ines Steinke (Hrsg.): Qualitative Forschung. Ein Handbuch (S. 319-331). Reinbek: Rowohlt.

Stewart, Kate & Williams, Matthew (2005): Researching online populations: the use of online focus groups for social research. In: Qualitative Research, 5/4, 395-416.

Straßner, Erich (1987): Sondervotum zur „Zusammenfassenden Stellungnahme der Kommission". In: DFG (Hrsg.): Medienwirkungsforschung in der Bundesrepublik Deutschland (S. 143-145). Weinheim: VCH.

Theunert, Helga (1994): Quantitative versus qualitative Medien- und Kommunikationsforschung? Über Grundsätze, Gegensätze und Notwendigkeiten der Ergänzung heutiger methodologischer Paradigmen. In: Susanne Hiegemann & Wolfgang Swoboda (Hrsg.): Handbuch der Medienpädagogik. Theorieansätze – Traditionen – Praxisfelder – Forschungsperspektiven (S. 387-401). Opladen: Leske+Budrich.

Thiemann, Katharina (2009): „Ich könnte nicht damit leben, kein Internet zu haben." Internet im Alltag von Jugendlichen. In: Michael Meyen & Senta Pfaff-Rüdiger (Hrsg.): Internet im Alltag. Qualitative Studien zum praktischen Sinn von Online-Angeboten (S. 109-128). Münster: Lit.

Thomae, Hans (1968): Das Individuum und seine Welt. Göttingen: Hogrefe.

Treumann, Klaus Peter (2005): Triangulation. In: Lothar Mikos & Claudia Wegener (Hrsg.): Qualitative Medienforschung. Ein Handbuch (S. 209-221). Konstanz: UVK.

Vicari, Jakob (2008): Unter Wissensmachern. Eine Untersuchung journalistischen Handelns in Wissenschaftsredaktionen. Diplomarbeit. Institut für Kommunikationswissenschaft und Medienforschung. Ludwig-Maximilians-Universität München. http://epub.ub.uni-muenchen.de/2114/1/DA_Vicari_Jakob.pdf (20.12.2010).

Viehoff, Reinhold (2002): Von der Literaturwissenschaft zur Medienwissenschaft. Oder: vom Text- über das Literatursystem zum Mediensystem. In: Gebhard Rusch (Hrsg.): Einführung in die Medienwissenschaft. Konzeptionen, Theorien, Methoden, Anwendungen (S. 10-35). Opladen: Westdeutscher Verlag.

Vreese, Claes de, Peter, Jochen & Semetko, Holli (2001): Framing politics at the launch of the Euro. A cross-national comparative study of frames in the news. In: Political Communication, 18/2, 107-122.

Wagner, Hans unter Mitarbeit von Schönhagen, Philomen, Nawratil, Ute & Starkulla, Heinz (2008): Qualitative Methoden in der Kommunikationswissenschaft. München: R. Fischer.

Wagner, Hans & Schönhagen, Philomen (2008): Die Gruppendiskussion: Von der Erschließung kollektiver Erfahrungsräume. In: Hans Wagner: Qualitative Methoden in der Kommunikationswissenschaft (S. 273-304). München: R. Fischer.

Wallraff, Günter (1977): Der Aufmacher. Köln: Kiepenheuer & Witsch.

Wegener, Claudia (2005): Inhaltsanalyse. In: Lothar Mikos & Claudia Wegener (Hrsg.): Qualitative Medienforschung. Ein Handbuch (S. 200-209). Konstanz: UVK.

Weidle, Renate & Wagner, Angelika (1994): Die Methode des Lauten Denkens. In: Günter L. Huber & Heinz Mandl (Hrsg.): Verbale Daten. Eine Einführung in die Grundlagen und Methoden der Erhebung und Auswertung (S. 81-103). Weinheim: Psychologie VerlagsUnion.

Weingart, Peter (2003): Wissenschaftssoziologie. Bielefeld: transcript.

Weischenberg, Siegfried, Malik, Maja & Scholl, Armin (2006): Die Souffleure der Mediengesellschaft. Report über die Journalisten in Deutschland. Konstanz: UVK.

Weiß, Julia (2009a): „Ich habe eine aktuelle Zeitung, und die ist auch noch umsonst." Motive für die Nutzung von sueddeutsche.de. In: Michael Meyen & Senta Pfaff-Rüdiger (Hrsg.): Internet im Alltag. Qualitative Studien zum praktischen Sinn von Onlineangeboten (S. 231-253). Münster: Lit.

Weiß, Julia (2009b): Diktat das Publikum den Onlinejournalisten die Themen? Einflussfaktoren auf die Nachrichtenauswahl der Onlinejournalisten. Masterarbeit. Institut für Kommunikationswissenschaft und Medienforschung. Ludwig-Maximilians-Universität München.

Welker, Martin & Wenzel, Olaf (2007) (Hrsg.): Online-Forschung 2007. Grundlagen und Fallstudien. Köln: Halem.

Wendelin, Manuel (2011): Medialisierung der Öffentlichkeit. Kontinuität und Wandel einer normativen Kategorie der Moderne. Köln: Halem.

Wessler, Hartmut (1999): Öffentlichkeit als Prozeß. Deutungsstrukturen und Deutungswandel in der deutschen Drogenberichterstattung. Opladen: Westdeutscher Verlag.

Wester, Fred, Pleijter, Alexander & Renckstorf, Karsten (2004): Exploring newspaper portrayals: A logic for interpretative content analysis. In: Communications, 29/4, 495-513.

Wickert, Lena (2006): „Das muss schon Samt sein – das verbindet man mit Theater." Das Theater und sein Publikum. In: Nathalie Huber & Michael Meyen (Hrsg.): Medien im Alltag. Qualitative Studien zu Nutzungsmotiven und zur Bedeutung von Medienangeboten (S. 247-266). Münster: Lit.

Wieland, Kathrin (2008): Wer instrumentalisiert hier wen? Eine Fallstudie zum Verhältnis von Medien und Politik im lokalen Kommunikationsraum. Magisterarbeit. Institut für Kommunikationswissenschaft und Medienforschung. Ludwig-Maximilians-Universität München.

Wilhelm, Hannah (2004): Was die neuen Frauen wollen. Eine qualitative Studie zum Mediennutzungsverhalten von Leserinnen der Zeitschrift Glamour. Münster: Lit.

Wilhelm-Fischer, Hannah (2008): Warum lesen Menschen Publikumszeitschriften? Eine qualitative Studie. Münster: Lit.

Wilke, Jürgen (2005): Gründung und Entwicklung des Instituts für Publizistik. In: Jürgen Wilke (Hrsg.): Die Aktualität der Anfänge. 40 Jahre Publizistikwissenschaft an der Johannes-Gutenberg-Universität Mainz (S. 13-40). Köln: Halem.

Wirth, Werner & Brecht, Michael (1999): Selektion und Rezeption im WWW: Eine Typologie. In: Werner Wirth & Wolfgang Schweiger: Selektion im Internet. Empirische Analysen zu einem Schlüsselkonzept (S. 149-180). Opladen: Westdeutscher Verlag.

Wolf, Miriam (2009): „Man schreibt sich immer irgendeinen Blödsinn auf die Pinnwand." Nutzungsmotive und Nutzungsmuster von StudiVZ. In: Michael Meyen & Senta Pfaff-Rüdiger (Hrsg.): Internet im Alltag. Qualitative Studien zum praktischen Sinn von Onlineangeboten (S. 153-172). Münster: Lit.

Wolff, Stephan (2008): Wege ins Feld und ihre Varianten. In: Uwe Flick, Ernst von Kardorff & Ines Steinke (Hrsg.): Qualitative Forschung. Ein Handbuch (S. 334-349). Reinbek: Rowohlt.

Zeller, Frauke, Wolling, Jens & Porten-Cheé, Pablo (2010): Framing 0/1. Wie die Medien über die „Digitalisierung der Gesellschaft" berichten. In: Medien & Kommunikationswissenschaft, 58/4, 503-524.

Zerfaß, Ansgar, Welker, Martin & Schmidt, Jan (2008) (Hrsg.): Kommunikation, Partizipation und Wirkungen im Social Web (Band 1). Grundlagen und Methoden: Von der Gesellschaft zum Individuum. Köln: Halem.

Zillmann, Dolf (1994): Über behagende Unterhaltung in unbehagender Medienkultur. In: Louis Bosshart & Wolfgang Hoffmann-Riem (Hrsg.): Medienlust und Mediennutz. Unterhaltung als öffentliche Kommunikation (S. 41-57). München: UVK.

Zimmermann, Jan (2006): „Alles – und das pfiffig und kurz." Motive für die Nutzung von WELT KOMPAKT. In: Nathalie Huber & Michael Meyen (Hrsg.): Medien im Alltag. Qualitative Studien zu Nutzungsmotiven und zur Bedeutung von Medienangeboten (S. 133-150). Münster: Lit.

Zolnowski, Katrin (2006): Zwischen Unterhaltung und Wissensvermittlung. Eine qualitative Studie zum Selbstverständnis von Geschichtsredakteuren/innen und den Arbeitsbedingungen in Geschichtsredaktionen. Magisterarbeit. Institut für Kommunikationswissenschaft und Medienforschung. Ludwig-Maximilians-Universität München.

2292734R00124

Printed in Germany
by Amazon Distribution
GmbH, Leipzig